LA TULIPE NOIRE

PAR

ALEXANDRE DUMAS

I.

UN PEUPLE RECONNAISSANT.

Le 20 août 1672, la ville de la Haye, si vivante, si blanche, si coquette que l'on dirait que tous les jours sont des dimanches, la ville de la Haye, avec son parc ombreux, avec ses grands arbres inclinés sur ses maisons gothiques, avec les larges miroirs de ses canaux dans lesquels se reflètent ses clochers aux coupoles presque orientales,— la ville de la Haye, —la capitale des sept provinces unies, gonflait toutes ses artères d'un flot noir et rouge de citoyens pressés, haletans, inquiets, — lesquels couraient, le couteau à la ceinture, le mousquet sur l'épaule ou le bâton à la main, — vers le Buytenhoff, formidable prison dont on montre encore aujourd'hui les fenêtres grillées et où, depuis l'accusation d'assassinat portée contre lui par le chirurgien Tyckelaer, languissait Corneille de Witt, frère de l'ex-grand pensionnaire de Hollande.

Si l'histoire de ce temps et surtout de cette année, au milieu de laquel le nous commençons notre récit, n'était liée d'une façon indissoluble aux deux noms que nous venons de citer, les quelques lignes d'explications que nous allons donner pourraient paraître un hors-d'œuvre; mais nous prévenons tout d'abord le lecteur, ce vieil ami, à qui nous promettons toujours du plaisir à notre première page, et auquel nous tenons parole tant bien que mal dans les pages suivantes; mais nous prévenons, disons-nous, notre lecteur que cette explication, est aussi indispensable à la clarté de notre histoire qu'à l'intelligence du grand événement politique dans lequel cette histoire s'encadre.

Corneille ou Cornélius de Witt, Ruart de Pulten, c'est à-dire inspecteur des digues de ce pays, ex-bourgmestre de Dordrecht, sa ville natale, et député aux états de Hollande avait quarante-neuf ans, lorsque le peuple hollandais, fatigué de la république, telle que l'entendait Jean de Witt, grand pensionnaire de Hollande, s'éprit d'un amour violent pour le stathoudérat, que l'édit perpétuel imposé par Jean de Witt aux Provinces Unies avait à tout jamais aboli en Hollande.

Comme il est rare que, dans ses évolutions capricieuses, l'esprit public ne voie pas un homme derrière un principe, derrière la république, le peuple voyait les deux figures sévères des frères de Witt, ces Romains de la Hollande, dédaigneux de flatter le goût national, et amis inflexibles d'une liberté sans licence et d'une prospérité sans superflu, de même que derrière le stathoudérat il voyait le front incliné, grave et réfléchi du jeune Guillaume d'Orange, que ses contemporains baptisèrent du nom de Taciturne, adopté par la postérité.

Les deux de Witt ménageaient Louis XIV, dont ils sentaient grandir l'ascendant moral sur toute l'Europe, et dont ils venaient de sentir l'ascendant matériel sur la Hollande par le succès de cette campagne merveilleuse du Rhin, illustrée par ce héros de roman qu'on appelait le comte de Guiche, et chantée par Boileau, campagne qui en trois mois venait d'abattre la puissance des Provinces-Unies.

Louis XIV était depuis longtemps l'ennemi des Hollandais, qui l'insultaient ou le raillaient de leur mieux, presque toujours, il est vrai, par la bouche des Français réfugiés en Hollande. L'orgueil national en faisait le Mithridate de la république. Il y avait donc contre les de Witt la double animation qui résulte d'une vigoureuse résistance suivie par un pouvoir luttant contre le goût de la nation et de la fatigue naturelle à tous les peuples vaincus quand ils espèrent qu'un autre chef pourra les sauver de la ruine et de la honte.

Cet autre chef, tout prêt à paraître, tout prêt à se mesurer contre Louis XIV, si gigantesque que parût devoir être sa fortune future, c'était Guillaume, prince d'Orange, fils de Guillaume II, et petit-fils, par Henriette Stuart, du roi Charles Ier d'Angleterre, ce taciturne enfant, dont nous avons déjà dit que l'on voyait déjà apparaître l'ombre derrière le stathoudérat.

Ce jeune homme était âgé de 22 ans en 1672. Jean de Witt avait été son précepteur et l'avait élevé dans le but de faire de cet ancien prince un bon citoyen. Il lui avait, dans son amour de la patrie qui l'avait emporté sur l'amour de son élève, il lui avait, par l'édit perpétuel, enlevé l'espoir du stathoudérat. Mais Dieu avait ri de cette prétention des hommes, qui font et défont les puissances de la terre sans consulter le roi du ciel; et par le caprice des Hollandais et la terreur inspirée par Louis XIV, il venait de changer la politique du grand pensionnaire et d'abolir l'édit perpétuel en rétablissant le stathoudérat pour Guillaume d'Orange, sur lequel il avait ses desseins, cachés encore dans les mystérieuses profondeurs de l'avenir.

Le grand pensionnaire s'inclina devant la volonté de ses concitoyens; mais Corneille de Witt fut plus récalcitrant, et malgré les menaces de mort de la plèbe orangiste qui l'assiégeait dans sa maison de Dordrecht, il refusa de signer l'acte qui rétablissait le stathoudérat.

Sur les instances de sa femme en pleurs, il signa enfin, ajoutant seulement à son nom ces deux lettres: V. C. *Vi coactus*, ce qui voulait dire: *Contraint par la force.*

Ce fut par un véritable miracle qu'il échappa ce jour-là aux coups de ses ennemis.

Quant à Jean de Witt, son adhésion, plus rapide et plus facile à la volonté de ses concitoyens, ne lui fut guère plus profitable. A quelques jours de là, il fut victime d'une tentative d'assassinat. Percé de coups de couteau, il ne mourut point de ses blessures.

Ce n'était point là ce qu'il fallait aux orangistes. La vie des deux frères était un éternel obstacle à leurs projets; ils changèrent donc momentanément de tactique, quitte, au moment donné, de couronner la seconde par la première, et ils essayèrent de consommer, à l'aide de la calomnie, ce qu'ils n'avaient pu exécuter par le poignard.

Il est assez rare qu'au moment donné, il se trouve là, sous la main de Dieu, un grand homme pour exécuter une grande action, et voilà pourquoi, lorsqu'arrive par hasard cette combinaison providentielle, l'histoire enregistre à l'instant même le nom de cet homme élu, et le recommande à l'admiration de la postérité.

Mais lorsque le diable se mêle des affaires humaines pour ruiner une existence ou renverser un empire, il est bien rare qu'il n'ait pas immédiatement à sa portée quelque misérable auquel il n'a qu'un mot à souffler à l'oreille pour que celui-ci se mette immédiatement à la besogne.

Ce misérable, qui dans cette circonstance se trouva tout posté pour être l'agent du mauvais esprit, se nommait, comme nous croyons déjà l'avoir dit, Tyckelaer, et était chirurgien de profession.

Il vint déclarer que Corneille de Witt, désespéré, comme il l'avait du reste prouvé par son apostille, de l'abrogation de l'édit perpétuel, et enflammé de haine contre Guillaume d'Orange, avait donné mission à un assassin de délivrer la république du nouveau stathouder, et que cet assassin c'était lui, Tyckelaer, qui, bourrelé de remords à la seule idée de l'action qu'on lui demandait, aimait mieux révéler le crime que de le commettre.

Maintenant, que l'on juge de l'explosion qui se fit parmi les orangistes à la nouvelle de ce complot. Le procureur fiscal fit arrêter Corneille dans sa maison, le 16 août 1672; le Ruart de Pulten, le noble frère de Jean de Witt, subissait dans une salle du Buytenhoff la torture préparatoire destinée à lui arracher, comme aux plus vils criminels, l'aveu de son prétendu complot contre Guillaume.

Mais Corneille était non seulement un grand esprit, mais encore un grand cœur. Il était de cette famille de martyrs qui, ayant la foi politique, comme leurs ancêtres avaient la foi religieuse, sourient aux tourmens, et pendant la torture, il récita d'une voix ferme et en scandant les vers selon leur mesure, la première strophe du *Justum et tenacem* d'Horace, n'avoua rien, et lassa non seulement la force mais encore le fanatisme de ses bourreaux.

Les juges n'en déchargèrent pas moins Tyckelaer de toute accusation, et n'en rendirent pas moins contre Corneille une sentence qui le dégradait de toutes ses charges et dignités, le condamnant aux frais de la justice et le bannissant à perpétuité du territoire de la république.

C'était déjà quelque chose pour la satisfaction du peuple, aux intérêts duquel s'était constamment voué Corneille de Witt, que cet arrêt rendu non seulement contre un innocent, mais encore contre un grand citoyen. Cependant, comme on va le voir, ce n'était pas assez.

Les Athéniens, qui ont laissé une assez belle réputation d'ingratitude, le cédaient sous ce point aux Hollandais. Ils se contentèrent de bannir Aristide.

Jean de Witt, aux premiers bruits de la mise en accusation de son frère, s'était démis de sa charge de grand pensionnaire. Celui-là était aussi dignement récompensé de son dévouement au pays. Il emportait dans la vie privée ses ennemis et ses blessures, seuls profits qui reviennent en général aux honnêtes gens coupables d'avoir travaillé pour leur patrie en s'oubliant eux-mêmes.

Pendant ce temps, Guillaume d'Orange attendait, non sans hâter l'événement par tous les moyens en son pouvoir, que le peuple, dont il était l'idole, lui eût fait du corps des deux frères les deux marches dont il avait besoin pour monter au siége du stathoudérat.

Or, le 20 août 1672, comme nous l'avons dit en commençant ce chapitre, toute la ville courait au Buytenhoff pour assister à la sortie de prison de Corneille de Witt, partant pour l'exil, et voir quelles traces la torture avait laissées sur le noble corps de cet homme qui savait si bien son Horace.

Empressons-nous d'ajouter que toute cette multitude qui se rendait au Buytenhoff ne s'y rendait pas seulement dans cette innocente attention d'assister à un spectacle, mais que beaucoup, dans ses rangs, tenaient à jouer un rôle, ou plutôt à doubler un emploi qu'ils trouvaient avoir été mal rempli.

Nous voulons parler de l'emploi de bourreau.

Il y en avait d'autres, il est vrai, qui accouraient avec des intentions moins hostiles. Il s'agissait pour eux seulement de ce spectacle toujours attrayant pour la multitude, dont il flatte l'instinctif orgueil, de voir dans la poussière celui qui a été longtemps debout.

Ce Corneille de Witt, cet homme sans peur, disait-on, n'était-il pas enfermé, affaibli par la torture? N'allait-on pas le voir, pâle, sanglant, honteux? N'était-ce pas un beau triomphe pour cette bourgeoisie bien autrement envieuse encore que le peuple, et auquel tout bon bourgeois de la Haye devait prendre part?

Et puis, se disaient les agitateurs orangistes, habilement mêlés à toute cette foule qu'ils comptaient bien manier comme un instrument tranchant et contondant à la fois, ne trouvera-t-on pas, du Buytenhoff à la porte de la ville, une petite occasion de jeter un peu de boue, quelques pierres même, à ce Ruart de Pulten, qui non seulement n'a donné le stathoudérat au prince d'Orange que *vi coactus*, mais qui encore a voulu le faire assassiner?

Sans compter, ajoutaient les farouches ennemis de la France, que, si on faisait bien et que si on était brave à la Haye, on ne laisserait point partir pour l'exil Corneille de Witt, qui, une fois dehors, nouera toutes ses intrigues avec la France, et vivra de l'or du marquis de Louvois avec son grand scélérat de frère Jean.[1]

Dans de pareilles dispositions, on le sent bien, des spectateurs courent plutôt qu'ils ne marchent. Voilà pourquoi les habitans de la Haye couraient si vite du côté du Buytenhoff.

Au milieu de ceux qui se hâtaient le plus, courait, la rage au cœur et sans projet dans l'esprit, l'honnête Tyckelaer, promené par les orangistes comme un héros de probité, d'honneur national et de charité chrétienne.

Ce brave scélérat racontait, en les embellissant de toutes les fleurs de son esprit et de toutes les ressources de son imagination, les tentatives que Corneille de Witt avait faites sur sa vertu, les sommes qu'il lui avait promises et l'infernale machination préparée d'avance pour lui aplanir, à lui Tyckelaer, toutes les difficultés de l'assassinat.

Et chaque phrase de son discours, avidement recueillie par la populace, soulevait des cris d'enthousiaste amour pour le prince Guillaume, et des hourras d'aveugle rage contre les frères de Witt.

La populace en était à maudire ces juges iniques dont l'arrêt laissait échapper sain et sauf un si abominable criminel que l'était ce scélérat de Corneille.

Et quelques instigateurs répétaient à voix basse :

— Il va partir ! il va nous échapper !

Ce à quoi d'autres répondaient :

— Un vaisseau l'attend à Schweningen, un vaisseau français. Tyckelaer l'a vu.

— Brave Tyckelaer ! honnête Tyckelaer ! criait en chœur la foule.

— Sans compter, disait une voix, que pendant cette fuite du Corneille, le Jean, qui est un non moins grand traître que son frère, le Jean se sauvera aussi.

—Et les deux coquins vont manger en France notre argent, l'argent de nos vaisseaux, de nos arsenaux, de nos chantiers vendus à Louis XIV.

— Empêchons-les de partir ! criait la voix d'un patriote plus avancé que les autres.

— A la prison ! à la prison ! répétait le chœur.

Et sur ces cris, les bourgeois de courir plus fort, les mousquets de s'armer, les haches de luire, et les yeux de flamboyer.

Cependant aucune violence ne s'était ommise encore, et la ligne de cavaliers qui gardait les abords du Buytenhoff demeurait froide, impassible, silencieuse, plus menaçante par son flegme que toute cette foule bourgeoise ne l'était par ses cris, son agitation et ses menaces ; immobile sous le regard de son chef, capitaine de la cavalerie de la Haye, lequel tenait son épée hors du fourreau, mais basse et la pointe à l'angle de son étrier.

Cette troupe, seul rempart qui défendît la prison, contenait par son attitude, non-seulement les masses populaires désordonnées et bruyantes, mais encore le détachement de la garde bourgeoise, qui, placé en face du Buytenhoff pour maintenir l'ordre de compte à demi avec la troupe, donnait aux perturbateurs l'exemple des cris séditieux, en criant :

— Vive Orange ! A bas les traîtres!

La présence de Tilly et de ses cavaliers était, il est vrai, un frein salutaire à tous ces soldats bourgeois ; mais peu après, ils s'exaltèrent par leurs propres cris, et comme ils ne comprenaient pas que l'on pût avoir du courage sans crier, ils impulèrent à timidité le silence des cavaliers et firent un pas vers la prison, entraînant à leur suite toute la tourbe populaire.

Mais alors le comte de Tilly s'avança seul au devant d'eux, et levant seulement son épée en fronçant les sourcils :

— Eh ! messieurs de la garde bourgeoise, demanda t-il, pourquoi marchez-vous et que désirez-vous ?

Les bourgeois agitèrent leurs mousquets en répétant les cris de :

— Vive Orange ! Mort aux traîtres !

— Vive Orange! soit! dit M. de Tilly, quoique je préfère les figures gaies aux figures maussades. Mort aux traîtres! si vous le voulez, tant que vous ne le voudrez que par des cris. Criez tant qu'il vous plaira : Mort aux traîtres ! mais quant à les mettre à mort effectivement, je suis ici pour empêcher cela, et je l'empêcherai.

Puis se retournant vers ses soldats,

— Haut les armes, soldats ! cria-t-il.

Les soldats de Tilly obéirent au commandement avec une précision calme qui fit rétrograder immédiatement bourgeois et peuple, non sans une confusion qui fit sourire l'officier de cavalerie.

— La, la ! dit-il avec ce ton goguenard qui n'appartient qu'à l'épée. Tranquillisez-vous, bourgeois, mes soldats ne brûleront pas une amorce, mais de votre côté vous ne ferez point un pas vers la prison.

— Savez-vous bien, monsieur l'officier, que nous avons des mousquets? fit tout furieux le commandant des bourgeois.

— Je le vois, pardieu, bien, que vous avez des mousquets, dit Tilly, vous me les faites assez miroiter devant l'œil ; mais remarquez aussi de votre côté que nous avons des pistolets, que le pistolet porte admirablement à cinquante pas, et que vous n'êtes qu'à vingt-cinq.

— Mort aux traîtres ! cria la compagnie des bourgeois exaspérée.

— Bah ! vous dites toujours la même chose, grommela l'officier, c'est fatigant!

Et il reprit son poste en tête de la troupe, tandis que le tumulte allait en augmentant autour du Brytenhoff.

Et cependant le peuple échauffé ne savait pas qu'au moment même où il flairait le sang d'une de ses victimes, l'autre, comme si elle eût hâte d'aller au devant de son sort, passait à cent pas de la place derrière les groupes et les cavaliers pour se rendre au Buytenhoff.

En effet, Jean de Witt venait de descendre de carrosse avec un domestique et traversait tranquillement à pied l'avant-cour qui précède la prison.

Il s'était nommé au concierge, qui du reste le connaissait, en disant :

— Bonjour, Gryphus, je viens chercher pour l'emmener hors de la ville mon frère Corneille de Witt, condamné, comme tu sais, au bannissement.

Et le concierge, espèce d'ours dressé à ouvrir et à fermer la porte de la prison, l'avait salué et laissé entrer dans l'édifice, dont les portes s'étaient refermées sur lui.

A dix pas de là, il avait rencontré une belle jeune fille de dix-sept à dix-huit ans, en costume de Frisonne, qui lui avait fait une charmante révérence ; et il lui avait dit en lui passant la main sous le menton :

— Bonjour, bonne et belle Rosa; comment va mon frère?

— Oh ! monsieur Jean, avait répondu la jeune fille, ce n'est pas le mal qu'on lui a fait que je crains pour lui : le mal qu'on lui a fait est passé.

— Que crains-tu donc, la belle fille ?

— Je crains le mal qu'on veut lui faire, monsieur Jean.

— Ah ! oui, dit de Witt, ce peuple, n'est-ce pas ?

— L'entendez-vous ?

— Il est, en effet, fort ému ; mais quand il nous verra? comme nous ne lui avons jamais fait que du bien, peut-être se calmera-t-il.

— Ce n'est malheureusement pas une raison, murmura la jeune fille en s'éloignant pour obéir à un signe impératif que lui avait fait son père.

— Non, mon enfant, non ; c'est vrai ce que tu dis là.

Puis continuant son chemin,

— Voilà, murmura-t-il, une petite fille qui ne sait probablement pas lire et qui par conséquent n'a rien lu, et qui vient de résumer l'histoire du monde dans un seul mot.

Et toujours aussi calme, mais plus mélancolique qu'en entrant, l'ex-grand pensionnaire continua de s'acheminer vers la chambre de son frère.

II.

LES DEUX FRÈRES.

Comme l'avait dit dans un doute plein de pressentimens la belle Rosa, pendant que Jean de Witt montait l'escalier de pierre aboutissant à la prison de son frère Corneille, les bourgeois faisaient de leur mieux pour éloigner la troupe de Tilly, qui les gênait.

Ce que voyant, le peuple, qui appréciait les bonnes intentions de sa milice, criait à tue-tête : — Vivent les bourgeois !

Quant à M. de Tilly, aussi prudent que ferme, il parlementait avec cette compagnie bourgeoise sous les pistolets apprêtés de son escadron, lui expliquant de son mieux que la consigne donnée par les états lui enjoignait de garder avec trois compagnies la place de la prison et ses alentours.

— Pourquoi cet ordre ? pourquoi garder la prison ? criaient les orangistes.

— Ah ! répondait Monsieur de Tilly, voilà que vous m'en demandez tout de suite plus que je ne peux vous en dire. On m'a dit : *Gardez* ; *je garde*. Vous qui êtes presque des militaires, messieurs, vous devez savoir qu'une consigne ne se discute pas.

— Mais on vous a donné cet ordre pour que les traîtres puissent sortir de la ville.

— Cela pourrait bien être, puisque les traîtres sont condamnés au bannissement, répondait Tilly.

— Mais qui a donné cet ordre ?

— Les états, pardieu !

— Les états trahissent.

— Quant à cela, je n'en sais rien.

— Et vous trahissez vous-même.

— Moi ?

— Oui, vous.

— Ah çà ! entendons-nous, messieurs les bourgeois ; qui trahirais-je ? les états ? Je ne puis pas les trahir, puisque étant à leur solde, j'exécute ponctuellement leur consigne.

Et là-dessus, comme le comte avait si parfaitement raison qu'il était impossible de discuter sa réponse, les clameurs et les menaces redoublèrent ; clameurs et menaces effroyables, auxquelles le comte répondait avec toute l'urbanité possible.

— Mais, messieurs les bourgeois, par grâce, désarmez donc vos mousquets ; il en peut partir par un accident, et si le coup blessait un de mes cavaliers, nous vous jetterions deux cents hommes par terre, ce dont nous serions bien fâchés ; mais vous plus encore, attendu que ce n'est ni dans vos intentions ni dans les miennes.

— Si vous faisiez cela, crièrent les bourgeois, à notre tour nous ferions feu sur vous.

— Oui, mais, quand, en faisant feu sur nous, vous nous tueriez tous depuis le premier jusqu'au dernier, ceux que nous aurions tués, nous, n'en seraient pas moins morts.

— Cédez-nous donc la place alors, et vous ferez acte de bon citoyen.

— D'abord, je ne suis pas citoyen, dit Tilly, je suis officier, ce qui est bien différent ; et puis je ne suis pas Hollandais, je suis Français, ce qui est plus différent encore. Je ne connais donc que les états, qui me paient ; apportez-moi de la part des états l'ordre de céder la place, je fais demi-tour à l'instant même, attendu que je m'ennuie énormément ici.

— Oui, oui ! crièrent cent voix qui se multiplièrent à l'instant par cinq cents autres. Allons à la maison de ville ! allons trouver les députés ! allons, allons !

— C'est cela, murmura Tilly en regardant s'éloigner les plus furieux, allez demander une lâcheté à la maison de ville, et vous verrez si on vous l'accorde ; allez, mes amis, allez.

Le digne officier comptait sur l'honneur des magistrats, qui de leur côté comptaient sur son honneur de soldat, à lui.

— Dites donc, capitaine, fit à l'oreille du comte son premier lieutenant, que les députés refusent à ces enragés que voici ce qu'ils leurs demandent, mais qu'ils nous envoient à nous un peu de renfort, cela ne fera pas de mal, je crois.

Cependant Jean de Witt, que nous avons quitté montant l'escalier de pierre après son entretien avec le geôlier Gryphus et sa fille Rosa, était arrivé à la porte de la chambre où gisait sur un matelas son frère Corneille, auquel le fiscal avait, comme nous l'avons dit, fait appliquer la torture préparatoire.

L'arrêt de bannissement était venu, qui avait rendu inutile l'application de la torture extraordinaire.

Corneille, étendu sur son lit, les poignets brisés, les doigts brisés, n'ayant rien avoué d'un crime qu'il n'avait pas commis, venait de respirer enfin, après trois jours de souffrance, en apprenant que les juges dont il attendait la mort avaient bien voulu ne le condamner qu'au bannissement.

Corps énergique, âme invincible, il eût bien désappointé ses ennemis si ceux-ci eussent pu, dans les profondeurs sombres de la chambre du Buytenhoff, voir luire sur son pâle visage le sourire du martyre qui oublie la fange de la terre depuis qu'il a entrevu les splendeurs du ciel.

Le Ruart avait, par la puissance de sa volonté plutôt que par un secours réel, recouvré toutes ses forces, et il calculait combien de temps encore les formalités de la justice le retiendraient en prison.

C'était juste à ce moment que les clameurs de la milice bourgeoise, mêlées à celles du peuple, s'élevaient contre les deux frères et menaçaient le capitaine Tilly, qui leur servait de rempart. Ce bruit, qui venait se briser comme une marée montante aux pieds des murailles de la prison, parvint jusqu'au prisonnier.

Mais si menaçant que fût ce bruit, Corneille négligea de s'enquérir ou ne prit pas la peine de se lever pour regarder par la fenêtre étroite et treillissée de fer qui laissait arriver la lumière et les murmures du dehors.

Il était si bien engourdi dans la continuité de son mal que ce mal était devenu presque une habitude. Enfin il sentait avec tant de délices son âme et sa raison si près de se dégager des embarras corporels, qu'il lui semblait déjà que cette âme et cette raison échappées à la matière planaient au-dessus d'elle comme flotte au-dessus d'un foyer presque éteint la flamme qui le quitte pour monter au ciel.

Il pensait aussi à son frère.

Sans doute, c'était son approche qui, par les mystères inconnus que le magnétisme a découverts depuis, se faisait sentir aussi. Au moment même où Jean était si présent à la pensée de Corneille que Corneille murmurait presque son nom, la porte s'ouvrit, Jean entra, et d'un pas empressé vint au lit du prisonnier, qui tendit ses bras meurtris et ses mains enveloppées de linge vers ce glorieux frère qu'il avait réussi à dépasser, non pas dans les services rendus au pays, mais dans la haine que lui portaient les Hollandais.

Jean baisa tendrement son frère sur le front, et reposa doucement sur le matelas ses mains malades.

— Corneille, mon pauvre frère, dit-il, vous souffrez beaucoup, n'est-ce pas ?

— Je ne souffre plus, mon frère, puisque je vous vois.

— Oh ! mon pauvre cher Corneille, alors, à votre défaut, c'est moi qui souffre de vous voir ainsi, je vous en réponds.

— Aussi, ai-je plus pensé à vous qu'à moi-même, et tandis qu'ils me torturaient, je n'ai songé à me plaindre qu'une fois pour dire : Pauvre frère ! Mais te voilà, oublions tout. Tu viens me chercher, n'est-ce pas ?

— Oui.

— Je suis guéri ; aidez-moi à me lever, mon frère, et vous verrez comme je marche bien.

— Vous n'aurez pas longtemps à marcher, mon ami, car j'ai mon carrosse au vivier, derrière les pistoliers de Tilly.

— Les pistoliers de Tilly ? Pourquoi donc sont-ils au vivier ?

— Ah ! c'est que l'on suppose, dit le grand pensionnaire avec ce sourire de physionomie triste qui lui était habituel, que les gens de la Haye voudront vous voir partir, et l'on craint un peu de tumulte.

— Du tumulte? reprit Corneille en fixant son regard sur son frère embarrassé; du tumulte?

— Oui, Corneille.

— Alors c'est cela que j'entendais tout à l'heure, fit le prisonnier comme se parlant à lui-même. Puis revenant à son frère,

— Il y a du monde sur le Buytenhoff, n'est-ce pas? dit-il.

— Oui, mon frère.

— Mais alors, pour venir ici...

— Eh bien?

— Comment vous a-t-on laissé passer?

— Vous savez bien que nous ne sommes guère aimés, Corneille, fit le grand pensionnaire avec une amertume mélancolique. J'ai pris par les rues écartées.

— Vous vous êtes caché, Jean?

— J'avais dessein d'arriver jusqu'à vous sans perdre de temps, et j'ai fait ce que l'on fait en politique et en mer quand on a le vent contre soi: j'ai louvoyé.

En ce moment, le bruit monta plus furieux de la place à la prison. Tilly dialoguait avec la garde bourgeoise.

— Oh! oh! fit Corneille, vous êtes un bien grand pilote, Jean; mais je ne sais si vous tirerez votre frère du Brytenhoff, dans cette houle et sur les brisans populaires, aussi heureusement que vous avez conduit la flotte de Tromp à Anvers, au milieu des bas-fonds de l'Escaut.

— Avec l'aide de Dieu, Corneille, nous y tâcherons, du moins, répondit Jean; mais d'abord un mot.

— Dites.

Les clameurs montèrent de nouveau.

— Oh! oh! continua Corneille, comme ces gens sont en colère! Est-ce contre vous? est-ce contre moi?

— Je crois que c'est contre tous deux, Corneille. Je vous disais donc, mon frère, que ce que les orangistes nous reprochent au milieu de leurs sottes calomnies, c'est d'avoir négocié avec la France.

— Les niais!

— Oui, mais ils nous le reprochent.

— Mais si ces négociations eussent réussi, elles leur eussent épargné les défaites de Rees, d'Orsay, de Vesel et de Rheinberg; elles leur eussent évité le passage du Rhin, et la Hollande pourrait se croire encore invincible au milieu de ses marais et de ses canaux.

— Tout cela est vrai, mon frère, mais ce qui est d'une vérité plus absolue encore, c'est que si l'on trouvait en ce moment ci notre correspondance avec Monsieur de Louvois, si bon pilote que je sois, je ne sauverais point l'esquif si frêle qui va porter les de Witt et leur fortune hors de la Hollande. Cette correspondance, qui prouverait à des gens honnêtes combien j'aime mon pays et quels sacrifices j'offrais de faire personnellement pour sa liberté, pour sa gloire, cette correspondance nous perdrait auprès des orangistes, nos vainqueurs. Aussi, cher Corneille, j'aime à croire que vous l'avez brûlée avant de quitter Dordrecht pour venir me rejoindre à la Haye.

— Mon frère, répondit Corneille, votre correspondance avec Monsieur de Louvois prouve que vous avez été dans les derniers temps le plus grand, le plus généreux et le plus habile citoyen des sept Provinces Unies. J'aime la gloire de mon pays; j'aime votre gloire surtout, mon frère, et je me suis bien gardé de brûler cette correspondance.

— Alors nous sommes perdus pour cette vie terrestre, dit tranquillement l'ex-grand pensionnaire en s'approchant de la fenêtre.

— Non, bien au contraire, Jean, et nous aurons à la fois le salut du corps et la résurrection de la popularité.

— Qu'avez-vous donc fait de ces lettres, alors?

— Je les ai confiées à Cornélius van Baerle, mon filleul, que vous connaissez et qui demeure à Dordrecht.

— Oh! le pauvre garçon, ce cher et naïf enfant! ce savant qui, chose rare, sait tant de choses et ne pense qu'aux fleurs qui saluent Dieu, et qu'à Dieu qui fait naître les fleurs! vous l'avez chargé de ce dépôt mortel; mais il est perdu, mon frère, ce pauvre cher Cornélius!

— Perdu?

— Oui, car il sera fort ou il sera faible. S'il est fort (car si étranger qu'il soit à ce qui nous arrive; car, quoique enseveli à Dordrecht, quoique distrait, que c'est miracle! il saura, un jour ou l'autre, ce qui nous arrive), s'il est fort, il se vantera de nous; s'il est faible, il aura peur de notre intimité; s'il est fort, il criera le secret; s'il est faible, il le laissera prendre. Dans l'un et l'autre cas, Corneille, il est donc perdu et nous aussi. Ainsi donc, mon frère, fuyons vite, s'il en est temps encore.

Corneille se souleva sur son lit et, prenant la main de son frère, qui tressaillit au contact des linges:

— Est-ce que je ne connais pas mon filleul? dit-il; est-ce que je n'ai pas appris à lire chaque pensée dans la tête de van Baerle, chaque sentiment dans son âme? Tu me demandes s'il est faible, tu me demandes s'il est fort? Il n'est ni l'un ni l'autre, mais qu'il importe ce qu'il soit! Le principal est qu'il gardera le secret attendu que ce secret, il ne le connaît même pas.

Jean se retourna surpris.

— Oh! continua Corneille avec son doux sourire, le Ruart de Pulten est un politique élevé à l'école de Jean; je vous le répète, mon frère, van Baerle ignore la nature et la valeur du dépôt que je lui ai confié.

— Vite alors! s'écria Jean, puisqu'il en est temps encore, faisons-lui passer l'ordre de brûler la liasse.

— Par qui faire passer cet ordre?

— Par mon serviteur Craëke, qui devait nous accompagner à cheval et qui est entré avec moi dans la prison pour vous aider à descendre l'escalier.

— Réfléchissez avant de brûler ces titres glorieux, Jean.

— Je réfléchis qu'avant tout, mon brave Corneille, il faut que les frères de Witt sauvent leur vie pour sauver leur renommée. Nous morts, qui nous défendra, Corneille? Qui nous aura seulement compris?

— Vous croyez donc qu'ils nous tueraient s'ils trouvaient ces papiers?

Jean, sans répondre à son frère, étendit la main vers le Brytenhoff, d'où s'élançaient en ce moment des bouffées de clameurs féroces.

— Oui, oui, dit Corneille, j'entends bien ces clameurs, mais ces clameurs, que disent-elles?

Jean ouvrit la fenêtre.

— Mort aux traîtres! hurlait la populace.

— Entendez-vous maintenant, Corneille?

— Et les traîtres, c'est nous! dit le prisonnier en levant les yeux au ciel et en haussant les épaules.

— C'est nous, répéta Jean de Witt.

— Où est Craëke?

— A la porte de votre chambre, je présume.

— Faites-le entrer, alors.

Jean ouvrit la porte; le fidèle serviteur attendait en effet sur le seuil.

— Venez, Craëke, et retenez bien ce que mon frère va vous dire.

— Oh non, il ne suffit pas de dire, Jean; il faut que j'écrive, malheureusement.

— Et pourquoi cela?

— Parce que van Baerle ne rendra pas ce dépôt ou ne le brûlera pas sans un ordre précis.

— Mais pourrez-vous écrire, mon cher ami? demanda Jean, à l'aspect de ces pauvres mains toutes brûlées et toutes meurtries.

— Oh! si j'avais plume et encre, vous verriez! dit Corneille.

— Voici un crayon, au moins.

— Avez-vous du papier, car on ne m'a rien laissé ici?

— Cette Bible. Déchirez-en la première feuille.

— Bien.

— Mais votre écriture sera illisible?

— Allons donc! dit Corneille en regardant son frère.

Ces doigts qui ont résisté aux mèches du bourreau, cette volonté qui a dompté sa douleur, vont s'unir d'un commun effort, et, soyez tranquille, mon frère, la ligne sera tracée sans un seul tremblement.

Et en effet, Corneille prit le crayon et écrivit.

Alors on put voir sous le linge blanc transparaître les gouttes de sang que la pression des doigts sur le crayon chassait des chairs ouver-tes.

La sueur ruisselait des tempes du grand pensionnaire.

Corneille écrivit :

« Cher filleul,

» Brûle le dépôt que je t'ai confié, brûle-le sans le re» garder, sans l'ouvrir, afin qu'il te demeure inconnu à » toi-même. Les secrets du genre de celui qu'il contient » tuent les dépositaires. Brûle, et tu auras sauvé Jean et » Corneille.

» Adieu et aime-moi.

» Corneille DE WITT. »

» 20 août 1672.

Jean, les larmes aux yeux, essuya une goutte de ce noble sang qui avait taché la feuille, la remit à Craëke avec une dernière recommandation, et revint à Corneille, que la souffrance venait de pâlir encore, et qui semblait près de s'évanouir.

— Maintenant, dit-il, quand ce brave Craëke aura fait entendre son ancien sifflet de contre maître, c'est qu'il sera hors des groupes, de l'autre côté du vivier... Alors nous partirons à notre tour.

Cinq minutes ne s'étaient pas écoulées, qu'un long et vigoureux coup de sifflet perça de son roleument marin les dômes de feuillage noir des ormes et domina les clameurs du Buytenhoff.

Jean leva ses bras au ciel pour le remercier.

— Et maintenant, dit-il, partons, Corneille.

III.

L'ÉLÈVE DE JEAN DE WITT.

Tandis que les hurlemens de la foule rassemblée sur le Buytenhoff, montant toujours plus effrayans vers les deux frères, déterminaient Jean de Witt à presser le départ de son frère Corneille, une députation de bourgeois était allée, comme nous l'avons dit, à la maison de ville, pour demander l'expulsion du corps de cavalerie de Tilly.

Il n'y avait pas loin du Buytenhoff au Hoogstraët; aussi vit-on un étranger qui depuis le moment où cette scène avait commencé en suivait les détails avec curiosité, se diriger avec les autres, ou plutôt à la suite des autres, vers la maison de ville, pour apprendre plus tôt la nouvelle de ce qui allait s'y passer.

Cet étranger était un homme très jeune, âgé de vingt-deux ou vingt-trois ans à peine, sans vigueur apparente. Il cachait, car sans doute il avait des raisons pour ne pas être reconnu, sa figure pâle et longue sous un fin mouchoir de toile de Frise, avec lequel il ne cessait d'essuyer son front mouillé de sueur ou ses lèvres brûlantes.

L'œil fixe comme celui de l'oiseau de proie, le nez aquilin et long, la bouche fine et droite, ouverte ou plutôt fendue comme les lèvres d'une blessure, cet homme eût offert à Lavater, si Lavater eût vécu à cette époque, un sujet d'études physiologiques qui d'abord n'eussent pas tourné à son avantage.

Entre la figure du conquérant et celle du pirate, disaient les anciens, quelle différence trouvera-t-on? Celle que l'on trouve entre l'aigle et le vautour.

La sérénité ou l'inquiétude.

Aussi cette physionomie livide, ce corps grêle et souffreteux, cette démarche inquiète qui s'en allaient du Buytenhoff au Hoogstraët à la suite de tout ce peuple hurlant, c'était le type et l'image d'un maître soupçonneux ou d'un voleur inquiet; et un homme de police eût certes opté pour ce dernier renseignement, à cause du soin que celui dont nous nous occupons en ce moment prenait de se cacher.

D'ailleurs, il était vêtu simplement et sans armes apparentes; son bras maigre, mais nerveux; sa main sèche, mais blanche, fine, aristocratique, s'appuyait non pas au bras, mais sur l'épaule d'un officier qui, le poing à l'épée, avait, jusqu'au moment où son compagnon s'était mis en route et l'avait entraîné avec lui, regardé toutes les scènes du Brytenhoff avec un intérêt facile à comprendre.

Arrivé sur la place de Hoogstraët, l'homme au visage pâle poussa l'autre sous l'abri d'un contrevent ouvert et fixa les yeux sur le balcon de l'hôtel de ville.

Aux cris forcenés du peuple, la fenêtre du Hoogstraët s'ouvrit et un homme s'avança pour dialoguer avec la foule.

— Qui paraît là au balcon? demanda le jeune homme à l'officier en lui montrant de l'œil seulement le harangueur, qui paraissait fort ému et qui se soutenait à la balustrade plutôt qu'il ne se penchait sur elle.

— C'est le député Bowelt, répliqua l'officier.

— Quel homme est ce député Bowelt? le connaissez-vous?

— Mais un brave homme, à ce que je crois du moins, monseigneur.

Le jeune homme, en entendant cette appréciation du caractère de Bowelt faite par l'officier, laissa échapper un mouvement de désappointement si étrange, de mécontentement si visible, que l'officier le remarqua et se hâta d'ajouter :

— On le dit, du moins, monseigneur. Quant à moi, je ne puis rien affirmer, ne connaissant pas personnellement monsieur Bowelt.

— Brave homme, répéta celui qu'on avait appelé monseigneur; est-ce brave homme que vous voulez dire ou homme brave?

— Ah! monseigneur m'excusera; je n'oserais établir cette distinction vis-à-vis d'un homme que, je le répète à Son Altesse, je ne connais que de visage.

— Au fait, murmura le jeune homme, attendons, et nous allons bien voir.

L'officier inclina la tête en signe d'assentiment et se tut.

— Si ce Bowelt est un brave homme, continua l'Altesse, il va drôlement recevoir la demande que ces furieux viennent lui faire.

Et le mouvement nerveux de sa main qui s'agitait malgré lui sur l'épaule de son compagnon, comme eussent fait les doigts d'un instrumentiste sur les touches d'un clavier, trahissait son ardente impatience si mal déguisée en certains momens, et dans ce moment surtout, sous l'air glacial et sombre de la figure.

On entendit alors le chef de la députation bourgeoise interpeller le député pour lui faire dire où se trouvaient les autres députés ses collègues.

— Messieurs, répéta pour la seconde fois monsieur Bowelt, je vous dis que dans ce moment je suis seul avec monsieur d'Asperen, et je ne puis prendre une décision à moi seul.

— L'ordre! l'ordre! crièrent plusieurs milliers de voix.

Monsieur Bowelt voulut parler, mais on n'entendit pas ses paroles et l'on vit seulement ses bras s'agiter en gestes multiples et désespérés.

Mais voyant qu'il ne pouvait se faire entendre, il se retourna vers la fenêtre ouverte et appela monsieur d'Asperen.

Monsieur d'Asperen parut à son tour au balcon, où il fut salué de cris plus énergiques encore que ceux qui avaient dix minutes auparavant accueilli monsieur Bowelt.

Il n'entreprit pas moins cette tâche difficile de haranguer la multitude; mais la multitude préféra forcer la garde des états, qui d'ailleurs n'opposa aucune résistance au peuple souverain, à écouter la harangue de monsieur d'Asperen.

— Allons, dit froidement le jeune homme pendant que le peuple s'engouffrait par la porte principale du Hoogstraët, il paraît que la délibération aura lieu à l'intérieur, colonel. Allons entendre la délibération.

— Ah ! monseigneur, monseigneur, prenez garde !

— A quoi ?

— Parmi ces députés, il y en a beaucoup qui ont été en relation avec vous, et il suffit qu'un seul reconnaisse Votre Altesse.

— Oui, pour qu'on m'accuse d'être l'instigateur de tout ceci Tu as raison, dit le jeune homme, dont les joues rougirent un instant du regret qu'il avait d'avoir montré tant de précipitation dans ses désirs ; oui, tu as raison, restons ici. D'ici, nous les verrons revenir avec ou sans l'autorisation, et nous jugerons de la sorte si monsieur Bowelt est un brave homme ou un homme brave, ce que je tiens à savoir.

— Mais, fit l'officier en regardant avec étonnement celui à qui il donnait le titre de monseigneur; mais Votre Altesse ne suppose pas un seul instant, je présume, que les députés ordonnent aux cavaliers de Tilly de s'éloigner, n'est-ce pas?

— Pourquoi ? demanda froidement le jeune homme.

— Parce que s'ils ordonnaient cela, ce serait tout simplement signer la condamnation à mort de messieurs Corneille et Jean de Witt.

— Nous allons voir, répondit froidement l'Altesse ; Dieu seul peut savoir ce qui se passe au cœur des hommes.

L'officier regarda à la dérobée la figure impassible de son compagnon, et pâlit.

C'était à la fois un brave homme et un homme brave que cet officier.

De l'endroit où ils étaient restés, l'Altesse et son compagnon entendaient les rumeurs et les piétinemens du peuple dans les escaliers de l'hôtel de ville.

Puis on entendit ce bruit sortir et se répandre sur la place, par les fenêtres ouvertes de cette salle au balcon de laquelle avaient paru messieurs Bowelt et d'Asperen, lesquels étaient rentrés à l'intérieur, dans la crainte, sans doute, qu'en les poussant, le peuple ne les fît sauter par dessus la balustrade.

Puis on vit des ombres tournoyantes et tumultueuses passer devant ces fenêtres.

La salle des délibérations s'emplissait.

Soudain le bruit s'arrêta ; puis, soudain encore, il redoubla d'intensité, et atteignit à un tel degré d'explosion que le vieil édifice en trembla jusqu'au faîte.

Puis enfin le torrent se reprit à rouler par les galeries et les escaliers jusqu'à la porte, sous la voûte de laquelle on le vit déboucher comme une trombe.

En tête du premier groupe volait, plutôt qu'il ne courait, un homme hideusement défiguré par la joie.

C'était le chirurgien Tyckelaër.

— Nous l'avons ! nous l'avons ! cria-t-il en agitant un papier en l'air.

— Ils ont l'ordre ! murmura l'officier stupéfait.

— Eh bien, me voilà fixé, dit tranquillement l'Altesse. Vous ne saviez pas, mon cher colonel, si monsieur Bowelt était un brave homme ou un homme brave. Ce n'est ni l'un ni l'autre.

Puis continuant à suivre de l'œil, sans sourciller, toute cette foule qui roulait devant lui,

— Maintenant, dit-il, venez au Buytenhoff, colonel; je crois que nous allons voir un spectacle étrange.

L'officier s'inclina et suivit son maître sans répondre.

La foule était immense sur la place et aux abords de la prison. Mais les cavaliers de Tilly la contenaient toujours avec le même bonheur et surtout avec la même fermeté.

Bientôt, le comte entendit la rumeur croissante que faisait en s'approchant ce flux d'hommes, dont il aperçut bientôt les premières vagues roulant avec la rapidité d'une cataracte qui se précipite.

En même temps, il aperçut le papier qui flottait en l'air, au-dessus des mains crispées et des armes étincelantes.

— Eh ! fit-il, en se levant sur ses étriers et en touchant son lieutenant du pommeau de son épée, je crois que les misérables ont leur ordre.

— Lâches coquins ! cria le lieutenant.

C'était en effet l'ordre, que la compagnie des bourgeois reçut avec des rugissemens joyeux.

Elle s'ébranla aussitôt et marcha les armes basses et en poussant de grands cris à l'encontre des cavaliers du comte de Tilly.

Mais le comte n'était pas homme à les laisser approcher plus que de mesure.

— Halte ! cria-t-il, halte ! et que l'on dégage le poitrail de mes chevaux, ou je commande : En avant !

— Voici l'ordre ! répondirent cent voix insolentes.

Il le prit avec stupeur, jeta dessus un regard rapide, et tout haut :

— Ceux qui ont signé cet ordre, dit-il, sont les véritables bourreaux de monsieur Corneille de Witt. Quant à moi, je ne voudrais pas pour mes deux mains avoir écrit une seule lettre de cet ordre infâme.

Et repoussant du pommeau de son épée l'homme qui voulait le lui reprendre,

— Un moment, dit-il, un écrit comme celui-là est d'importance et se garde.

Il plia le papier et le mit avec soin dans la poche de son justaucorps.

Puis se retournant vers sa troupe,

— Cavaliers de Tilly, cria-t-il, file à droite !

Puis à demi-voix, et cependant de façon à ce que ses paroles ne fussent pas perdues pour tout le monde:

— Et maintenant, égorgeurs, dit-il, faites votre œuvre.

Un cri furieux composé de toutes les haines avides et de toutes les joies féroces qui râlaient sur le Buytenhoff accueillit ce départ.

Les cavaliers défilaient lentement.

Le comte resta derrière, faisant face jusqu'au dernier moment à la populace ivre qui gagnait au fur et à mesure le terrain que perdait le cheval du capitaine.

Comme on voit, Jean de Witt ne s'était pas exagéré le danger quand, aidant son frère à se lever, il le pressait de partir.

Corneille descendit donc, appuyé au bras de l'ex-grand pensionnaire, l'escalier qui conduisait dans la cour.

Au bas de l'escalier, il trouva la belle Rosa toute tremblante.

— Oh ! monsieur Jean, dit celle-ci, quel malheur !

— Qu'y a-t-il donc, mon enfant? demanda de Witt.

— Il y a que l'on dit qu'ils sont allés chercher au Hoogstraët l'ordre qui doit éloigner les cavaliers du comte de Tilly.

— Oh ! oh ! fit Jean. En effet, ma fille, si les cavaliers s'en vont, la position est mauvaise pour nous.

— Aussi, si j'avais un conseil à vous donner... dit la jeune fille toute tremblante.

— Donne, mon enfant. Qu'y aurait-il d'étonnant que Dieu me parlât par ta bouche ?

— Eh bien ! monsieur Jean, je ne sortirais point par la grande rue.

— Et pourquoi cela, puisque les cavaliers de Tilly sont toujours à leur poste ?

— Oui, mais tant qu'il ne sera pas révoqué, cet ordre est de rester devant la prison.

— Sans doute.

— En avez-vous un pour qu'ils vous accompagnent jusque hors la ville?

— Non.

— Eh bien ! du moment où vous allez avoir dépassé les premiers cavaliers, vous tomberez aux mains du peuple.

— Mais la garde bourgeoise ?

— Oh ! la garde bourgeoise, c'est la plus enragée.

— Que faire, alors ?

— A votre place, monsieur Jean, continua timidement la jeune fille, je sortirais par la poterne. L'ouverture donne sur une rue déserte, car tout le monde est dans la grande rue, attendant à l'entrée principale, et je gagnerais celle des portes de la ville par laquelle vous voulez sortir.

— Mais mon frère ne pourra marcher, dit Jean.

— J'essaierai, répondit Corneille avec une expression de fermeté sublime.

— Mais n'avez-vous pas votre voiture ? demanda la jeune fille.

— La voiture est là, au seuil de la grande porte.

— Non, répondit la jeune fille. J'ai pensé que votre cocher était un homme dévoué, et je lui ai dit d'aller vous attendre à la poterne.

Les deux frères se regardèrent avec attendrissement, et leur double regard, lui apportant toute l'expression de leur reconnaissance, se concentra sur la jeune fille.

— Maintenant, dit le grand pensionnaire, reste à savoir si Gryphus voudra bien nous ouvrir cette porte.

— Oh ! non, dit Rosa, il ne voudra pas.

— Eh bien, alors ?

— Alors, j'ai prévu son refus, et tout à l'heure, tandis qu'il causait par la fenêtre de la geôle avec un pistolier, j'ai pris la clef au trousseau.

— Et tu l'as, cette clef ?

— La voici, monsieur Jean.

— Mon enfant, dit Corneille, je n'ai rien à te donner en échange du service que tu me rends, excepté la Bible que tu trouveras dans ma chambre : c'est le dernier présent d'un honnête homme ; j'espère qu'il te portera bonheur.

— Merci, monsieur Corneille, elle ne me quittera jamais, répondit la jeune fille.

Puis à elle-même et en soupirant,

— Quel malheur que je ne sache pas lire ! dit-elle.

— Voici les clameurs qui redoublent, ma fille, dit Jean ; je crois qu'il n'y a pas un instant à perdre.

— Venez donc, dit la belle Frisonne, et par un couloir intérieur, elle conduisit les deux frères au côté opposé de la prison.

Toujours guidés par Rosa, ils descendirent un escalier d'une douzaine de marches, traversèrent une petite cour aux remparts crénelés, et la porte cintrée s'étant ouverte, ils se retrouvèrent de l'autre côté de la prison dans la rue déserte, en face de la voiture qui les attendait, le marchepied abaissé.

— Eh ! vite, vite, vite, mes maîtres, les entendez-vous ? cria le cocher tout effaré.

Mais après avoir fait monter Corneille le premier, le grand pensionnaire se retourna vers la jeune fille.

— Adieu, mon enfant, dit-il ; tout ce que nous pourrions te dire ne t'exprimerait que faiblement notre reconnaissance. Nous te recommandons à Dieu, qui se souviendra, j'espère, que tu viens de sauver la vie de deux hommes.

Rosa prit la main que lui tendait le grand pensionnaire et la baisa respectueusement.

— Allez, dit-elle, allez, on dirait qu'ils enfoncent la porte.

Jean de Witt monta précipitamment, prit place près de son frère, et ferma le mantelet de la voiture en criant :

— Au Tol-Hek !

Le Tol-Hek était la grille qui fermait la porte conduisant au petit port de Schweaingen, dans lequel un petit bâtiment attendait les deux frères.

La voiture partit au galop de deux vigoureux chevaux flamands et emporta les fugitifs.

Rosa les suivit jusqu'à ce qu'ils eussent tourné l'angle de la rue.

Alors elle rentra fermer la porte derrière elle et jeta la clef dans un puits.

Ce bruit, qui avait fait pressentir à Rosa que le peuple enfonçait la porte, était en effet celui du peuple, qui, après avoir fait évacuer la place de la prison, se ruait contre cette porte.

Si solide qu'elle fût, et quoique le geôlier Gryphus, il faut lui rendre cette justice, se refusât obstinément d'ouvrir cette porte, on sentait qu'elle ne résisterait pas longtemps, et Gryphus, fort pâle, se demandait si mieux ne valait pas ouvrir que briser cette porte, lorsqu'il sentit qu'on le tirait doucement par l'habit.

Il se retourna et vit Rosa.

— Tu entends les enragés ? dit-il.

— Je les entends si bien, mon père, qu'à votre place...

— Tu ouvrirais, n'est-ce pas ?

— Non, je laisserais enfoncer la porte.

— Mais ils vont me tuer.

— Oui, s'ils vous voient.

— Comment veux-tu qu'ils ne me voient pas ?

— Cachez-vous.

— Où cela ?

— Dans le cachot secret.

— Mais toi, mon enfant ?

— Moi, mon père, j'y descendrai avec vous. Nous fermerons la porte sur nous, et quand ils auront quitté la prison, eh bien, nous sortirons de notre cachette.

— Tu as, pardieu, raison, s'écria Gryphus ; c'est étonnant, ajouta-t-il, ce qu'il y a de jugement dans cette petite tête.

Puis, comme la porte s'ébranlait à la grande joie de la populace :

— Venez, venez, mon père, dit Rosa en ouvrant une petite trappe.

— Mais cependant, nos prisonniers ? fit Gryphus.

— Dieu veillera sur eux, mon père, dit la jeune fille ; permettez-moi de veiller sur vous.

Gryphus suivit sa fille, et la trappe retomba sur leur tête, juste au moment où la porte brisée donnait passage à la populace.

Au reste, ce cachot où Rosa faisait descendre son père et qu'on appelait le cachot secret offrait aux deux personnages que nous allons être forcés d'abandonner pour un instant un sûr asile, n'étant connu que des autorités, qui parfois y enfermaient quelqu'un de ces grands coupables pour lesquels on craint quelques révoltes ou quelque enlèvement.

Le peuple se rua dans la prison en criant :

— Mort aux traîtres ! à la potence Corneille de Witt ! à mort ! à mort !

IV.

Le jeune homme, toujours abrité par son grand chapeau, toujours s'appuyant au bras de l'officier, toujours essuyant son front et ses lèvres avec son mouchoir, le jeune homme immobile regardait seul, en un coin du Brytenhoff, perdu dans l'ombre d'un auvent surplombant une boutique fermée, le spectacle que lui donnait cette populace furieuse et qui paraissait approcher de son dénouement.

— Oh ! dit-il à l'officier, je crois que vous aviez raison, van Deken, et que l'ordre que messieurs les députés ont signé est le véritable ordre de mort de monsieur Corneille. Entendez-vous ce peuple ? il en veut décidément beaucoup aux messieurs de Witt !

— En vérité, dit l'officier, je n'ai jamais entendu de clameurs pareilles.

— Il faut croire qu'ils ont trouvé la prison de notre homme. Ah ! tenez, cette fenêtre n'était-elle pas celle de la chambre où a été enfermé monsieur Corneille ?

En effet, un homme saisissait à pleines mains et secouait violemment le treillage de fer qui fermait la fenêtre du cachot de Corneille, et que celui-ci venait de quitter il n'y avait pas plus de dix minutes.

— Hourrah ! hourrah ! criait cet homme, il n'y est plus !

— Comment, il n'y est plus ! demandèrent de la rue ceux qui, arrivés les derniers, ne pouvaient entrer tant la prison était pleine.

— Non ! non ! répétait l'homme furieux, il n'y est plus, il faut qu'il se soit sauvé.

— Que dit donc cet homme ? demanda en pâlissant l'Altesse.

— Oh ! monseigneur, il dit une nouvelle qui serait bien heureuse si elle était vraie.

— Oui, sans doute, ce serait une bienheureuse nouvelle si elle était vraie, dit le jeune homme ; malheureusement elle ne peut pas l'être.

— Cependant, voyez... dit l'officier.

En effet, d'autres visages furieux, grinçant de colère, se montraient aux fenêtres en criant:

— Sauvé ! évadé ! ils l'ont fait fuir.

Et le peuple, resté dans la rue, répétait avec d'effroyables imprécations : — Sauvés ! évadés ! courons après eux, poursuivons-les !

— Monseigneur, il paraît que M. Corneille de Witt est bien réellement sauvé, dit l'officier.

— Oui, de la prison peut-être, répondit celui-ci, mais pas de la ville ; vous verrez, van Deken, que le pauvre homme trouvera fermée la porte qu'il croyait trouver ouverte.

— L'ordre de fermer les portes de la ville a-t-il donc été donné, monseigneur?

— Non, je ne crois pas ; qui aurait donné cet ordre ?

— Eh bien ! qui vous fait supposer ?

— Il y a des fatalités, répondit négligemment l'Altesse, et les plus grands hommes sont parfois tombés victimes de ces fatalités-là.

L'officier sentit à ces mots courir un frisson dans ses veines, car il comprit que, d'une façon ou de l'autre, le prisonnier était perdu.

En ce moment, les rugissemens de la foule éclataient comme un tonnerre, car il lui était bien démontré que Cornélius de Witt n'était plus dans la prison.

En effet, Corneille et Jean, après avoir longé le vivier, avaient pris la grande rue qui conduit au Tol-Hek, tout en recommandant au cocher de ralentir le pas de ses chevaux pour que le passage de leur carrosse n'éveillât aucun soupçon.

Mais arrivé au milieu de cette rue, quand il vit de loin la grille, quand il sentit qu'il laissait derrière lui la prison et la mort et qu'il avait devant lui la vie et la liberté, le cocher négligea toute précaution et mit le carrosse au galop.

Tout à coup il s'arrêta.

— Qu'y a-t-il ? demanda Jean en passant la tête par la portière.

— Oh ! mes maîtres, s'écria le cocher, il y a...

La terreur étouffait la voix du brave homme.

— Voyons, achève, dit le grand pensionnaire.

— Il y a que la grille est fermée.

— Comment, la grille est fermée ! Ce n'est pas l'habitude de fermer la grille pendant le jour.

— Voyez plutôt.

Jean de Witt se pencha en dehors de la voiture et vit en effet la grille fermée.

— Va toujours, dit Jean, j'ai sur moi l'ordre de commutation, le portier ouvrira.

La voiture reprit sa course, mais on sentait que le cocher ne poussait plus ses chevaux avec la même confiance.

Puis en sortant sa tête par la portière, Jean de Witt avait été vu et reconnu par un brasseur qui, en retard sur ses compagnons, fermait sa porte à toute hâte, pour aller les rejoindre sur le Buytenhoff.

Il poussa un cri de surprise, et courut après deux autres hommes qui couraient devant lui.

Au bout de cent pas il les rejoignit et leur parla ; les trois hommes s'arrêtèrent, regardant s'éloigner la voiture, mais encore peu sûrs de ceux qu'elle renfermait.

La voiture, pendant ce temps, arrivait au Tol-Hek.

— Ouvrez ! cria le cocher.

— Ouvrir, dit le portier paraissant sur le seuil de sa maison, ouvrir, et avec quoi?

— Avec la clef, parbleu ! dit le cocher.

— Avec la clef, oui ; mais il faudrait l'avoir pour cela.

— Comment ! vous n'avez pas la clef de la porte ? demanda le cocher.

— Non.

— Qu'en avez-vous donc fait ?

— Dame ! on me l'a prise.

— Qui cela ?

— Quelqu'un qui probablement tenait à ce que personne ne sortît de la ville.

— Mon ami, dit le grand pensionnaire sortant la tête de la voiture et risquant le tout pour le tout, mon ami, c'est pour moi Jean de Witt et pour mon frère Corneille, que j'emmène en exil.

— Oh ! monsieur de Witt, je suis au désespoir, dit le portier se précipitant vers la voiture, mais sur l'honneur, la clef m'a été prise.

— Quand cela?

— Ce matin.

— Par qui ?

— Par un jeune homme de vingt-deux ans, pâle et maigre.

— Et pourquoi la lui avez-vous remise ?

— Parce qu'il avait un ordre signé et scellé.

— De qui ?

— Mais de messieurs de l'hôtel de ville.

— Allons, dit tranquillement Corneille, il paraît que bien décidément nous sommes perdus.

— Sais-tu si la même précaution a été prise partout ?

— Je ne sais.

— Allons, dit Jean au cocher, Dieu ordonne à l'homme de faire tout ce qu'il peut pour conserver sa vie ; gagne une autre porte.

Puis, tandis que le cocher faisait tourner la voiture,

— Merci de ta bonne volonté, mon ami, dit Jean au portier ; l'intention est réputée pour le fait ; tu avais l'intention de nous sauver, et, aux yeux du Seigneur, c'est comme si tu avais réussi.

— Ah ! dit le portier, voyez-vous là-bas?

— Passe au galop à travers ce groupe, cria Jean au cocher, et prends la rue à gauche ; c'est notre seul espoir.

Le groupe dont parlait Jean avait eu pour noyau les trois hommes que nous avons vus suivre des yeux la voiture, et qui depuis ce temps et pendant que Jean parlementait avec le portier s'était grossi de sept ou huit nouveaux individus.

Ces nouveaux arrivans avaient évidemment des intentions hostiles à l'endroit du carrosse.

Aussi, voyant les chevaux venir sur eux au grand galop, se mirent-ils en travers de la rue en agitant leurs bras armés de bâtons et criant : Arrête ! arrête !

De son côté, le cocher se pencha sur eux et les sillonna de coups de fouet.

La voiture et les hommes se heurtèrent enfin.

Les frères de Witt ne pouvaient rien voir, enfermés qu'ils étaient dans la voiture. Mais ils sentirent les chevaux se cabrer, puis éprouvèrent une violente secousse. Il y eut un moment d'hésitation et de tremblement dans toute la machine roulante, qui s'emporta de nouveau, passant sur quelque chose de rond et de flexible qui semblait être le corps d'un homme renversé, et s'éloigna au milieu des blasphèmes.

— Oh ! dit Corneille, je crains bien que nous n'ayons fait un malheur.

— Au galop ! au galop ! cria Jean.

Mais, malgré cet ordre, tout à coup le cocher s'arrêta.

— Eh bien ? demanda Jean.

— Voyez-vous ? dit le cocher.

Jean regarda.

Toute la populace du Buytenhoff apparaissait à l'extrémité de la rue que devait suivre la voiture, et s'avançait hurlante et rapide comme un ouragan.

— Arrête et sauve-toi, dit Jean au cocher ; il est inutile d'aller plus loin ; nous sommes perdus.

— Les voilà ! les voilà ! crièrent ensemble cinq cents voix.

— Oui, les voilà, les traîtres ! les meurtriers ! les assassins ! répondirent à ceux qui venaient au devant de la voiture ceux qui couraient après elle, portant dans leurs bras le corps meurtri d'un de leurs compagnons, qui, ayant voulu sauter à la bride des chevaux, avait été renversé par eux.

C'était sur lui que les deux frères avaient senti passer la voiture.

Le cocher s'arrêta ; mais quelques instances que lui fît son maître, il ne voulut point se sauver.

En un instant le carrosse se trouva pris entre ceux qui couraient après lui et ceux qui venaient au devant de lui.

En un instant, il domina toute cette foule agitée comme une île flottante.

Tout à coup l'île flottante s'arrêta. Un maréchal venait, d'un coup de masse, d'assommer un des deux chevaux, qui tomba dans les traits.

En ce moment le volet d'une fenêtre s'entr'ouvrit et l'on put voir le visage livide et les yeux sombres du jeune homme se fixant sur le spectacle qui se préparait.

Derrière lui apparaissait la tête de l'officier presqu'aussi pâle que la sienne.

— Oh ! mon Dieu ! mon Dieu ! monseigneur, que va-t-il se passer ? murmura l'officier.

— Quelque chose de terrible bien certainement, répondit celui-ci.

— Oh ! voyez-vous, monseigneur, ils tirent le grand pensionnaire de la voiture, ils le battent, ils le déchirent.

— En vérité, il faut que ces gens-là soient animés d'une bien violente indignation, fit le jeune homme du même ton impassible qu'il avait conservé jusqu'alors.

— Et voici Corneille qu'ils tirent à son tour du carrosse, Corneille déjà tout brisé, tout mutilé par la torture. Oh ! voyez donc, voyez donc.

— Oui, en effet, c'est bien Corneille.

L'officier poussa un faible cri et détourna la tête.

C'est que, sur le dernier degré du marchepied, avant même qu'il eût touché la terre, le Ruart venait de recevoir un coup de barre de fer qui lui avait brisé la tête.

Il se releva cependant, mais pour retomber aussitôt.

Puis, des hommes le prenant par les pieds, le tirèrent dans la foule, au milieu de laquelle on put suivre le sillage sanglant qu'il y traçait et qui se refermait derrière lui avec de grandes huées pleines de joies.

Le jeune homme devint plus pâle encore, ce qu'on eût cru impossible, et son œil se voila un instant sous sa paupière.

L'officier vit ce mouvement de pitié, le premier que son sévère compagnon eût laissé échapper, et voulant profiter de cet amollissement de son âme,

— Venez, venez, monseigneur, dit-il, car voilà qu'on va assassiner aussi le grand pensionnaire.

— Mais le jeune homme avait déjà ouvert les yeux.

— En vérité ! dit-il, ce peuple est implacable. Il ne fait pas bon de le trahir.

— Monseigneur, dit l'officier, est-ce qu'on ne pourrait pas sauver ce pauvre homme, qui a élevé Votre Altesse ? — S'il y a un moyen, dites-le, et dussé-je y perdre la vie...

Guillaume d'Orange, car c'était lui, plissa son front d'une façon sinistre, éteignit l'éclair de sombre fureur qui étincelait sous sa paupière et répondit :

— Colonel van Deken, allez, je vous prie, trouver mes troupes, afin qu'elles prennent les armes à tout événement.

— Mais laisserai-je donc monseigneur seul ici, en face de ces assassins ?

— Ne vous inquiétez pas de moi plus que je ne m'en inquiète, dit brusquement le prince. — Allez.

L'officier partit avec une rapidité qui témoignait bien moins de son obéissance que de la joie de n'assister point au hideux assassinat du second des frères.

Il n'avait point fermé la porte de la chambre que Jean, qui par un effort suprême avait gagné le perron d'une maison située presqu'en face de celle où était caché son élève, chancela sous les secousses qu'on lui imprimait de dix côtés à la fois en disant :

— Mon frère, où est mon frère ?

Un de ces furieux lui jeta bas son chapeau d'un coup de poing.

Un autre lui montra le sang qui teignait ses mains, celui-là venait d'éventrer Corneille, et il accourait pour ne point perdre l'occasion d'en faire autant au grand pensionnaire, tandis que l'on traînait au gibet le cadavre de celui qui était déjà mort.

Jean poussa un gémissement lamentable et mit une de ses mains sur ses yeux.

— Ah ! tu fermes les yeux, dit un des soldats de la garde bourgeoise, eh bien je vais te les crever, moi !

Et il lui poussa dans le visage un coup de pique sous lequel le sang jaillit.

— Mon frère ! cria de Witt essayant de voir ce qu'était devenu Corneille, à travers le flot de sang qui l'aveuglait : mon frère !

— Va le rejoindre ! hurla un autre assassin en lui appliquant son mousquet sur la tempe et en lâchant la détente.

Mais le coup ne partit point.

Alors le meurtrier retourna son arme, et la prenant à deux mains par le canon, il assomma Jean de Witt d'un coup de crosse.

Jean de Witt chancela et tomba à ses pieds.

Mais aussitôt, se relevant par un suprême effort,

— Mon frère ! cria-t-il d'une voix tellement lamentable que le jeune homme tira le contrevent sur lui.

D'ailleurs il restait peu de chose à voir, car un troisième assassin lui lâcha à bout portant un coup de pistolet qui partit cette fois et lui fit sauter le crâne.

Jean de Witt tomba pour ne plus se relever.

Alors chacun de ces misérables, enhardi par cette chute, voulut décharger son arme sur le cadavre. Chacun voulut donner un coup de masse, d'épée ou de couteau, chacun voulut tirer sa goutte de sang, arracher son lambeau d'habits.

Puis quand ils furent tous deux bien meurtris, bien déchirés, bien dépouillés, la populace les traîna nus et sanglants à un gibet improvisé, où des bourreaux amateurs les suspendirent par les pieds.

Alors arrivèrent les plus lâches, qui n'ayant pas osé frapper la chair vivante, taillèrent en lambeaux la chair morte, puis s'en allèrent vendre par la ville des petits morceaux de Jean et de Corneille à dix sous la pièce.

Nous ne pourrions dire si à travers l'ouverture presque imperceptible du volet le jeune homme vit la fin de cette terrible scène, mais au moment même où l'on pendait les deux martyrs au gibet, il traversait la foule qui était trop occupée de la joyeuse besogne qu'elle accomplissait pour s'inquiéter de lui, et gagnait le Tol-Hek toujours fermé.

— Ah ! monsieur, s'écria le portier, me rapportez-vous la clef ?

— Oui, mon ami, la voilà, répondit le jeune homme.

— Oh ! c'est un bien grand malheur que vous ne m'ayez pas rapporté cette clef seulement une demi-heure plus tôt, dit le portier en soupirant.

— Et pourquoi cela ? demanda le jeune homme.

— Parce que j'eusse pu ouvrir aux messieurs de Witt. Tandis que, ayant trouvé la porte fermée, ils ont été obligés de rebrousser chemin. Ils sont tombés au milieu de ceux qui les poursuivaient.

— La porte ! la porte ! s'écria une voix qui semblait être celle d'un homme pressé.

Le prince se retourna et reconnut le colonel van Deken.

— C'est vous, colonel ? dit-il. Vous n'êtes pas encore

sorti de la Haye? C'est accomplir tardivement mon ordre.

— Monseigneur, répondit le colonel, voilà la troisième porte à laquelle je me présente, j'ai trouvé les deux autres fermées.

— Eh bien! ce brave homme va nous ouvrir celle-ci.— Ouvre, mon ami, dit le prince au portier qui était resté tout ébahi à ce titre de monseigneur que venait de donner le colonel van Deken à ce jeune homme pâle auquel il venait de parler si familièrement.

Aussi, pour réparer sa faute, se hâta-t-il d'ouvrir le Tol-Hek, qui roula en criant sur ses gonds.

— Monseigneur veut-il mon cheval? demanda le colonel à Guillaume.

— Merci, colonel, je dois avoir une monture qui m'attend à quelques pas d'ici.

Et prenant un sifflet d'or dans sa poche, il tira de cet instrument, qui à cette époque servait à appeler les domestiques, un son aigu et prolongé, au retentissement duquel accourut un écuyer à cheval et tenant un second cheval en main.

Guillaume sauta sur le cheval sans se servir de l'étrier, et piquant des deux il gagna la route de Leyde.

Quand il fut là, il se retourna.

Le colonel le suivait à une longueur de cheval.

Le prince lui fit signe de prendre rang à côté de lui.

— Savez-vous, dit-il sans s'arrêter, que ces coquins-là ont tué aussi M. Jean de Witt comme ils venaient de tuer Corneille?

— Ah! monseigneur, dit tristement le colonel, j'aimerais mieux pour vous que restassent encore ces deux difficultés à franchir pour être de fait le stathouder de Hollande.

— Certes, il eût mieux valu, dit le jeune homme, que ce qui vient d'arriver n'arrivât pas. Mais enfin ce qui est fait est fait, nous n'en sommes pas la cause. Piquons vite, colonel, pour arriver à Alphen avant le message que certainement les états vont m'envoyer au camp.

Le colonel s'inclina, laissa passer devant son prince, et prit à sa suite la place qu'il tenait avant qu'il lui adressât la parole.

— Ah! je voudrais bien, murmura méchamment Guillaume d'Orange en fronçant le sourcil, serrant ses lèvres et enfonçant ses éperons dans le ventre de son cheval, je voudrais bien voir la figure que fera Louis le Soleil, quand il apprendra de quelle façon on vient de traiter ses bons amis MM. de Witt! Oh! soleil, soleil, comme je me nomme Guillaume le Taciturne; soleil, gare à tes rayons!

Et il courut vite sur son bon cheval, ce jeune prince, l'acharné rival du grand roi, ce stathouder si peu solide la veille encore dans sa puissance nouvelle, mais auquel les bourgeois de la Haye venaient de faire un marchepied avec les cadavres de Jean et de Corneille, deux nobles princes aussi devant les hommes et devant Dieu.

V.

L'AMATEUR DE TULIPES ET SON VOISIN.

Cependant, tandis que les bourgeois de la Haye mettaient en pièces les cadavres de Jean et de Corneille, tandis que Guillaume d'Orange, après s'être assuré que ses deux antagonistes étaient bien morts, galopait sur la route de Leyde suivi du colonel van Deken, qu'il trouvait un peu trop compatissant pour lui continuer la confiance dont il l'avait honoré jusque-là, Craëke, le fidèle serviteur, monté de son côté sur un bon cheval, et bien loin de se douter des terribles événements qui s'étaient accomplis depuis son départ, courait sur les chaussées bordées d'arbres jusqu'à ce qu'il fût hors de la ville et des villages voisins.

Une fois en sûreté, pour ne pas éveiller les soupçons, il laissa son cheval dans une écurie et continua tranquillement son voyage sur des bateaux qui par relais le menèrent à Dordrecht en passant avec adresse par les plus courts chemins de ces bras sinueux du fleuve, lesquels étreignent sous leurs caresses humides ces îles charmantes bordées de saules, de joncs et d'herbes fleuries dans lesquelles broutent nonchalamment les gras troupeaux reluisans au soleil.

Craëke reconnut de loin Dordrecht, la ville riante, au bas de sa colline semée de moulins. Il vit les belles maisons rouges aux lignes blanches, baignant dans l'eau leurs pieds de briques, et faisant flotter par les balcons ouverts sur le fleuve leurs tapis de soie diaprés de fleurs d'or, merveilles de l'Inde et de la Chine, et près de ces tapis, ces grandes lignes, piéges permanens pour prendre les anguilles voraces qu'attire autour des habitations la sportule quotidienne que les cuisines jettent dans l'eau par leurs fenêtres.

Craëke, du pont de la barque, à travers tous ces moulins aux ailes tournantes, apercevait au déclin du coteau la maison blanche et rose but de sa mission. Elle perdait les crêtes de son toit dans le feuillage jaunâtre d'un rideau de peupliers et se détachait sur le fond sombre que lui faisait un bois d'ormes gigantesques. Elle était située de telle façon que le soleil, tombant sur elle comme dans un entonnoir, y venait sécher, tiédir et féconder même les derniers brouillards que la barrière de verdure ne pouvait empêcher le vent du fleuve d'y porter chaque matin et chaque soir.

Débarqué au milieu du tumulte ordinaire de la ville, Craëke se dirigea aussitôt vers la maison dont nous allons offrir à nos lecteurs une indispensable description.

Blanche, nette, reluisante, plus proprement lavée, plus soigneusement cirée aux endroits cachés qu'elle ne l'était aux endroits aperçus, cette maison renfermait un mortel heureux.

Ce mortel heureux, *rara avis*, comme dit Juvénal, était le docteur van Baërle, filleul de Corneille. Il habitait la maison que nous venons de décrire depuis son enfance; car c'était la maison natale de son père et de son grand-père, anciens marchands nobles de la noble ville de Dordrecht.

Monsieur van Baërle le père avait amassé dans le commerce des Indes trois à quatre cent mille florins que monsieur van Baërle le fils avait trouvés tous neufs, en 1668, à la mort de ses bons et chers parens, bien que ces florins fussent frappés au millésime, les uns de 1640, les autres de 1610; ce qui prouvait qu'il y avait florins du père van Baërle et florins du grand-père van Baërle; ces quatre cent mille florins, hâtons-nous de le dire, n'étaient que la bourse, l'argent de poche de Cornélius van Baërle, le héros de cette histoire, ses propriétés dans la province donnant un revenu de dix mille florins environ.

Lorsque le digne citoyen père de Cornélius avait passé de vie à trépas, trois mois après les funérailles de sa femme, qui semblait être partie la première pour lui rendre facile le chemin de la mort, comme elle lui avait rendu facile le chemin de la vie, il avait dit à son fils en l'embrassant pour la dernière fois :

— Bois, mange et dépense, si tu veux vivre en réalité, car ce n'est pas vivre que de travailler tout le jour sur une chaise de bois ou sur un fauteuil de cuir, dans un laboratoire ou dans un magasin. Tu mourras à ton tour, et si tu n'as pas le bonheur d'avoir un fils, tu laisseras éteindre notre nom, et mes florins étonnés se trouveront avoir un maître inconnu, ces florins neufs que nul n'a jamais pesés que mon père, moi et le fondeur. N'imite pas surtout ton parrain, Corneille de Witt, qui s'est jeté dans la politique, la plus ingrate des carrières, et qui bien certainement finira mal.

Puis il était mort, ce digne monsieur van Baërle, laissant tout désolé son fils Cornélius, lequel aimait fort peu les florins et beaucoup son père.

Cornélius resta donc seul dans la grande maison.

En vain son parrain Corneille lui offrit-il de l'emploi dans les services publics; en vain voulut-il lui faire goûter de la gloire, quand Cornélius, pour obéir à son parrain, se fut embarqué avec de Ruyter sur le vaisseau *les Sept Provinces*, qui commandait aux cent trente-neuf bâtimens avec lesquels l'illustre amiral allait balancer seul la fortune de la France et de l'Angleterre réunies. Lorsque, conduit par le pilote Léger, il fut arrivé à une portée de mousquet du vaisseau *le Prince*, sur lequel se trouvait le duc d'York, frère du roi d'Angleterre, lorsque l'attaque de Ruyter, son patron, eut été faite si brusque et si habile que, sentant son bâtiment près d'être emporté, le duc d'York n'eut que le temps de se retirer à bord du *Saint-Michel*; lorsqu'il eut vu le *Saint-Michel*, brisé, broyé sous les boulets hollandais, sortir de la ligne; lorsqu'il eut vu sauter un vaisseau, *le Comte de Sanwick*, et périr dans les flots ou dans le feu quatre cents matelots; lorsqu'il eut vu qu'à la fin de tout cela, après vingt bâtimens mis en morceaux, après trois mille tués, après cinq mille blessés, rien n'était décidé ni pour ni contre, que chacun s'attribuait la victoire, que c'était à recommencer, et que seulement un nom de plus, la bataille de Soutwood-Bay, était ajouté au catalogue des batailles; quand il eut calculé ce que perd de temps à se boucher les yeux et les oreilles un homme qui veut réfléchir même lorsque ses pareils se canonnent entre eux, Cornélius dit adieu à Ruyter, au Ruart de Pulten et à la gloire, baisa les genoux du grand pensionnaire, qu'il avait en vénération profonde, et rentra dans sa maison de Dordrecht, riche de son repos acquis, de ses vingt-huit ans, d'une santé de fer, d'une vue perçante, et plus que de ses quatre cent mille florins de capital et de ses dix mille florins de revenus, de cette conviction qu'un homme a toujours reçu du ciel trop pour être heureux, assez pour ne l'être pas.

En conséquence et pour se faire un bonheur à sa façon, Cornélius se mit à étudier les végétaux et les insectes, cueillit et classa toute la flore des îles, piqua toute l'entomologie de la province, sur laquelle il composa un traité manuscrit avec planches dessinées de sa main, et enfin, ne sachant plus que faire de son temps et de son argent surtout, qui allait s'augmentant d'une façon effrayante, il se mit à choisir parmi toutes les folies de son pays et de son époque une des plus élégantes et des plus coûteuses.

Il aima les tulipes.

C'était le temps, comme on sait, où les Flamands et les Portugais, exploitant à l'envi ce genre d'horticulture, en étaient arrivés à diviniser la tulipe et à faire de cette fleur venue de l'Orient ce que jamais naturaliste n'avait osé faire de la race humaine, de peur de donner de la jalousie à Dieu.

Bientôt de Dordrecht à Mons il ne fut plus question que des tulipes de mynher van Baërle, et ses planches, ses fosses, ses chambres de séchage, ses cahiers de cayeux furent visités comme jadis les galeries et les bibliothèques d'Alexandrie par les illustres voyageurs romains.

Van Baërle commença par dépenser son revenu de l'année à établir sa collection, puis il ébrécha ses florins neufs à la perfectionner, aussi son travail fut-il récompensé d'un magnifique résultat: il trouva cinq espèces différentes qu'il nomma la *Jeanne*, du nom de sa mère, la *Baërle*, du nom de son père, la *Corneille*, du nom de son parrain; — les autres noms nous échappent, mais les amateurs pourront bien certainement les retrouver dans les catalogues du temps.

En 1672, au commencement de l'année, Corneille de Witt vint à Dordrecht pour y habiter trois mois dans son ancienne maison de famille; car on sait que non-seulement Corneille était né à Dordrecht, mais que la famille des de Witt était originaire de cette ville.

Corneille commençait dès lors, comme disait Guillaume d'Orange, à jouir de la plus parfaite impopularité. Cependant, pour ses concitoyens, les bons hâbitans de Dordrecht, il n'était pas encore un scélérat à pendre, et ceux-ci, peu satisfaits de son républicanisme un peu trop pur, mais fiers de sa valeur personnelle, voulurent bien lui offrir le vin de la ville quand il entra.

Après avoir remercié ses concitoyens, Corneille alla voir sa vieille maison paternelle, et ordonna quelques réparations avant que madame de Witt, sa femme, vînt s'y installer avec ses enfans.

Puis le Ruart se dirigea vers la maison de son filleul, qui seul peut-être à Dordrecht ignorait encore la présence du Ruart dans sa ville natale.

Autant Corneille de Witt avait soulevé de haines en maniant ces graines malfaisantes qu'on appelle les passions politiques, autant van Baërle avait amassé de sympathies en négligeant complétement la culture de la politique, absorbé qu'il était dans la culture de ses tulipes.

Aussi van Baërle était-il chéri de ses domestiques et de ses ouvriers, aussi ne pouvait-il supposer qu'il existât au monde un homme qui voulût du mal à un autre homme.

Et cependant, disons-le à la honte de l'humanité, Cornélius van Baërle avait, sans le savoir, un ennemi bien autrement féroce, bien autrement acharné, bien autrement irréconciliable, que jusque là n'en avaient compté le Ruart et son frère parmi les orangistes les plus hostiles à cette admirable fraternité qui, sans nuage pendant la vie, venait se prolonger par le dévouement au-delà de la mort.

Au moment où Cornélius commença de s'adonner aux tulipes, il y jeta ses revenus de l'année et les florins de son père. Il y avait à Dordrecht et demeurant porte à porte avec lui, un bourgeois nommé Isaac Boxtel, qui, depuis le jour où il avait atteint l'âge de connaissance, suivait le même penchant et se pâmait au seul énoncé du mot *tulban*, qui, ainsi que l'assure le *floriste français*, c'est-à-dire l'historien le plus savant de cette fleur, est le premier mot qui, dans la langue du Chingulais, ait servi à désigner ce chef-d'œuvre de la création qu'on appelle la tulipe.

Boxtel n'avait pas le bonheur d'être riche comme van Baërle. Il s'était donc à grand'peine, à force de soins et de patience, fait dans sa maison de Dordrecht un jardin commode à la culture, il avait aménagé le terrain selon les prescriptions voulues, et donné à ses couches précisément autant de chaleur et de fraîcheur que le codex des jardiniers en autorise.

A la vingtième partie d'un degré près, Isaac savait la température de ses châssis. Il savait le poids du vent et le tamisait de façon qu'il l'accommodait au balancement des tiges de ses fleurs. Aussi ses produits commençaient-ils à plaire. Ils étaient beaux, recherchés même. Plusieurs amateurs étaient venus visiter les tulipes de Boxtel. Enfin, Boxtel avait lancé dans le monde des Linnée et des Tournefort une tulipe de son nom. Cette tulipe avait fait son chemin, avait traversé la France, était entrée en Espagne, avait pénétré jusqu'en Portugal, et le roi don Alphonse VI, qui, chassé de Lisbonne, s'était retiré dans l'île de Terceire, où il s'amusait, non pas, comme le grand Condé, à arroser des œillets, mais à cultiver des tulipes, avait dit PAS MAL en regardant la susdite Boxtel.

Tout à coup, à la suite de toutes les études auxquelles il s'était livré, la passion de la tulipe ayant envahi Cornélius van Baërle, celui-ci modifia sa maison de Dordrecht, qui, ainsi que nous l'avons dit, était voisine de celle de Boxtel et fit élever d'un étage certain bâtiment de sa cour, lequel, en s'élevant, ôta environ un demi degré de chaleur et, en échange rendit un demi-degré de froid au jardin de Boxtel, sans compter qu'il coupa le vent et dérangea tous les calculs et toute l'économie horticole de son voisin.

Après tout, ce n'était rien que ce malheur aux yeux du voisin Boxtel. Van Baërle n'était qu'un peintre, c'est-à-dire une espèce de fou qui essaie de reproduire sur la toile en les défigurant les merveilles de la nature. Le peintre faisait élever son atelier d'un étage pour avoir meilleur jour, c'était son droit. Monsieur van Baërle était peintre comme monsieur Boxtel était fleuriste-tulipier; il voulait du soleil pour ses tableaux, il en prenait un demi-degré aux tulipes de monsieur Boxtel.

La loi était pour monsieur van Baërle. *Bene sit.*

D'ailleurs, Boxtel avait découvert que trop de soleil nuit à la tulipe, et que cette fleur poussait mieux et plus colorée avec le tiède soleil du matin ou du soir qu'avec le brûlant soleil de midi.

Il sut donc presque gré à Cornélius van Baërle de lui avoir bâti gratis un parasoleil.

Peut-être n'était-ce point tout à fait vrai, et ce que disait Boxtel à l'endroit de son voisin van Baërle n'était-il pas l'expression entière de sa pensée. Mais les grandes âmes trouvent dans la philosophie d'étonnantes ressources au milieu des grandes catastrophes.

Mais hélas? que devint-il, cet infortuné Boxtel, quand il vit les vitres de l'étage nouvellement bâti se garnir d'oignons, de cayeux, de tulipes en pleine terre, de tulipes en pot, enfin de tout ce qui concerne la profession d'un monomane tulipier!

Il y avait les paquets d'étiquettes, il y avait les casiers, il y avait les boîtes à compartimens et les grillages de fer destinés à fermer ces casiers pour y renouveler l'air sans donner accès aux souris, aux charançons, aux loirs, aux mulots et aux rats, curieux amateurs de tulipes à deux mille francs l'oignon.

Boxtel fut fort ébahi lorsqu'il vit tout ce matériel, mais il ne comprenait pas encore l'étendue de son malheur. On savait van Baërle ami de tout ce qui réjouit la vue. Il étudiait à fond la nature pour ses tableaux, finis comme ceux de Gérard Dow, son maître, et de Miéris, son ami. N'était-il pas possible qu'ayant à peindre l'intérieur d'un tulipier, il eût amassé dans son nouvel atelier tous les accessoires de la décoration!

Cependant, quoique bercé par cette décevante idée, Boxtel ne put résister à l'ardente curiosité qui le dévorait. Le soir venu, il appliqua une échelle contre le mur mitoyen, et regardant chez le voisin Baërle, il se convainquit que la terre d'un énorme carré peuplé naguère de plantes différentes, avait été remuée, disposée en plates-bandes de terreau mêlé de boue de rivière, combinaison essentiellement sympathique aux tulipes, le tout contreforté de bordures de gazon pour empêcher les éboulemens. En outre, soleil levant, soleil couchant, ombre ménagée pour tamiser le soleil de midi; de l'eau en abondance et à portée, exposition au sud sud-ouest, enfin conditions complètes, non-seulement de réussite, mais de progrès. Plus de doute, van Baërle était devenu tulipier.

Boxtel se représenta sur-le-champ ce savant homme aux 400,000 florins de capital, aux 10,000 florins de rente, employant ses ressources morales et physiques à la culture des tulipes en grand. Il entrevit son succès dans un vague mais prochain avenir, et conçut, par avance, une telle douleur de succès, que ses mains se relâchant, les genoux s'affaissèrent, il roula désespéré en bas de son échelle.

Ainsi, ce n'était pas pour des tulipes en peinture, mais pour des tulipes réelles que van Baërle lui prenait un demi-degré de chaleur. Ainsi, van Baërle allait avoir la plus admirable des expositions solaires, et en outre une vaste chambre où conserver ses oignons et ses caïeux : chambre éclairée, aérée, ventilée, richesse interdite à Boxtel, qui avait été forcé de consacrer à cet usage sa chambre à coucher, et qui, pour ne pas nuire par l'influence des esprits animaux à ses caïeux et à ses tubercules, se résignait à coucher au grenier.

Ainsi porte à porte, mur à mur, Boxtel allait avoir un rival, un émule, un vainqueur, peut-être, et ce rival, au lieu d'être quelque jardinier obscur, inconnu, c'était le filleul de maître Corneille de Witt, c'est-à-dire une célébrité!

Boxtel, on le voit, avait l'esprit moins bien fait que Porus, qui se consolait d'avoir été vaincu par Alexandre, justement à cause de la célébrité de son vainqueur.

En effet, qu'arriverait-il si jamais van Baërle trouvait une tulipe nouvelle et la nommait *la Jean de Witt*, après en avoir nommé une *la Corneille!* Ce serait à en étouffer de rage.

Ainsi, dans son envieuse prévoyance, Boxtel, prophète de malheur pour lui-même, devinait ce qui allait arriver.

Aussi Boxtel, cette découverte faite, passa-t-il la plus exécrable nuit qui se puisse imaginer.

VI.

LA HAINE D'UN TULIPIER.

A partir de ce moment, au lieu d'une préoccupation, Boxtel eut une crainte. Ce qui donne de la vigueur et de la noblesse aux efforts du corps et de l'esprit, la culture d'une idée favorite, Boxtel le perdit en ruminant tout le dommage qu'allait lui causer l'idée du voisin.

Van Baërle, comme on peut le penser, du moment où il eut appliqué à ce point la parfaite intelligence dont la nature l'avait doué, van Baërle réussit à élever les plus belles tulipes.

Mieux que qui que ce soit à Harlem et à Leyde, villes qui offrent les meilleurs terroirs et les plus sains climats, Cornélius réussit à varier les couleurs, à modeler les formes, à multiplier les espèces.

Il était de cette école ingénieuse et naïve qui prit pour devise dès le septième siècle cet aphorisme développé en 1653 par un de ses adeptes :

« C'est offenser Dieu que mépriser les fleurs.»

Prémisse dont l'école tulipière, la plus exclusive des écoles, fit en 1653 le syllogisme suivant :

« C'est offenser Dieu que mépriser les fleurs.

» Plus la fleur est belle, plus en la méprisant on offense Dieu.

» La tulipe est la plus belle de toutes les fleurs.

» Donc qui méprise la tulipe offense démesurément Dieu. »

Raisonnement à l'aide duquel, on le voit, avec de la mauvaise volonté, les quatre ou cinq mille tulipiers de Hollande, de France et de Portugal, nous ne parlons pas de ceux de Ceylan, de l'Inde et de la Chine, eussent mis l'univers hors la loi, et déclaré schismatiques, hérétiques et dignes de mort plusieurs centaines de millions d'hommes froids pour la tulipe.

Il ne faut point douter que pour une pareille cause Boxtel, quoique ennemi mortel de van Baërle, n'eût marché sous le même drapeau que lui.

Donc van Baërle obtint des succès nombreux et fit parler de lui, si bien que Boxtel disparut à tout jamais de la liste des notables tulipiers de la Hollande, et que la tulipperie de Dordrecht fut représentée par Cornélius van Baërle, le modeste et inoffensif savant.

Ainsi du plus humble rameau la greffe fait jaillir les rejetons les plus fiers, et l'églantier aux quatre pétales incolores commence la rose gigantesque et parfumée. Ainsi les maisons royales ont pris parfois naissance dans la chaumière d'un bûcheron ou dans la cabane d'un pêcheur.

Van Baërle, adonné tout entier à ses travaux de semis, de plantation, de récolte, van Baërle, caressé par toute la tulipperie d'Europe, ne soupçonna pas même qu'à ses côtés il y eût un malheureux détrôné dont il était l'usurpateur. Il continua ses expériences, et par conséquent ses victoires, et en deux années couvrit ses plates-bandes de sujets tellement merveilleux que jamais personne, excepté peut-être Shakespeare et Rubens, n'avait tant créé après Dieu.

Aussi, fallait-il, pour prendre une idée d'un damné oublié par Dante, fallait-il voir Boxtel pendant ce temps. Tandis que van Baërle sarclait, amendait, humectait ses plates-bandes, tandis qu'agenouillé sur le talus de gazon, il analysait chaque veine de la tulipe en floraison et méditait les modifications qu'on y pouvait faire, les mariages de couleurs qu'on y pouvait essayer, Boxtel, caché derrière un petit sycomore qu'il avait planté le long du mur, et dont il se faisait un éventail, suivait, l'œil gonflé, la bouche écumante, chaque pas, chaque geste de son voisin, et quand il croyait le voir joyeux, quand il surprenait un sourire sur ses lèvres, un éclair de bonheur dans ses yeux, alors il leur envoyait tant de malédictions, tant de furieuses menaces, qu'on ne saurait concevoir comment ces souffles empestés d'envie et de colère n'allaient point s'infiltrant dans les tiges des fleurs y porter des principes de décadence et des germes de mort.

Bientôt, tant le mal une fois maître d'une âme humaine y fait de rapides progrès, bientôt Boxtel ne se contenta plus de voir van Baërle. Il voulut voir aussi ses fleurs, il était artiste au fond, et le chef-d'œuvre d'un rival lui tenait au cœur.

Il acheta un télescope, à l'aide duquel, aussi bien que le propriétaire lui-même, il put suivre chaque révolution de la fleur, depuis le moment où elle pousse, la première année, son pâle bourgeon hors de terre, jusqu'à celui où, après avoir accompli sa période de cinq années, elle arrondit son noble et gracieux cylindre sur lequel apparaît l'incertaine nuance de sa couleur et se développent les pétales de la fleur, qui seulement alors révèle les trésors secrets de son calice.

Oh ! que de fois le malheureux jaloux, perché sur son échelle, aperçut-il dans les plates-bandes de van Baërle des tulipes qui l'aveuglaient par leur beauté, le suffoquaient par leur perfection !

Alors, après la période d'admiration qu'il ne pouvait vaincre, il subissait la fièvre de l'envie, ce mal qui ronge la poitrine et qui change le cœur en une myriade de petits serpens qui se dévorent l'un l'autre, source infâme d'horribles douleurs.

Que de fois, au milieu de ses tortures, dont aucune description ne saurait donner l'idée, Boxtel fut-il tenté de sauter la nuit dans le jardin, d'y ravager les plantes, de dévorer les oignons avec les dents, et de sacrifier à sa colère le propriétaire lui-même s'il osait défendre ses tulipes.

Mais tuer une tulipe c'est, aux yeux d'un véritable horticulteur, un si épouvantable crime !

Tuer un homme, passe encore.

Cependant, grâces aux progrès que faisait tous les jours van Baërle dans la science qu'il semblait deviner par instinct, Boxtel en vint à un tel paroxysme de fureur qu'il médita de lancer des pierres et des bâtons dans les planches de tulipes de son voisin.

Mais comme il réfléchit que lendemain, à la vue du dégât, van Baërle informerait, que l'on constaterait alors que la rue était loin, que pierres et bâtons ne tombaient plus du ciel au dix-septième siècle comme au temps des Amalécites, que l'auteur du crime, quoiqu'il eût opéré dans la nuit, serait découvert et non seulement puni par la loi, mais encore déshonoré à tout jamais aux yeux de l'Europe tulipière, Boxtel aiguisa la haine par la ruse et résolut d'employer un moyen qui ne le compromît pas.

Il chercha longtemps, c'est vrai, mais enfin il trouva.

Un soir il attacha deux chats chacun par une patte de derrière, avec une ficelle de dix pieds de long, et les jeta, du haut du mur, au milieu de la plate-bande maîtresse, de la plate-bande princière, de la plate-bande royale, qui non seulement contenait la *Corneille de Witt*, mais encore la *Brabançonne*, blanc de lait, pourpre et rouge ; la *Marbrée*, de Rotre, gris de lin mouvant, rouge et incarnadin éclatant ; et la *Merveille*, de Harlem ; la tulipe *Colombin obscur* et *Colombin clair terni*.

Les animaux effarés, en tombant du haut en bas du mur, se ruèrent d'abord sur la plate-bande, essayant de fuir chacun de son côté, jusqu'à ce que le fil qui les retenait l'un à l'autre fût tendu ; mais alors, sentant l'impossibilité d'aller plus loin, ils vaguèrent çà et là avec d'affreux miaulemens, fauchant avec leur corde les fleurs au milieu desquelles ils se débattaient ; puis enfin, après un quart d'heure de lutte acharnée, étant parvenus à rompre le fil qui les enchevêtrait, ils disparurent.

Boxtel, caché derrière son sycomore, ne voyait rien, à cause de l'obscurité de la nuit ; mais aux cris enragés des deux chats, il supposait tout, et son cœur, dégonflant de fiel, s'emplissait de joie.

Le désir de s'assurer du dégât commis était si grand dans le cœur de Boxtel qu'il resta jusqu'au jour pour jouir par ses yeux de l'état où la lutte des deux matous avait mis les plates-bandes de son voisin.

Il était glacé par les brouillards du matin ; mais il ne sentait pas le froid ; l'espoir de la vengeance lui tenait chaud.

La douleur de son rival allait le payer de toutes ses peines

Aux premiers rayons du soleil, la porte de la maison blanche s'ouvrit ; van Baërle apparut, et s'approcha de ses plates-bandes, souriant comme un homme qui a passé la nuit dans son lit, qui y a fait de bons rêves.

Tout à coup il aperçoit des sillons et des monticules sur ce terrain plus uni la veille qu'un miroir ; tout à coup il aperçoit les rangs symétriques de ses tulipes désordonnés comme sont les piques d'un bataillon au milieu duquel aurait tombé une bombe.

Il accourt tout pâlissant.

Boxtel tressaillait de joie. Quinze ou vingt tulipes lacérées, éventrées, gisaient les unes courbées, les autres brisées tout à fait et déjà pâlissantes ; la sève coulait de leurs blessures ; la sève, ce sang précieux que van Baërle eût voulu racheter au prix du sien.

Mais, ô surprise ! ô joie de van Baërle ! ô douleur inexprimable de Boxtel ! pas une des quatre tulipes menacées par l'attentat de ce dernier n'avait été atteinte. Elles levaient fièrement leurs nobles têtes au-dessus des cadavres de leurs compagnes. C'était assez pour consoler van Baërle, c'était assez pour faire crever d'ennui l'assassin, qui s'arrachait les cheveux à la vue de son crime commis et commis inutilement.

Van Baërle, tout en déplorant le malheur qui venait de le frapper, malheur qui, du reste, par la grâce de Dieu, était moins grand qu'il n'aurait pu être, van Baërle ne put en deviner la cause. Il s'informa seulement et apprit que toute la nuit avait été troublée par des miaulemens terribles. Au reste, il reconnut le passage des chats à la trace laissée par leurs griffes, au poil resté sur le champ de bataille et auquel les gouttes indifférentes de la rosée tremblaient comme elles faisaient à côté sur les feuilles d'une fleur brisée, et pour éviter qu'un pareil malheur se renouvelât à l'avenir, il ordonna qu'un garçon jardinier coucherait chaque nuit dans le jardin, sous une guérite, près des plates-bandes.

Boxtel entendit donner l'ordre. Il vit se dresser la guérite dès le même jour, et trop heureux de n'avoir pas été soupçonné, seulement plus animé que jamais contre l'heureux horticulteur, il attendit de meilleures occasions.

Ce fut vers cette époque que la société tulipière de Harlem proposa un prix pour la découverte, nous n'osons pas dire pour la fabrication de la grande tulipe noire et sans tache, problème non résolu et regardé comme insoluble, si l'on considère qu'à cette époque l'espèce n'existait pas même à l'état de bistre dans la nature.

Ce qui faisait dire à chacun que les fondateurs du prix eussent aussi bien pu mettre deux millions que cent mille livres, la chose étant impossible.

Le monde tulipier n'en fut pas moins ému de la base à son faîte.

Quelques amateurs prirent l'idée, mais sans croire à son application ; mais telle est la puissance imaginaire des horticulteurs que, tout en regardant leur spéculation comme manquée à l'avance, ils ne pensèrent plus d'abord qu'à cette grande tulipe noire réputée chimérique comme le cygne noir d'Horace, et comme le merle blanc de la tradition française.

Van Baërle fut du nombre des tulipiers qui prirent l'idée ; Boxtel fut au nombre de ceux qui pensèrent à la spéculation. Du moment où van Baërle eut incrusté cette tâche dans sa tête perspicace et ingénieuse, il commença lentement les semis et les opérations nécessaires pour amener du rouge au brun, et du brun au brun foncé, les tulipes qu'il avait cultivées jusque-là.

Dès l'année suivante, il obtint des produits d'un bistre parfait, et Boxtel les aperçut dans sa plate-bande, lors que lui n'avait encore trouvé que le brun clair.

Peut-être serait-il important d'expliquer aux lecteurs les belles théories qui consistent à prouver que la tulipe emprunte aux élémens ses couleurs; peut-être nous saurait-on gré d'établir que rien n'est impossible à l'horticulteur qui met à contribution, par sa patience et son génie, le feu du soleil, la candeur de l'eau, les sucs de la terre et les souffles de l'air. Mais ce n'est pas un traité de la tulipe en général, c'est l'histoire d'une tulipe en particulier, que nous avons résolu d'écrire; nous nous y renfermerons, quelque attrayans que soient les appâts du sujet juxtaposé au nôtre.

Boxtel, encore une fois vaincu par la supériorité de son ennemi, se dégoûta de la culture et, à moitié fou, il se voua tout entier à l'observation.

La maison de son rival était à claire-voie. Jardin ouvert au soleil, cabinets vitrés pénétrables à la vue, casiers, armoires, boîtes et étiquettes dans lesquels le télescope plongeait facilement; Boxtel laissa pourrir les oignons sur les couches, sécher les coques dans leurs cases, mourir les tulipes sur les plates-bandes, et désormais usant sa vie avec sa vue, il ne s'occupa que de ce qui se passait chez van Baërle, il respira par la tige de ses tulipes, se désaltéra par l'eau qu'on leur jetait, et se rassasia de la terre molle et fine que saupoudrait le voisin sur ses oignons chéris Mais le plus curieux du travail ne s'opérait pas dans le jardin.

Sonnait une heure, une heure de la nuit. Van Baërle montait à son laboratoire, dans le cabinet vitré où le télescope de Boxtel pénétrait si bien, et là, dès que les lumières du savant succédant aux rayons du jour avaient illuminé murs et fenêtres, Boxtel voyait fonctionner le génie inventif de son rival.

Il le regardait triant ses graines, les arrosant de substances destinées à les modifier ou à les colorer. Il devinait, lorsque chauffant certaines de ces graines, puis les humectant, puis les combinant avec d'autres par une sorte de greffe, opération minutieuse et merveilleusement adroite, il enfermait dans les ténèbres celles qui devaient donner la couleur noire, exposait au soleil ou à la lampe celles qui devaient donner la couleur rouge, mirait dans un éternel reflet d'eau celles qui devaient fournir le blanc, candide représentation hermétique de l'élément humide.

Cette magie innocente, fruit de la rêverie enfantine et du génie viril tout ensemble, ce travail patient, éternel, dont Boxtel se reconnaissait incapable, c'était de verser dans le télescope de l'envieux toute sa vie, toute sa pensée, tout son espoir.

Chose étrange! tant d'intérêt et l'amour propre de l'art n'avaient pas éteint chez Isaac la féroce envie, la soif de la vengeance. Quelquefois, en tenant van Baërle dans son télégraphe, il se faisait l'illusion qu'il l'ajustait avec un mousquet infaillible, et il cherchait du doigt la détente pour lâcher le coup qui devait le tuer; mais il est temps que nous rattachions à cette époque des travaux de l'un et de l'espionnage de l'autre la visite que Corneille de Witt, Ruart de Pulten, venait faire à sa ville natale.

VII.

L'HOMME HEUREUX FAIT CONNAISSANCE AVEC LE MALHEUR.

Corneille, après avoir fait les affaires de sa famille, arriva chez son filleul, Cornélius van Baërle, au mois de janvier 1672.

La nuit tombait.

Corneille, quoique assez peu horticulteur, quoique assez peu artiste, Corneille visita toute la maison, depuis l'atelier jusqu'aux serres, depuis les tableaux jusqu'aux tulipes. Il remerciait son neveu de l'avoir mis sur le pont du vaisseau-amiral des sept Provinces pendant la bataille de Southwood-Bay, et d'avoir donné son nom à une magnifique tulipe, et tout cela avec la complaisance et l'affabilité d'un père pour son fils, et tandis qu'il inspectait ainsi les trésors de van Baërle, la foule stationnait avec curiosité, avec respect même, devant la porte de l'homme heureux.

Tout ce bruit éveilla l'attention de Boxtel, qui goûtait près de son feu.

Il s'informa de ce que c'était, l'apprit et grimpa à son laboratoire.

Et là, malgré le froid, il s'installa, le télescope à l'œil.

Ce télescope ne lui était plus d'une grande utilité depuis l'automne de 1671. Les tulipes, frileuses comme de vraies filles de l'Orient, ne se cultivent point dans la terre en hiver. Elles ont besoin de l'intérieur de la maison, du lit douillet des tiroirs et des douces caresses du poêle. Aussi, tout l'hiver, Cornélius le passait-il dans son laboratoire, au milieu de ses livres et de ses tableaux. Rarement allait-il dans la chambre aux oignons, si ce n'était pour y faire entrer quelques rayons de soleil, qu'il surprenait au ciel, et qu'il forçait, en ouvrant une trappe vitrée, de tomber bon gré, mal gré chez lui.

Le soir dont nous parlons, après que Corneille et Cornélius eurent visité ensemble les appartemens, suivis de quelques domestiques;

— Mon fils, dit Corneille bas à van Baërle, éloignez vos gens et tâchez que nous demeurions quelques momens seuls.

Cornélius s'inclina en signe d'obéissance.

Puis tout haut,

— Monsieur, dit Cornélius, vous plaît-il de visiter maintenant mon séchoir de tulipes?

Le séchoir! Ce *pandœmonium* de la tulipérie, ce tabernacle, ce *sanctum sanctorum* était, comme Delphes jadis, interdit aux profanes.

Jamais valet n'y avait mis un pied audacieux, comme eût dit le grand Racine, qui florissait à cette époque. Cornélius n'y laissait pénétrer que le balai inoffensif d'une vieille servante frisonne, sa nourrice, laquelle, depuis que Cornélius s'était voué au culte des tulipes, n'osait plus mettre d'oignons dans les ragoûts, de peur d'éplucher et d'assaisonner le dieu de son nourrisson.

Aussi, à ce seul mot *séchoir*, les valets qui portaient les flambeaux s'écartèrent-ils respectueusement. Cornélius prit les bougies de la main du premier et précéda son parrain dans la chambre.

Ajoutons à ce que nous venons de dire que le séchoir était ce même cabinet vitré sur le quel Boxtel braquait incessamment son télescope.

L'envieux était plus que jamais à son poste.

Il vit d'abord s'éclairer les murs et les vitrages.

Puis deux ombres apparurent.

L'une d'elles, grande, majestueuse, sévère, s'assit près de la table où Cornélius avait déposé le flambeau.

Dans cette ombre, Boxtel reconnut le pâle visage de Corneille de Witt, dont les longs cheveux noirs séparés au front tombaient sur ses épaules.

Le Ruart de Pulten, après avoir dit à Cornélius quelques paroles dont l'envieux ne put comprendre le sens au mouvement de ses lèvres, tira de sa poitrine et lui tendit un paquet blanc soigneusement cacheté, paquet que Boxtel, à la façon dont Cornélius le prit et le déposa dans une armoire, supposa être des papiers de la plus grande importance.

Il avait d'abord pensé que ce paquet précieux renfermait quelques caïeux nouvellement venus de Bengale ou de Ceylan; mais il avait réfléchi bien vite que Corneille cultivait peu les tulipes et ne s'occupait guère que de l'homme, mauvaise plante bien moins agréable à voir et surtout bien plus difficile à faire fleurir.

Il en revint donc à cette idée que ce paquet contenait purement et simplement des papiers, et que ces papiers renfermaient de la politique.

Mais pourquoi des papiers renfermant de la politique à Cornélius, qui non-seulement était, mais se vantait d'être entièrement étranger à cette science, bien autrement obscure, à son avis, que la chimie et même que l'alchimie?

C'était un dépôt sans doute que Corneille, déjà menacé par l'impopularité dont commençaient à l'honorer ses compatriotes, remettait à son filleul van Baërle, et la chose était d'autant plus adroite de la part du Ruart que certes ce n'était pas chez Cornélius, étranger à toute intrigue, que l'on irait poursuivre ce dépôt.

D'ailleurs, si le paquet eût contenu des caïeux, Boxtel connaissait son voisin, Cornélius n'y eût pas tenu, et il eût à l'instant même apprécié, en l'étudiant en amateur, la valeur des présens qu'il recevait.

Tout au contraire, Cornélius avait respectueusement reçu le dépôt des mains du Ruart, et l'avait, respectueusement toujours, mis dans un tiroir, le poussant au fond, d'abord sans doute pour qu'il ne fût point vu, ensuite pour qu'il ne prît pas une trop grande partie de la place réservée à ses oignons.

Le paquet dans le tiroir, Corneille de Witt se leva, serra les mains de son filleul et s'achemina vers la porte.

Cornélius saisit vivement le flambeau et s'élança pour passer le premier et l'éclairer convenablement.

Alors la lumière s'éteignit insensiblement dans le cabinet vitré pour aller reparaître dans l'escalier, puis sous le vestibule, et enfin dans la rue, encore encombrée de gens qui voulaient voir le Ruart remonter en carrosse.

L'envieux ne s'était point trompé dans ses suppositions. Le dépôt remis par le Ruart à son filleul, et soigneusement serré par celui-ci, c'était la correspondance de Jean avec monsieur de Louvois.

Seulement ce dépôt était confié, comme l'avait dit Corneille à son frère, sans que Corneille le moins du monde en eût laissé soupçonner l'importance politique à son filleul.

La seule recommandation qu'il lui eût faite était de ne rendre ce dépôt qu'à lui, sur un mot de lui, quelle que fût la personne qui vînt le réclamer.

Et Cornélius, comme nous l'avons vu, avait enfermé le dépôt dans l'armoire aux caïeux rares.

Puis, le Ruart parti, le bruit et les feux éteints, notre homme n'avait plus songé à ce paquet, auquel au contraire songeait fort Boxtel, qui, pareil au pilote habile, voyait dans ce paquet le nuage lointain et imperceptible qui grandira en marchant, et qui renferme l'orage.

Et maintenant, voilà donc tous les jalons de notre histoire plantés dans cette grasse terre qui s'étend de Dordrecht à la Haye. Les suivra qui voudra, dans l'avenir des chapitres suivans; quant à nous, nous avons tenu notre parole, en prouvant que jamais ni Corneille ni Jean de Witt n'avaient eu si féroces ennemis dans toute la Hollande que celui que possédait van Baërle dans son voisin mynheer Isaac Boxtel.

Toutefois, florissant dans son ignorance, le tulipier avait fait son chemin vers le but proposé par la société de Harlem, il avait passé de la tulipe bistre à la tulipe café brûlé; et revenant à lui, ce même jour où se passait à la Haye le grand événement que nous avons raconté, nous allons le retrouver vers une heure de l'après-midi, enlevant de sa plate-bande les oignons, infructueux encore, d'une semence de tulipes café brûlé, tulipes dont la floraison avortée jusque là était fixée au printemps de l'année 1673, et qui ne pouvaient manquer de donner la grande tulipe noire demandée par la société de Harlem.

Le 20 août 1672, à une heure de l'après-midi, Cornélius était donc dans son séchoir, les pieds sur la barre de sa table, les coudes sur le tapis, considérant avec délices trois caïeux qu'il venait de détacher de son oignon: caïeux purs, parfaits, intacts, principes inappréciables d'un des plus merveilleux produits de la science et de la nature, unis dans cette combinaison dont la réussite devait illustrer à jamais le nom de Cornélius van Baërle.

— Je trouverai la grande tulipe noire, disait à part lui Cornélius, tout en détachant ses caïeux. Je toucherai les cent mille florins du prix proposé. Je les distribuerai aux pauvres de Dordrecht; de cette façon, la haine que tout riche inspire dans les guerres civiles s'apaisera, et je pourrai, sans rien craindre des républicains ou des orangistes, continuer de tenir mes plates-bandes en somptueux état. Je ne craindrai pas non plus qu'un jour d'émeute, les boutiquiers de Dordrecht et les mariniers du port viennent arracher mes oignons pour nourrir leurs familles, comme ils m'en menacent tout bas parfois, quand il leur revient que j'ai acheté un oignon deux ou trois cents florins. C'est résolu, je donnerai donc aux pauvres les cent mille florins du prix de Harlem.

Quoique...

Et à ce *quoique*, Cornélius van Baërle fit une pause et soupira.

— Quoique, continua-t-il, c'eût été une bien douce dépense que celle de ces cent mille florins appliqués à l'agrandissement de mon parterre ou même à un voyage dans l'Orient, patrie des belles fleurs.

Mais hélas! il ne faut plus penser à tout cela; mousquets, drapeaux, tambours et proclamations, voilà ce qui domine la situation en ce moment!

Van Baërle leva les yeux au ciel et poussa un soupir.

Puis, ramenant son regard vers ses oignons, qui dans son esprit passaient bien avant ces mousquets, ces tambours, ces drapeaux et ces proclamations, toutes choses propres seulement à troubler l'esprit d'un honnête homme,

— Voilà cependant de bien jolis caïeux, dit-il; comme ils sont lisses, comme ils sont bien faits, comme ils ont cet air mélancolique qui promet le noir d'ébène à ma tulipe! sur leur peau les veines de circulation ne paraissent même pas à l'œil nu. Oh! certes, pas une tache ne gâtera la robe de deuil de la fleur qui me devra le jour.

Comment nommera-t-on cette fille de mes veilles, de mon travail, de ma pensée? *Tulupa nigra Barlænsis*.

Oui, Barlænsis; beau nom. Toute l'Europe tulipière, c'est-à-dire toute l'Europe intelligente tressaillera quand ce bruit courra sur le vent aux quatre points cardinaux du globe.

LA GRANDE TULIPE NOIRE EST TROUVÉE! Son nom? demanderont les amateurs. — *Tulupa nigra Barlænsis.* — Pourquoi *Barlænsis*? — A cause de son inventeur van Baërle, répondra-t-on. — Ce van Baërle, qui est-ce? — C'est déjà celui qui avait trouvé cinq espèces nouvelles: la Jeanne, la Jean de Witt, la Corneille, etc. Eh bien, voilà mon ambition à moi. Elle ne coûtera de larmes à personne. Et l'on parlera encore de la *Tulupa nigra Barlænsis* quand peut-être mon parrain, ce sublime politique, ne sera plus connu que par la tulipe à laquelle j'ai donné son nom.

Les charmans caïeux!...

Quand ma tulipe aura fleuri, continua Cornélius, je veux, si la tranquillité est revenue en Hollande, donner seulement aux pauvres cinquante mille florins; au bout du compte, c'est déjà beaucoup pour un homme qui ne doit absolument rien. Puis, avec les cinquante mille autres florins, je ferai des expériences. Avec ces cinquante mille florins, je veux arriver à parfumer la tulipe. Oh! si j'arrivais à donner à la tulipe l'odeur de la rose ou de l'œillet, ou même une odeur complétement nouvelle, ce qui vaudrait encore mieux; si je rendais à cette reine des fleurs ce parfum naturel générique qu'elle a perdu en passant de son trône d'Orient sur son trône européen, celui qu'elle doit avoir dans la presqu'île de l'Inde, à Goa, à Bombay, à Madras, et surtout dans cette île qui autrefois, à ce qu'on assure, fut le paradis terrestre et qu'on appelle Ceylan, ah! quelle gloire! J'aimerais mieux, je le dis, j'aimerais mieux alors être Cornélius van Baërle que d'être Alexandre, César ou Maximilien.

Les admirables caïeux!...

Et Cornélius se délectait dans sa contemplation, et Cornélius s'absorbait dans les plus doux rêves.

Soudain la sonnette de son cabinet fut plus vivement ébranlée que d'habitude.

Cornélius tressaillit, étendit la main sur ses caïeux et se retourna.

— Qui va là? demanda-t-il.

— Monsieur, répondit le serviteur, c'est un messager de la Haye.

— Un messager de la Haye... Que veut-il?

— Monsieur, c'est Craëke.

— Craëke, le valet de confiance de monsieur Jean de Witt? Bon! Qu'il attende.

— Je ne puis attendre, dit une voix dans le corridor.

Et en même temps, forçant la consigne, Craëke se précipita dans le séchoir.

Cette apparition presque violente était une telle infraction aux habitudes établies dans la maison de Cornélius van Baërle, que celui-ci, en apercevant Craëke qui se précipitait dans le séchoir, fit de la main qui couvrait les caïeux un mouvement presque convulsif, lequel envoya deux des précieux oignons rouler, l'un sous une table voisine de la grande table, l'autre dans la cheminée.

— Au diable! dit Cornélius, se précipitant à la poursuite de ses caïeux, qu'y a-t-il donc, Craëke?

— Il y a, monsieur, dit Craëke, déposant le papier sur la grande table où était resté gisant le troisième oignon; il y a que vous êtes invité à lire ce papier sans perdre un seul instant.

Et Craëke, qui avait cru remarquer dans les rues de Dordrecht les symptômes d'un tumulte pareil à celui qu'il venait de laisser à la Haye, s'enfuit sans tourner la tête.

— C'est bon! c'est bon! mon cher Craëke, dit Cornélius, étendant le bras sous la table pour y poursuivre l'oignon précieux; on le lira, ton papier.

Puis, ramassant le caïeu, qu'il mit dans le creux de sa main pour l'examiner,

— Bon! dit-il; en voilà déjà un intact. Diable de Craëke, va! entrer ainsi dans mon séchoir! Voyons à l'autre, maintenant.

Et sans lâcher l'oignon fugitif, van Baërle s'avança vers la cheminée, et à genoux, du bout du doigt, se mit à palper les cendres qui heureusement étaient froides.

Au bout d'un instant, il sentit le second caïeu.

— Bon, dit-il, le voici.

Et le regardant avec une attention presque paternelle.

— Intact comme le premier, dit-il.

Au même instant, et comme Cornélius, encore à genoux, examinait le second caïeu, la porte du séchoir fut secouée si rudement et s'ouvrit de telle façon à la suite de cette secousse, que Cornélius sentit monter à ses joues, à ses oreilles la flamme de cette mauvaise conseillère que l'on nomme la colère.

— Qu'est-ce encore? demanda-t-il. Ah çà! devient-on fou céans?

— Monsieur! monsieur! s'écria un domestique se précipitant dans le séchoir avec le visage plus pâle et la mine plus effarée que ne les avait Craëke.

— Eh bien? demanda Cornélius, présageant un malheur à cette double infraction de toutes les règles.

— Ah! monsieur, fuyez, fuyez vite! cria le domestique.

— Fuir et pourquoi?

— Monsieur, la maison est pleine de gardes des états.

— Que demandent-ils?

— Ils vous cherchent.

— Pourquoi faire?

— Pour vous arrêter.

— Pour m'arrêter, moi?

— Oui, monsieur, et ils sont précédés d'un magistrat.

— Que veut dire cela? demanda van Baërle en serrant ses deux caïeux dans sa main et en plongeant son regard effaré dans l'escalier.

— Ils montent, ils montent! cria le serviteur.

— Oh! mon cher enfant, mon digne maître, cria la nourrice en faisant à son tour son entrée dans le séchoir. Prenez votre or, vos bijoux, et fuyez, fuyez!

— Mais par où veux-tu que je fuie, nourrice? demanda van Baërle.

— Sautez par la fenêtre.

— Vingt-cinq pieds.

— Vous tomberez sur six pieds de terre grasse.

— Oui, mais je tomberai sur mes tulipes.

— N'importe, sautez.

Cornélius prit le troisième caïeu, s'approcha de la fenêtre, l'ouvrit, mais à l'aspect du dégât qu'il allait causer dans ses plates-bandes bien plus encore qu'à la vue de la distance qu'il lui fallait franchir,

— Jamais, dit-il.

Et il fit un pas en arrière.

En ce moment on voyait poindre à travers les barreaux de la rampe les hallebardes des soldats.

La nourrice leva les bras au ciel.

Quant à Cornélius van Baërle, il faut le dire à la louange non pas de l'homme mais du tulipier, sa seule préoccupation fut pour ses inestimables caïeux.

Il chercha des yeux un papier où les envelopper, aperçut la feuille de la Bible déposée par Craëke sur le séchoir, la prit sans se rappeler, tant son trouble était grand, d'où venait cette feuille, y enveloppa les trois caïeux, les cacha dans sa poitrine et attendit.

Les soldats, précédés du magistrat, entrèrent au même instant.

— Etes-vous le docteur Cornélius van Baërle? demanda le magistrat, quoiqu'il connût parfaitement le jeune homme; mais en cela il se conformait aux règles de la justice, ce qui donnait, comme on le voit, une grande gravité à l'interrogation.

— Je le suis, maître van Spennen, répondit Cornélius en saluant gracieusement son juge, et vous le savez bien.

— Alors livrez-nous les papiers séditieux que vous cachez chez vous.

— Les papiers séditieux? répéta Cornélius tout abasourdi de l'apostrophe.

— Oh! ne faites pas l'étonné.

— Je vous jure, maître van Spennen, reprit Cornélius, que j'ignore complétement ce que vous voulez dire.

— Alors je vais vous mettre sur la voie, docteur, dit le juge: livrez-nous les papiers que le traître Corneille de Witt a déposés chez vous au mois de janvier dernier.

Un éclair passa dans l'esprit de Cornélius.

— Oh! oh! dit van Spennen, voilà que vous commencez à vous rappeler, n'est-ce pas?

— Sans doute; mais vous parliez de papiers séditieux, et je n'ai aucun papier de ce genre.

— Ah! vous niez?

— Certainement.

Le magistrat se retourna pour embrasser d'un coup d'œil tout le cabinet.

— Quelle est la pièce de votre maison qu'on nomme le séchoir? demanda-t-il.

— C'est justement celle où nous sommes, maître van Spennen.

Le magistrat jeta un coup d'œil sur une petite note placée au premier rang de ses papiers.

— C'est bien, dit-il comme un homme qui est fixé.

Puis se retournant vers Cornélius,

— Voulez-vous me remettre ces papiers? dit-il.

— Mais je ne puis, maître van Spennen. Ces papiers ne sont point à moi : ils m'ont été remis à titre de dépôt, et un dépôt est sacré.

— Docteur Cornélius, dit le juge, au nom des états, je vous ordonne d'ouvrir ce tiroir et de me remettre les papiers qui y sont renfermés.

Et du doigt le magistrat indiquait juste le troisième tiroir d'un bahut placé près de la cheminée.

C'était dans ce troisième tiroir, en effet, qu'étaient les papiers remis par le Ruart de Pulten à son filleul, preuve que la police avait été parfaitement renseignée.

— Ah! vous ne voulez pas? dit van Spennen, voyant que Cornélius restait immobile de stupéfaction. Je vais donc l'ouvrir moi-même.

Et ouvrant le tiroir dans toute sa longueur, le magistrat mit d'abord à découvert une vingtaine d'oignons, rangés et étiquetés avec soin; puis, le paquet de papier demeuré dans le même état exactement où il avait été remis à son filleul par le malheureux Corneille de Witt.

Le magistrat rompit les cires, déchira l'enveloppe, jeta un regard avide sur les premiers feuillets qui s'offrirent à ses regards, et s'écria d'une voix terrible :

— Ah! la justice n'avait donc pas reçu un faux avis!

— Comment! dit Cornélius, qu'est-ce donc?

— Ah! ne faites pas davantage l'ignorant, monsieur van Baërle, répondit le magistrat, et suivez-nous.

— Comment! que je vous suive! s'écria le docteur.

— Oui, car au nom des états, je vous arrête.

On n'arrêtait pas encore au nom de Guillaume d'Orange. Il n'y avait pas assez longtemps qu'il était stathouder pour cela.

— M'arrêter! s'écria Cornélius; mais qu'ai-je donc fait?

— Cela ne me regarde point, docteur, vous vous en expliquerez avec vos juges.

— Où cela?

— A la Haye.

Cornélius, stupéfait, embrassa sa nourrice, qui perdait connaissance, donna la main à ses serviteurs, qui fondaient en larmes, et suivit le magistrat, qui l'enferma dans une chaise comme un prisonnier d'État, et le fit conduire au grand galop à la Haye.

VIII.

UNE INVASION.

Ce qui venait d'arriver était, comme on le devine, l'œuvre diabolique de mynheer Isaac Boxtel.

On se rappelle qu'à l'aide de son télescope, il n'avait pas perdu un seul détail de cette entrevue de Corneille de Witt avec son filleul.

On se rappelle qu'il n'avait rien entendu, mais qu'il avait tout vu.

On se rappelle qu'il avait deviné l'importance des papiers confiés par le Ruart de Pulten à son filleul, en voyant celui-ci serrer soigneusement le paquet à lui remis dans le tiroir où il serrait les oignons les plus précieux.

Il en résulte que lorsque Boxtel, qui suivait la politique avec beaucoup plus d'attention que son voisin Cornélius, sut que Corneille de Witt était arrêté comme coupable de haute trahison envers les états, il songea à part lui qu'il n'aurait sans doute qu'un mot à dire pour faire arrêter le filleul en même temps que le parrain.

Cependant, si heureux que fût le cœur de Boxtel, il frissonna d'abord à cette idée de dénoncer un homme que cette dénonciation pouvait conduire à l'échafaud.

Mais le terrible des mauvaises idées, c'est que peu à peu les mauvais esprits se familiarisent avec elles.

D'ailleurs mynheer Isaac Boxtel s'encourageait avec ce sophisme :

Corneille de Witt est un mauvais citoyen, puisqu'il est accusé de haute trahison et arrêté.

Je suis, moi, un bon citoyen, puisque je ne suis accusé de rien au monde et que je suis libre comme l'air.

Or, si Corneille de Witt est un mauvais citoyen, ce qui est chose certaine, puisqu'il est accusé de haute trahison et arrêté, son complice Cornélius van Baërle est un non moins mauvais citoyen que lui.

Donc, comme moi je suis un bon citoyen, et qu'il est du devoir des bons citoyens de dénoncer les mauvais citoyens, il est de mon devoir à moi, Isaac Boxtel, de dénoncer Cornélius van Baërle.

Mais ce raisonnement n'eût peut-être pas si spécieux qu'il fût, pris un empire complet sur Boxtel, et peut-être l'envieux n'eût-il pas cédé au simple désir de vengeance qui lui mordait le cœur, si à l'unisson du démon de l'envie n'eût surgi le démon de la cupidité.

Boxtel n'ignorait pas le point où van Baërle était arrivé de sa recherche sur la grande tulipe noire.

Si modeste que fût le docteur Cornélius, il n'avait pu cacher à ses plus intimes qu'il avait la presque certitude de gagner en l'an de grâce 1673 le prix de cent mille florins proposé par la société d'horticulture de Harlem.

Or, cette presque certitude de Cornélius van Baërle, c'était la fièvre qui rongeait Isaac Boxtel.

Si Cornélius était arrêté, cela occasionnerait certainement un grand trouble dans la maison. La nuit qui suivrait l'arrestation, personne ne songerait à veiller sur les tulipes du jardin.

Or, cette nuit-là, Boxtel enjamberait la muraille, et comme il savait où était l'oignon qui devait donner la grande tulipe noire, il enlèverait cet oignon; au lieu de fleurir chez Cornélius, la tulipe noire fleurirait chez lui, et ce serait lui qui aurait le prix de cent mille florins, au lieu que ce fût Cornélius, sans compter cet honneur suprême d'appeler la fleur nouvelle *tulupa nigra Boxtellensis*.

Résultat qui satisfaisait non-seulement sa vengeance, mais sa cupidité.

Eveillé, il ne pensait qu'à la grande tulipe noire; endormi, il ne rêvait que d'elle.

Enfin, le 19 août, vers deux heures de l'après-midi, la tentation fut si forte que mynheer Isaac ne sut point y résister plus longtemps.

En conséquence, il dressa une dénonciation anonyme, laquelle remplaçait l'authenticité par la précision, et jeta cette dénonciation à la poste.

Jamais papier vénéneux glissé dans les gueules de bronze de Venise ne produisit un plus prompt et un plus terrible effet.

Le même soir, le principal magistrat reçut la dépêche; à l'instant même il convoqua ses collègues pour le lendemain matin. Le lendemain matin ils s'étaient réunis, avaient décidé l'arrestation et avaient remis l'ordre, afin qu'il fût exécuté, à maître van Spennen, qui s'était acquitté, comme nous avons vu, de ce devoir en digne Hollandais, et avait arrêté Cornélius van Baërle juste au moment où les orangistes de la Haye faisaient rôtir les morceaux des cadavres de Corneille et de Jean de Witt.

Mais, soit honte, soit faiblesse dans le crime, Isaac Boxtel n'avait pas eu le courage de braquer ce jour-là son télescope, ni sur le jardin, ni sur l'atelier, ni sur le séchoir.

Il savait trop bien ce qui allait se passer dans la maison du pauvre docteur Cornélius pour avoir besoin d'y regarder. Il ne se leva même point lorsque son unique domestique, qui enviait le sort des domestiques de Cornélius, non moins amèrement que Boxtel enviait le sort du maître, entra dans sa chambre. Boxtel lui dit :

— Je ne me lèverai pas aujourd'hui; je suis malade.

Vers neuf heures, il entendit un grand bruit dans la rue et frissonna à ce bruit; en ce moment, il était plus pâle qu'un véritable malade, plus tremblant qu'un véritable fiévreux.

Son valet entra; Boxtel se cacha dans sa couverture.

— Ah! monsieur, s'écria le valet, non sans se douter qu'il allait, tout en déplorant le malheur arrivé à van Baërle, annoncer une bonne nouvelle à son maître; ah! monsieur, vous ne savez pas ce qui se passe en ce moment?

— Comment veux-tu que je le sache? répondit Boxtel d'une voix presque inintelligible.

— Eh bien! dans ce moment, monsieur Boxtel, on arrête votre voisin Cornélius van Baërle comme coupable de haute trahison.

— Bah! murmura Boxtel d'une voix faiblissante, pas possible!

— Dame! c'est ce qu'on dit, du moins; d'ailleurs, je viens de voir entrer chez lui le juge van Spennen et les archers.

— Ah! si tu as vu, dit Boxtel, c'est autre chose.

— Dans tous les cas, je vais m'informer de nouveau, dit le valet, et soyez tranquille, monsieur, je vous tiendrai au courant.

Boxtel se contenta d'encourager d'un signe le zèle de son valet.

Celui-ci sortit et rentra un quart d'heure après.

— Oh! monsieur, tout ce que je vous ai raconté, dit-il, c'était la vérité pure.

— Comment cela?

— M. van Baërle est arrêté, on l'a mis dans une voiture et on vient de l'expédier à la Haye.

— A la Haye?

— Oui, où, si ce que l'on dit est vrai, il ne fera pas bon pour lui.

— Et que dit-on? demanda Boxtel.

— Dame! monsieur, on dit, mais cela n'est pas bien sûr, on dit que les bourgeois doivent être à cette heure en train d'assassiner monsieur Corneille et monsieur Jean de Witt.

— Oh! murmura ou plutôt râla Boxtel en fermant les yeux pour ne pas voir la terrible image qui s'offrait sans doute à son regard.

— Diable! fit le valet en sortant, il faut que mynheer Isaac Boxtel soit bien malade pour n'avoir pas sauté en bas du lit à une pareille nouvelle.

En effet, Isaac Boxtel était bien malade, malade comme un homme qui vient d'assassiner un autre homme.

Mais il avait assassiné cet homme dans un double but; le premier était accompli; restait à accomplir le second.

La nuit vint. C'était la nuit qu'attendait Boxtel.

La nuit venue, il se leva.

Puis il monta dans son sycomore.

Il avait bien calculé: personne ne songeait à garder le jardin; maison et domestiques étaient sens dessus dessous.

Il entendit successivement sonner dix heures, onze heures, minuit.

A minuit, le cœur bondissant, les mains tremblantes, le visage livide, il descendit de son arbre, prit une échelle, l'appliqua contre le mur, monta jusqu'à l'avant-dernier échelon et écouta.

Tout était tranquille. Pas un bruit ne troublait le silence de la nuit.

Une seule lumière veillait dans toute la maison.

C'était celle de la nourrice.

Ce silence et cette obscurité enhardirent Boxtel.

Il enjamba le mur, s'arrêta un instant sur le faîte; puis, bien certain qu'il n'avait rien à craindre, il passa l'échelle de son jardin dans celui de Cornélius et descendit.

Puis, comme il savait à une ligne près l'endroit où étaient enterrés les caïeux de la future tulipe noire, il courut dans leur direction, suivant néanmoins les allées pour n'être point trahi par la trace de ses pas, et, arrivé à l'endroit précis, avec une joie de tigre, il plongea ses mains dans la terre molle.

Il ne trouva rien et crut s'être trompé.

Cependant, la sueur perlait instinctivement sur son front.

Il fouilla à côté: rien.

Il fouilla à droite, il fouilla à gauche: rien.

Il fouilla devant et derrière: rien.

Il faillit devenir fou, car il s'aperçut enfin que dans la matinée même la terre avait été remuée.

En effet, pendant que Boxtel était dans son lit, Cornélius était descendu dans son jardin, avait déterré l'oignon, et comme nous l'avons vu, l'avait divisé en trois caïeux.

Boxtel ne pouvait se décider à quitter la place. Il avait retourné avec ses mains plus de dix pieds carrés.

Enfin il ne lui resta plus de doute sur son malheur.

Ivre de colère, il regagna son échelle, enjamba le mur, ramena l'échelle de chez Cornélius chez lui, la jeta dans son jardin et sauta après elle.

Tout à coup il lui vint un dernier espoir.

C'est que les caïeux étaient dans le séchoir.

Il ne s'agissait que de pénétrer dans le séchoir comme il avait pénétré dans le jardin.

Là il les trouverait.

Au reste, ce n'était guère plus difficile.

Les vitrages du séchoir se soulevaient comme ceux d'une serre.

Cornélius van Baërle les avait ouverts le matin même et personne n'avait songé à les fermer.

Le tout était de se procurer une échelle assez longue, une échelle de vingt pieds au lieu d'une de douze.

Boxtel avait remarqué dans la rue qu'il habitait une maison en réparation; le long de cette maison une échelle gigantesque était dressée.

Cette échelle était bien l'affaire de Boxtel, si les ouvriers ne l'avaient pas emportée.

Il courut à la maison, l'échelle y était.

Boxtel prit l'échelle et l'apporta à grand'peine dans son jardin; avec plus de peine encore, il la dressa contre la muraille de la maison de Cornélius.

L'échelle atteignait juste au vasistas.

Boxtel mit une lanterne sourde tout allumée dans sa poche, monta à l'échelle et pénétra dans le séchoir.

Arrivé dans ce tabernacle, il s'arrêta, s'appuyant contre la table; les jambes lui manquaient, son cœur battait à l'étouffer.

Là, c'était bien pis que dans le jardin: on dirait que le grand air ôte à la propriété ce qu'elle a de respectable; tel qui saute par dessus une haie ou qui escalade un mur, s'arrête à la porte ou à la fenêtre d'une chambre.

Dans le jardin, Boxtel n'était qu'un maraudeur; — dans la chambre, Boxtel était un voleur.

Cependant, il reprit courage: il n'était pas venu jusque-là pour rentrer chez lui les mains nettes.

Mais il eut beau chercher, ouvrir et fermer tous les tiroirs, et même le tiroir privilégié où était le dépôt qui venait d'être si fatal à Cornélius; il trouva étiquetées comme dans un jardin des plantes, la Joannis, la Witt, la tulipe bistre, la tulipe café brûlé; mais de la tulipe noire ou plutôt des caïeux où elle était encore endormie et cachée dans les limbes de la floraison, il n'y en avait pas de traces.

Et cependant, sur le registre des graines et des caïeux tenu en partie double par van Baërle avec plus de soin et d'exactitude que le registre commercial des premières maisons d'Amsterdam, Boxtel lut ces lignes:

« Aujourd'hui 20 août 1672, j'ai déterré l'oignon de la grande tulipe noire que j'ai séparé en trois caïeux parfaits. »

— Ces caïeux! ces caïeux! hurla Boxtel en ravageant tout dans le séchoir, où les a-t-il pu cacher?

Puis tout à coup se frappant le front à s'aplatir le cerveau,

— Oh! misérable que je suis! s'écria-t-il; ah! trois fois perdu, Boxtel, est-ce qu'on se sépare de ses caïeux, est-ce qu'on les abandonne à Dordrecht quand on part pour la Haye, est-ce que l'on peut vivre sans ses caïeux, quand ces caïeux sont ceux de la grande tulipe noire! Il aura eu le temps de les prendre, l'infâme! il les a sur lui, il les a emportés à la Haye!

C'était un éclair qui montrait à Boxtel l'abîme d'un crime inutile.

Boxtel tomba foudroyé sur cette même table, à cette même place où quelques heures avant l'infortuné Baërle avait admiré si longuement et si délicieusement les caïeux de la tulipe noire.

— Eh bien! après tout, dit l'envieux en relevant sa tête livide, s'il les a, il ne peut les garder que tant qu'il sera vivant, et...

Le reste de sa hideuse pensée s'absorba dans un affreux sourire.

— Les caïeux sont à la Haye, dit-il; ce n'est donc plus à Dordrecht que je puis vivre.

A la Haye pour les caïeux! à la Haye!

Et Boxtel, sans faire attention aux richesses immenses qu'il abandonnait, tant il était préoccupé d'une autre richesse inestimable, Boxtel sortit par son vasistas, se laissa glisser le long de l'échelle, reporta l'instrument de vol où il l'avait pris, et, pareil à un animal de proie, rentra rugissant dans sa maison.

IX.

LA CHAMBRE DE FAMILLE.

Il était minuit environ quand le pauvre van Baërle fut écroué à la prison du Buytenhoff.

Ce qu'avait prévu Rosa était arrivé. En trouvant la chambre de Corneille vide, la colère du peuple avait été grande, et si le père Gryphus s'était trouvé là sous la main de ces furieux, il eût certainement payé pour son prisonnier.

Mais cette colère avait trouvé à s'assouvir largement sur les deux frères, qui avaient été rejoints par les assassins, grâce à la précaution qui avait été prise par Guillaume, l'homme aux précautions, de fermer les portes de la ville.

Il était donc arrivé un moment où la prison s'était vidée et où le silence avait succédé à l'effroyable tonnerre de hurlemens qui roulait par les escaliers.

Rosa avait profité de ce moment, était sortie de sa cachette et en avait fait sortir son père.

La prison était complétement déserte; à quoi bon rester dans la prison quand on égorgeait au Tol-Hek?

Gryphus sortit tout tremblant derrière la courageuse Rosa. Ils allèrent fermer tant bien que mal la grande porte, nous disons tant bien que mal, car elle était à moitié brisée. On voyait que le torrent d'une puissante colère avait passé par là.

Vers quatre heures, on entendit le bruit qui revenait, mais ce bruit n'avait rien d'inquiétant pour Gryphus et pour sa fille. Ce bruit, c'était celui des cadavres que l'on traînait et que l'on revenait pendre à la place accoutumée des exécutions.

Rosa, cette fois encore, se cacha, mais c'était pour ne pas voir l'horrible spectacle.

A minuit, on frappa à la porte du Buytenhoff, ou plutôt à la barricade qui la remplaçait.

C'était Cornélius van Baërle que l'on amenait.

Quand le geôlier Gryphus reçut ce nouvel hôte et qu'il eut vu sur la lettre d'écrou la qualité du prisonnier,

— Filleul de Corneille de Witt, murmura-t-il avec son sourire de geôlier; ah, jeune homme, nous avons justement ici la chambre de famille; nous allons vous la donner.

Et enchanté de la plaisanterie qu'il venait de faire, le farouche orangiste prit son fallot et les clefs pour conduire Cornélius dans la cellule qu'avait le matin même quittée Corneille de Witt pour l'*exil* tel que l'entendent en temps de révolution ces grands moralistes qui disent comme un axiome de haute politique:

— Il n'y a que les morts qui ne reviennent pas.

Gryphus se prépara donc à conduire le filleul dans la chambre du parrain.

Sur la route qu'il fallait parcourir pour arriver à cette chambre, le désespéré fleuriste n'entendit rien que l'aboiement d'un chien, ne vit rien que le visage d'une jeune fille.

Le chien sortit d'une niche creusée dans le mur, en secouant une grosse chaîne, et il flaira Cornélius afin de le bien reconnaître au moment où il lui serait ordonné de le dévorer.

La jeune fille, quand le prisonnier fit gémir la rampe de l'escalier sous sa main alourdie, entr'ouvrit le guichet d'une chambre qu'elle habitait dans l'épaisseur de cet escalier même. Et la lampe à la main droite, elle éclaira en même temps son charmant visage rose encadré dans d'admirables cheveux blonds à torsades épaisses, tandis que de la gauche elle croisait sur la poitrine son blanc vêtement de nuit, car elle avait été réveillée de son premier sommeil par l'arrivée inattendue de Cornélius.

C'était un bien beau tableau à peindre et en tout digne de maître Rembrandt que cette spirale noire de l'escalier illuminée par le fallot rougeâtre de Gryphus avec la sombre figure de geôlier; au sommet, la mélancolique figure de Cornélius qui se penchait sur la rampe pour regarder; au-dessous de lui, encadré par le guichet lumineux, le suave visage de Rosa, et son geste pudique un peu contrarié peut-être par la position élevée de Cornélius, placé sur ces marches d'où son regard caressait vague et triste les épaules blanches et rondes de la jeune fille.

Puis, en bas, tout à fait dans l'ombre, à cet endroit de l'escalier où l'obscurité faisait disparaître les détails, les yeux d'escarboucles du molosse secouant sa chaîne aux anneaux de laquelle la double lumière de la lampe de Rosa et du fallot de Gryphus venait attacher une brillante paillette.

Mais ce que n'aurait pu rendre dans son tableau le sublime maître, c'est l'expression douloureuse qui parut sur le visage de Rosa quand elle vit ce beau jeune homme pâle monter l'escalier lentement et qu'elle put lui appliquer ces sinistres paroles prononcées par son père:

— Vous aurez la chambre de famille.

Cette vision dura un moment, beaucoup moins de temps que nous n'avons mis à la décrire. Puis Gryphus continua son chemin, Cornélius fut forcé de le suivre, et cinq minutes après il entrait dans le cachot, qu'il est inutile de décrire, puisque le lecteur le connaît déjà.

Gryphus, après avoir montré du doigt au prisonnier le lit sur lequel avait tant souffert le martyr qui dans la journée même avait rendu son âme à Dieu, reprit son fallot et sortit.

Quant à Cornélius, resté seul, il se jeta sur ce lit, mais ne dormit point. Il ne cessa d'avoir l'œil fixé sur l'étroite fenêtre à treillis de fer qui prenait son jour sur le Buytenhoff; il vit de cette façon blanchir par delà les arbres ce premier rayon de lumière que le ciel laisse tomber sur la terre comme un blanc manteau.

Çà et là, pendant la nuit, quelques chevaux rapides avaient galopé sur le Buytenhoff, des pas pesans de patrouilles avaient frappé le petit pavé rond de la place, et les mèches des arquebuses avaient, en s'allumant au vent d'ouest, lancé jusqu'au vitrail de la prison d'intermittens éclairs.

Mais quand le jour naissant argenta le faîte chaperonné des maisons, Cornélius, impatient de savoir si quelque chose vivait à l'entour de lui, s'approcha de la fenêtre et promena circulairement un triste regard.

A l'extrémité de la place, une masse noirâtre teintée de bleu sombre par les brumes matinales, s'élevait découpant sur les maisons pâles sa silhouette irrégulière.

Cornélius reconnut le gibet.

A ce gibet pendaient deux informes lambeaux qui n'étaient plus que des squelettes encore saignans.

Le bon peuple de la Haye avait déchiqueté les chairs

de ses victimes, mais rapporté fidèlement au gibet le prétexte d'une double inscription tracée sur une énorme pancarte.

Sur cette pancarte, avec ses yeux de vingt-huit ans, Cornélius parvint à lire les lignes suivantes tracées par l'épais pinceau de quelque barbouilleur d'enseignes :

« Ici pendent le grand scélérat nommé Jean de Witt et le petit coquin Corneille de Witt, son frère, deux ennemis du peuple, mais grands amis du roi de France. »

Cornélius poussa un cri d'horreur, et dans le transport de sa terreur délirante frappa des pieds et des mains à sa porte, si rudement et si précipitamment que Gryphus accourut furieux, son trousseau d'énormes clefs à la main.

Il ouvrit la porte en proférant d'horribles imprécations contre le prisonnier qui le dérangeait en dehors des heures où il avait l'habitude de se déranger.

— Ah çà mais! dit-il, est-il enragé, cet autre de Witt! s'écria-t-il, mais ces de Witt ont donc le diable au corps!

— Monsieur, monsieur, dit Cornélius en saisissant le geôlier par le bras et en le traînant vers la fenêtre; — monsieur, qu'ai-je donc lu là-bas?

— Où, là-bas?

— Sur cette pancarte.

Et tremblant, pâle et haletant, il lui montrait, au fond de la place, le gibet surmonté de la cynique inscription.

Gryphus se mit à rire.

— Ah! ah! répondit-il. Oui, vous avez lu... Eh bien! mon cher monsieur, voilà où l'on arrive quand on a des intelligences avec les ennemis de monsieur le prince d'Orange.

—Messieurs de Witt ont été assassinés! murmura Cornélius, la sueur au front et en se laissant tomber sur son lit, les bras pendans, les yeux fermés.

— Messieurs de Witt ont subi la justice du peuple, dit Gryphus; appelez-vous cela assassinés, vous? moi, je dis, exécutés.

Et, voyant que le prisonnier était arrivé non-seulement au calme, mais à l'anéantissement, il sortit de la chambre, tirant la porte avec violence, et faisant rouler les verrous avec bruit.

En revenant à lui, Cornélius se trouva seul et reconnut la chambre où il se trouvait, la chambre de famille, ainsi que l'avait appelée Gryphus, comme le passage fatal qui devait aboutir pour lui à une triste mort.

Et comme c'était un philosophe, comme c'était surtout un chrétien, il commença par prier pour l'âme de son parrain, puis pour celle du grand pensionnaire, puis enfin il se résigna lui-même à tous les maux qu'il plairait à Dieu de lui envoyer.

Puis, après être descendu du ciel sur la terre, être rentré de la terre dans son cachot, s'être bien assuré que dans ce cachot il était seul, il tira de sa poitrine les trois caïeux de la tulipe noire et les cacha derrière un grès sur lequel on posait la cruche traditionnelle, dans le coin le plus obscur de la prison.

Inutile labeur de tant d'années! destruction de si douces espérances! sa découverte allait donc aboutir au néant comme lui à la mort! — Dans cette prison, pas un brin d'herbe, pas un atome de terre, pas un rayon de soleil.

A cette pensée, Cornélius entra dans un sombre désespoir dont il ne sortit que par une circonstance extraordinaire.

Quelle était cette circonstance?

C'est ce que nous nous réservons de dire dans le chapitre suivant.

X.

LA FILLE DU GEOLIER.

Le même soir, comme il apportait la pitance du prisonnier, Gryphus, en ouvrant la porte de la prison, glissa sur la dalle humide et tomba en essayant de se retenir. Mais la main portant à faux, il se cassa le bras au-dessus du poignet.

Cornélius fit un mouvement vers le geôlier; mais comme il ne se doutait pas de la gravité de l'accident,

— Ce n'est rien, dit Gryphus, ne bougez pas.

Et il voulut se relever en s'appuyant sur son bras, mais l'os plia; Gryphus seulement alors sentit la douleur et jeta un cri.

Il comprit qu'il avait le bras cassé, et cet homme si dur pour les autres retomba évanoui sur le seuil de la porte, où il demeura inerte et froid, semblable à un mort.

Pendant ce temps, la porte de la prison était demeurée ouverte, et Cornélius se trouvait presque libre.

Mais l'idée ne lui vint même pas à l'esprit de profiter de cet accident; il avait vu, à la façon dont le bras avait plié, au bruit qu'il avait fait en pliant, qu'il y avait fracture, qu'il y avait douleur; il ne songea pas à autre chose qu'à porter secours au blessé, si mal intentionné que le blessé lui eût paru à son endroit dans la seule entrevue qu'il eût eue avec lui.

Au bruit que Gryphus avait fait en tombant, à la plainte qu'il avait laissé échapper, un pas précipité se fit entendre dans l'escalier, et à l'apparition qui suivit immédiatement le bruit de ce pas, Cornélius poussa un petit cri auquel répondit le cri d'une jeune fille.

Celle qui avait répondu au cri poussé par Cornélius, c'était la belle Frisonne, qui, voyant son père étendu à terre et le prisonnier courbé sur lui, avait cru d'abord que Gryphus, dont elle connaissait la brutalité, était tombé à la suite d'une lutte engagée entre lui et le prisonnier.

Cornélius comprit ce qui se passait dans le cœur de la jeune fille au moment même où le soupçon entrait dans son cœur.

Mais ramenée par le premier coup d'œil à la vérité, et honteuse de ce qu'elle avait pu penser, elle leva sur le jeune homme ses beaux yeux humides et lui dit :

— Pardon et merci, monsieur. Pardon de ce que j'avais pensé, et merci de ce que vous faites.

Cornélius rougit.

— Je ne fais que mon devoir de chrétien, dit-il, en secourant mon semblable.

— Oui, et en le secourant ce soir, vous avez oublié les injures qu'il vous a dites ce matin. Monsieur, c'est plus que de l'humanité, c'est plus que du christianisme.

Cornélius leva ses yeux sur la belle enfant, tout étonné qu'il était d'entendre sortir de la bouche d'une fille du peuple une parole à la fois si noble et si compatissante.

Mais il n'eut pas le temps de lui témoigner sa surprise. Gryphus, revenu de son évanouissement, ouvrit les yeux, et sa brutalité accoutumée lui revenant avec la vie :

— Ah! voilà ce que c'est, dit-il, on se presse d'apporter le souper du prisonnier, on tombe en se hâtant, en tombant on se casse le bras, et l'on vous laisse là sur le carreau.

— Silence, mon père, dit Rosa, vous êtes injuste envers ce jeune monsieur, que j'ai trouvé occupé à vous secourir.

— Lui? fit Gryphus avec un air de doute.

— Cela est si vrai, monsieur, que je suis tout prêt à vous secourir encore.

— Vous? dit Gryphus; êtes-vous donc médecin?

— C'est mon premier état, dit le prisonnier.

— De sorte que vous pourriez me remettre le bras?

— Parfaitement.

— Et que vous faut-il pour cela, voyons?

— Deux clavettes de bois et des bandes de linge.

— Tu entends, Rosa, dit Gryphus, le prisonnier va me remettre le bras; c'est une économie; voyons, aide-moi à me lever, je suis de plomb.

Rosa présenta au blessé son épaule; le blessé entoura le col de la jeune fille de son bras intact, et faisant un effort, il se mit sur ses jambes, tandis que Cornélius, pour lui épargner le chemin, roulait vers lui un fauteuil.

Gryphus s'assit dans le fauteuil, puis se retournant vers sa fille:

— Eh bien, n'as-tu pas entendu? lui dit-il. Va chercher ce que l'on te demande.

Rosa descendit et rentra un instant après avec deux douves de baril et une grande bande de linge.

Cornélius avait employé ce temps-là à ôter la veste du geôlier et à retrousser ses manches.

— Est-ce bien cela que vous désirez, monsieur? demanda Rosa.

— Oui, mademoiselle, fit Cornélius en jetant les yeux sur les objets apportés; oui, c'est bien cela. Maintenant, poussez cette table pendant que je vais soutenir le bras de votre père.

Rosa poussa la table. Cornélius posa le bras cassé dessus, afin qu'il se trouvât à plat, et avec une habileté parfaite, rajusta la fracture, adapta la clavette et serra les bandes.

A la dernière épingle, le geôlier s'évanouit une seconde fois.

— Allez chercher du vinaigre, mademoiselle, dit Cornélius, nous lui en frotterons les tempes, et il reviendra.

Mais au lieu d'accomplir la prescription qui lui était faite, Rosa, après s'être assurée que son père était bien sans connaissance, s'avançant vers Cornélius,

— Monsieur, dit-elle, service pour service.

— Qu'est-ce à dire, ma belle enfant? demanda Cornélius.

— C'est-à-dire, monsieur, que le juge qui doit vous interroger demain est venu s'informer aujourd'hui de la chambre où vous étiez; qu'on lui a dit que vous occupiez la chambre de monsieur Corneille de Witt, et qu'à cette réponse, il a ri d'une façon sinistre qui me fait croire que rien de bon ne vous attend.

— Mais, demanda Cornélius, que peut-on me faire?

— Voyez d'ici ce gibet.

— Mais je ne suis point coupable, dit Cornélius.

— L'étaient-ils, eux, qui sont là-bas, pendus, mutilés, déchirés?

— C'est vrai, dit Cornélius en s'assombrissant.

— D'ailleurs, continua Rosa, l'opinion publique veut que vous le soyez, coupable. Mais enfin, coupable ou non, votre procès commencera demain; après-demain, vous serez condamné: les choses vont vite par le temps qui court.

— Eh bien, que concluez-vous de tout ceci, mademoiselle?

— J'en conclus que je suis seule, que je suis faible, que mon père est évanoui, que le chien est muselé, que rien par conséquent ne vous empêche de vous sauver. Sauvez-vous donc, voilà ce que je conclus.

— Que dites-vous?

— Je dis que je n'ai pu sauver monsieur Corneille ni monsieur Jean de Witt, hélas! et que je voudrais bien vous sauver, vous. Seulement, faites vite; voilà la respiration qui revient à mon père, dans une minute peut-être il rouvrira les yeux, et il sera trop tard. Vous hésitez?

En effet, Cornélius demeurait immobile, regardant Rosa, mais comme s'il la regardait sans l'entendre.

— Ne comprenez-vous pas? fit la jeune fille impatiente.

— Si fait, je comprends, fit Cornélius; mais...

— Mais?

— Je refuse. On vous accuserait.

— Qu'importe? dit Rosa en rougissant.

— Merci, mon enfant, reprit Cornélius, mais je reste.

— Vous restez! Mon Dieu! mon Dieu! N'avez-vous donc pas compris que vous serez condamné... condamné à mort, exécuté sur un échafaud et peut-être assassiné, mis en morceaux comme on a assassiné et mis en morceaux monsieur Jean et monsieur Corneille! Au nom du ciel, ne vous occupez pas de moi et fuyez cette chambre où vous êtes. Prenez-y garde, elle porte malheur aux de Witt.

— Hein! s'écria le geôlier en se réveillant. Qui parle de ces coquins, de ces misérables, de ces scélérats de de Witt?

— Ne vous emportez pas, mon brave homme, dit Cornélius avec son doux sourire; ce qu'il y a de pis pour les fractures, c'est de s'échauffer le sang.

Puis, tout bas à Rosa,

— Mon enfant, dit-il, je suis innocent, j'attendrai mes juges avec la tranquillité et le calme d'un innocent.

— Silence! dit Rosa.

— Silence, et pourquoi?

— Il ne faut pas que mon père soupçonne que nous avons causé ensemble.

— Où serait le mal?

— Où serait le mal? — C'est qu'il m'empêcherait de jamais revenir ici, dit la jeune fille.

Cornélius reçut cette naïve confidence avec un sourire; il lui semblait qu'un peu de bonheur luisait sur son infortune.

— Eh bien! que marmottez-vous là tous deux? dit Gryphus en se levant et en soutenant son bras droit avec son bras gauche.

— Rien, répondit Rosa; monsieur me prescrit le régime que vous avez à suivre.

— Le régime que je dois suivre! le régime que je dois suivre! Vous aussi, vous en avez un à suivre, la belle!

— Et lequel, mon père?

— C'est de ne pas venir dans la chambre des prisonniers, ou, quand vous y venez, d'en sortir le plus vite possible; marchez donc devant moi, et lestement!

Rosa et Cornélius échangèrent un regard.

Celui de Rosa voulait dire:

— Vous voyez bien!

Celui de Cornélius signifiait:

— Qu'il soit fait ainsi qu'il plaira au Seigneur!

XI.

LE TESTAMENT DE CORNÉLIUS VAN BAERLE.

Rosa ne s'était point trompée. Les juges vinrent le lendemain au Buytenhoff et interrogèrent Cornélius van Baërle. Au reste, l'interrogatoire ne fut pas long; il fut avéré que Cornélius avait gardé chez lui cette correspondance fatale des de Witt avec la France.

Il ne le nia point.

Il était seulement douteux aux yeux des juges que cette correspondance lui eût été remise par son parrain, Corneille de Witt.

Mais comme, depuis la mort des deux martyrs, Cornélius van Baërle n'avait plus rien à ménager, non-seulement il ne nia point que le dépôt lui eût été confié par Corneille en personne, mais encore il raconta comment, de quelle façon et dans quelle circonstance le dépôt lui avait été confié.

Cette confidence impliquait le filleul dans le crime du parrain.

Il y avait complicité patente entre Corneille et Cornélius.

Cornélius ne se borna point à cet aveu: il dit toute la vérité à l'endroit de ses sympathies, de ses habitudes, de ses familiarités. Il dit son indifférence en politique, son amour pour l'étude, pour les arts, pour les sciences et pour les fleurs. Il raconta que jamais, depuis le jour où Corneille était venu à Dordrecht, et lui avait confié ce dépôt, ce dépôt n'avait été ni touché même aperçu par le dépositaire.

On lui objecta qu'à cet égard il était impossible qu'il dît la vérité, puisque les papiers étaient justement enfermés dans une armoire où chaque jour il plongeait la main et les yeux.

Cornélius répondit que cela était vrai, mais qu'il ne mettait la main dans le tiroir que pour s'assurer que ses oignons étaient bien secs, mais qu'il n'y plongeait les yeux que pour s'assurer si ses oignons commençaient à germer.

On lui objecta que sa prétendue indifférence à l'égard de ce dépôt ne pouvait se soutenir raisonnablement, parce qu'il était impossible qu'ayant reçu un pareil dépôt de la main de son parrain, il n'en connût pas l'importance.

Ce à quoi il répondit :

Que son parrain Corneille l'aimait trop et surtout était un homme trop sage pour lui avoir rien dit de la teneur de ces papiers, puisque cette confidence n'eût servi qu'à tourmenter le dépositaire.

On lui objecta que si M. de Witt avait agi de la sorte, il eût joint au paquet, en cas d'accident, un certificat constatant que son filleul était complétement étranger à cette correspondance, ou bien, pendant son procès, lui eût écrit quelque lettre qui pût servir à sa justification.

Cornélius répondit que sans doute son parrain n'avait point pensé que son dépôt courût aucun danger, caché comme il l'était dans une armoire qui était regardée comme aussi sacrée que l'arche pour toute la maison van Baërle; que par conséquent il avait jugé le certificat inutile ; que, quant à une lettre, il avait quelque souvenir qu'un moment avant son arrestation, et comme il était absorbé dans la contemplation d'un oignon des plus rares, le serviteur de M. de Jean de Witt était entré dans son séchoir et lui avait remis un papier ; mais que de tout cela il ne lui était resté qu'un souvenir pareil à celui qu'on a d'une vision ; que le serviteur avait disparu, et que quant au papier, peut-être le trouverait-on si on le cherchait bien.

Quant à Craëke, il était impossible de le retrouver, attendu qu'il avait quitté la Hollande.

Quant au papier, il était si peu probable qu'on le retrouverait, qu'on ne se donna pas la peine de le chercher.

Cornélius lui-même n'insista pas beaucoup sur ce point, puisque, en supposant que ce papier se retrouvât, il pouvait n'avoir aucun rapport avec la correspondance qui faisait le corps du délit.

Les juges voulurent avoir l'air de pousser Cornélius à se défendre mieux qu'il ne le faisait; ils usèrent vis-à-vis de lui de cette bénigne patience qui dénote soit un magistrat intéressé par l'accusé, soit un vainqueur qui a terrassé son adversaire, et qui étant complétement maître de lui n'a pas besoin de l'opprimer pour le perdre.

Cornélius n'accepta point cette hypocrite protection, et dans une dernière réponse qu'il fit avec la noblesse d'un martyr et le calme d'un juste,

— Vous me demandez, messieurs, dit-il, des choses auxquelles je n'ai rien à répondre, sinon l'exacte vérité. Or, l'exacte vérité, la voici. Le paquet est entré chez moi par la voie que j'ai dite ; je proteste devant Dieu que j'en ignorais et que j'en ignore encore le contenu ; qu'au jour de mon arrestation seulement, j'ai su que ce dépôt était la correspondance du grand pensionnaire avec le marquis de Louvois. Je proteste enfin que j'ignore et comment on a pu savoir que ce paquet était chez moi, et surtout comment je puis être coupable pour avoir accueilli ce que m'apportait mon illustre et malheureux parrain.

Ce fut là tout le plaidoyer de Cornélius. Les juges allèrent aux opinions.

Ils considérèrent :

Que tout rejeton de dissension civile est funeste, en ce qu'il ressuscite la guerre qu'il est de l'intérêt de tous d'éteindre.

L'un d'eux, et c'était un homme qui passait pour un profond observateur, établit que ce jeune homme si flegmatique en apparence devait être très dangereux en réalité, attendu qu'il devait cacher sous le manteau de glace qui servait d'enveloppe un ardent désir de venger MM. de Witt, ses proches.

Un autre fit observer que l'amour des tulipes s'allie parfaitement avec la politique, et qu'il est historiquement prouvé que plusieurs hommes très dangereux ont jardiné ni plus ni moins que s'ils en faisaient leur état, quoiqu'au fond ils fussent occupés de bien autre chose. Témoin Tarquin l'Ancien, qui cultivait des pavots à Gabies, et le grand Condé, qui arrosait ses œillets au donjon de Vincennes, et cela au moment où le premier méditait sa rentrée à Rome et le second sa sortie de prison.

Le juge conclut par ce dilemme.

Ou Monsieur Cornélius van Baërle aime fort les tulipes, ou il aime fort la politique; dans l'un et l'autre cas, il nous a menti, d'abord parce qu'il est prouvé qu'il s'occupait de politique, et cela par les lettres que l'on a trouvées chez lui; ensuite parce qu'il est prouvé qu'il s'occupait de tulipes. Les caïeux sont là qui en font foi. Enfin, et là était l'énormité, puisque Cornélius van Baërle s'occupait à la fois de tulipes et de politique, l'accusé était donc d'une nature hybride, d'une organisation amphibie, travaillant avec une ardeur égale la politique et la tulipe, ce qui lui donnerait tous les caractères de l'espèce d'hommes la plus dangereuse au repos public, et une certaine ou plutôt une complète analogie avec les grands esprits dont Tarquin l'Ancien et M. de Condé fournissaient tout à l'heure un exemple.

Le résultat de tous ces raisonnemens fut que Monsieur le prince stathouder de Hollande saurait, sans aucun doute, un gré infini à la magistrature de la Haye de lui simplifier l'administration des sept provinces, en détruisant jusqu'au moindre germe de conspiration contre son autorité.

Cet argument prima tous les autres, et pour détruire efficacement le germe des conspirations, la peine de mort fut prononcée à l'unanimité contre Monsieur Cornélius van Baërle, atteint et convaincu d'avoir, sous les apparences innocentes d'un amateur de tulipes, participé aux détestables intrigues et aux abominables complots de MM. de Witt contre la nationalité hollandaise, et à leurs secrètes relations avec l'ennemi français.

La sentence portait subsidiairement que le susdit Cornélius van Baërle serait extrait de la prison de Buytenhoff pour être conduit à l'échafaud dressé sur la place du même nom, où l'exécuteur des jugemens lui trancherait la tête.

Comme cette délibération avait été sérieuse, elle avait duré une demi-heure, et pendant cette demi-heure, le prisonnier avait été réintégré dans sa prison.

Ce fut là que le greffier des états vint lui lire l'arrêt.

Maître Gryphus était retenu sur son lit par la fièvre que lui causait la fracture de son bras. Ses clefs étaient passées aux mains d'un de ses valets surnuméraires, et derrière ce valet, qui avait introduit le greffier, Rosa, la belle Frisonne, s'était venue placer à l'encoignure de la porte, un mouchoir sur sa bouche pour étouffer ses soupirs et ses sanglots.

Cornélius écouta la sentence avec un visage plus étonné que triste.

La sentence lue, le greffier lui demanda s'il avait quelque chose à répondre.

— Ma foi, non, répondit-il. J'avoue seulement qu'entre toutes les causes de mort qu'un homme de précaution peut prévoir pour les parer, je n'eusse jamais soupçonné celle-là.

Sur laquelle réponse le greffier salua Cornélius van Baërle avec toute la considération que ces sortes de fonctionnaires accordent aux grands criminels de tout genre.

Et comme il allait sortir:

— A propos, monsieur le greffier, dit Cornélius, pour quel jour est la chose, s'il vous plaît?

—Mais pour aujourd'hui, répondit le greffier, un peu gêné par le sang-froid du condamné.

Un sanglot éclata derrière la porte.

Cornélius se pencha pour voir qui avait poussé ce sanglot, mais Rosa avait deviné le mouvement et s'était rejetée en arrière.

— Et, ajouta Cornélius, à quelle heure l'exécution?

— Monsieur, pour midi.

— Diable! fit Cornélius, j'ai entendu, ce me semble, sonner dix heures il y a au moins vingt minutes. Je n'ai pas de temps à perdre.

—Pour vous réconcilier avec Dieu, oui, monsieur, fit le greffier en saluant jusqu'à terre, et vous pouvez demander tel ministre qu'il vous plaira.

En disant ces mots, il sortit à reculons, et le geôlier remplaçant l'allait suivre en refermant la porte de Cornélius, quand un bras blanc et qui tremblait s'interposa entre cet homme et la lourde porte.

Cornélius ne vit que le casque d'or aux oreillettes de dentelles blanches, coiffure des belles Frisonnes; il n'entendit qu'un murmure à l'oreille du guichetier; mais celui-ci remit ses lourdes clefs dans la main blanche qu'on lui tendait, et, descendant quelques marches, il s'assit au milieu de l'escalier, gardé ainsi en haut par lui, en bas par le chien.

Le casque d'or fit volte-face, et Cornélius reconnut le visage sillonné de pleurs et les grands yeux bleus tout noyés de la belle Rosa.

La jeune fille s'avança vers Cornélius en appuyant ses deux mains sur sa poitrine brisée.

— Oh! monsieur! monsieur! dit-elle.

Et elle n'acheva point.

— Ma belle enfant, répliqua Cornélius ému, que désirez-vous de moi? Je n'ai pas grand pouvoir désormais sur terre, je vous en avertis.

— Monsieur, je viens réclamer de vous une grâce, dit Rosa tendant ses mains moitié vers Cornélius, moitié vers le ciel.

— Ne pleurez pas ainsi, Rosa, dit le prisonnier; car vos larmes m'attendrissent bien plus que ma mort prochaine. Et, vous le savez, plus le prisonnier est innocent, plus il doit mourir avec calme et même avec joie, puisqu'il meurt martyr. Voyons, ne pleurez plus et dites-moi votre désir, ma belle Rosa.

La jeune fille se laissa glisser à genoux.

— Pardonnez à mon père, dit-elle.

— A votre père! fit Cornélius étonné.

— Oui, il a été si dur pour vous! mais il est ainsi de sa nature, il est ainsi pour tous, et ce n'est pas vous particulièrement qu'il a brutalisé.

—Il est puni, chère Rosa, plus que puni même, par l'accident qui lui est arrivé, et je lui pardonne.

— Merci! dit Rosa. Et maintenant, dites, puis-je, moi, à mon tour, quelque chose pour vous?

—Vous pouvez sécher vos beaux yeux, chère enfant, répondit Cornélius avec son doux sourire.

— Mais pour vous... pour vous...

— Celui qui n'a plus à vivre qu'une heure est un grand sybarite s'il a besoin de quelque chose, chère Rosa.

— Ce ministre qu'on vous avait offert?

— J'ai adoré Dieu toute ma vie, Rosa. Je l'ai adoré dans ses œuvres, béni dans sa volonté. Dieu ne peut rien avoir contre moi. Je ne vous demanderai donc pas un ministre. La dernière pensée qui m'occupe, Rosa, se rapporte à la glorification de Dieu. Aidez-moi, ma chère, je vous en prie, dans l'accomplissement de cette dernière pensée.

— Ah! monsieur Cornélius, parlez, parlez! s'écria la jeune fille inondée de larmes.

— Donnez-moi votre belle main, et promettez-moi de ne pas rire, mon enfant.

— Rire! s'écria Rosa au désespoir, rire en ce moment! Mais vous ne m'avez donc pas regardée, monsieur Cornélius?

— Je vous ai regardée, Rosa, et avec les yeux du corps et avec les yeux de l'âme. Jamais femme plus belle, jamais âme plus pure ne s'était offerte à moi; et si je ne vous regarde plus à partir de ce moment, pardonnez-moi, c'est parce que, prêt à sortir de la vie, j'aime mieux n'avoir rien à y regretter.

Rosa tressaillit. Comme le prisonnier disait ces paroles, onze heures sonnaient au beffroi du Buytenhoff.

Cornélius comprit.

— Oui, oui, hâtons-nous, dit-il, vous avez raison, Rosa.

Alors tirant de sa poitrine, où il l'avait caché de nouveau depuis qu'il n'avait plus peur d'être fouillé, le papier qui enveloppait les trois caïeux:

— Ma belle amie, dit-il, j'ai beaucoup aimé les fleurs. C'était dans le temps où j'ignorais que l'on pût aimer autre chose. Oh! ne rougissez pas, ne vous détournez pas, Rosa, dussé-je vous faire une déclaration d'amour. Cela, pauvre enfant, ne tirerait pas à conséquence; il y a là-bas sur le Buytenhoff certain acier qui dans soixante minutes fera raison de ma témérité. Donc j'aimais les fleurs, Rosa, et j'avais trouvé, je le crois du moins, le secret de la grande tulipe noire que l'on croit impossible, et qui est, vous le savez ou vous ne le savez pas, l'objet d'un prix de cent mille florins proposé par la société horticole de Harlem. Ces cent mille florins, et Dieu sait que ce ne sont pas eux que je regrette, ces cent mille florins je les ai là dans ce papier; ils sont gagnés avec les trois caïeux qu'il renferme, et que vous pouvez prendre, Rosa, car je vous les donne.

— Monsieur Cornélius!

— Oh! vous pouvez les prendre, Rosa, vous ne faites de tort à personne, mon enfant. Je suis seul au monde; mon père et ma mère sont morts; je n'ai jamais eu ni sœur ni frère; je n'ai jamais pensé à aimer personne d'amour, et si quelqu'un a pensé à m'aimer, je ne l'ai jamais su. Vous le voyez bien d'ailleurs, Rosa, que je suis abandonné, puisque à cette heure vous seule êtes dans mon cachot, me consolant et me secourant.

— Mais, monsieur, cent mille florins...

— Ah! soyons sérieux, chère enfant, dit Cornélius. Cent mille florins feront une belle dot à votre beauté; vous les aurez, les cent mille florins, car je suis sûr de mes caïeux. Vous les aurez donc, chère Rosa, et je ne vous demande en échange que la promesse d'épouser un brave garçon, jeune, que vous aimerez, et qui vous aimera autant que moi j'aimais les fleurs. Ne m'interrompez pas, Rosa, je n'ai plus que quelques minutes...

La pauvre fille étouffait sous ses sanglots.

Cornélius lui prit la main.

—Ecoutez-moi, continua-t-il; voici comment vous procéderez. Vous prendrez de la terre dans mon jardin de Dordrecht. Demandez à Butruysheim, mon jardinier, du terreau de ma plate-bande nº 6; vous y planterez dans une caisse profonde ces trois caïeux, ils fleuriront en mai prochain, c'est-à-dire dans sept mois, et quand vous verrez la fleur sur sa tige, passez es nuits à la garantir du vent, les jours à la sauver du soleil. Elle fleurira noire, j'en suis sûr. Alors vous ferez prévenir le président de la société de Harlem. Il fera constater par le congrès la couleur de la fleur, et l'on vous comptera les cent mille florins.

Rosa poussa un grand soupir.

— Maintenant, continua Cornélius en essuyant une larme tremblante au bord de sa paupière et qui était donnée bien plus à cette merveilleuse tulipe noire qu'il ne devait pas voir qu'à cette vie qu'il allait quitter, je ne désire plus rien, sinon que la tulipe s'appelle *Rosa Barlænsis*, c'est-à-dire qu'elle rappelle en même temps votre nom et le mien, et comme ne sachant pas le latin, bien certainement, vous pourriez oublier ce mot, tâchez de m'avoir un crayon et du papier, que je vous l'écrive.

Rosa éclata en sanglots et tendit un livre relié en chagrin, qui portait les initiales de C. W.

— Qu'est que cela? demanda le prisonnier.

— Hélas! répondit Rosa, c'est la Bible de votre pauvre parrain, Corneille de Witt. Il y a puisé la force de subir la torture et d'entendre sans pâlir son jugement. Je l'ai trouvée dans cette chambre après la mort du martyr, je l'ai gardée comme une relique; aujourd'hui je vous l'apportais, car il me semblait que ce livre avait en lui une force toute divine. Vous n'avez pas eu besoin de cette force que Dieu avait mise en vous. Dieu soit loué! Ecrivez dessus ce que vous avez à écrire, monsieur Cornélius, et quoique j'aie le malheur de ne pas savoir lire, ce que vous écrirez sera accompli.

Cornélius prit la Bible et la baisa respectueusement.

— Avec quoi écrirai-je? demanda-t-il.

— Il y a un crayon dans la Bible, dit Rosa. Il y était, je l'ai conservé.

C'était le crayon que Jean de Witt avait prêté à son frère et qu'il n'avait pas songé à reprendre.

Cornélius le prit, et sur la seconde page, — car, on se le rappelle, la première avait été déchirée, — près de mourir à son tour comme son parrain, il écrivit d'une main non moins ferme :

«Ce 23 août 1672, sur le point de rendre, quoique innocent, mon âme à Dieu sur un échafaud, je lègue à Rosa Gryphus le seul bien qui me soit resté de tous mes biens dans ce monde, les autres ayant été confisqués; je lègue, dis-je, à Rosa Gryphus trois caïeux qui, dans ma conviction profonde, doivent donner au mois de mai prochain la grande tulipe noire, objet du prix de cent mille florins proposé par la société de Harlem, désirant qu'elle touche ces cent mille florins en mon lieu et place et comme mon unique héritière, à la seule charge d'épouser un jeune homme de mon âge à peu près, qui l'aimera et qu'elle aimera, et de donner à la grande tulipe noire qui créera une nouvelle espèce le nom de Rosa Barlænsis, c'est-à-dire son nom et le mien réunis.

» Dieu me trouve en grâce et elle en santé!

» Cornélius VAN BAERLE. »

Puis, donnant la Bible à Rosa :

— Lisez, dit-il.

— Hélas! répondit la jeune fille à Cornélius, je vous l'ai déjà dit, je ne sais pas lire.

Alors Cornélius lut à Rosa le testament qu'il venait de faire.

Les sanglots de la pauvre enfant redoublèrent.

—Acceptez-vous mes conditions? demanda le prisonnier en souriant avec mélancolie et en baisant le bout des doigts tremblans de la belle Frisonne.

— Oh! je ne saurais, monsieur, balbutia-t-elle.

— Vous ne sauriez, mon enfant, et pourquoi donc?

— Parce qu'il y a une de ces conditions que je ne saurais tenir.

— Laquelle? je croyais pourtant avoir fait accommodement par notre traité d'alliance.

— Vous me donnez les cent mille florins à titre de dot?

— Oui.

— Et pour épouser un homme que j'aimerai?

— Sans doute!

— Eh bien! monsieur, cet argent ne peut être à moi. Je n'aimerai jamais personne et ne me marierai pas.

Et après ces mots péniblement prononcés, Rosa fléchit sur ses genoux et faillit s'évanouir de douleur.

Cornélius, effrayé de la voir si pâle et si mourante, allait la prendre dans ses bras, lorsqu'un pas pesant, suivi d'autres bruits sinistres, retentit dans les escaliers accompagné des aboiemens du chien.

— On vient vous chercher! s'écria Rosa en se tordant les mains. Mon Dieu! mon Dieu! monsieur, n'avez-vous pas encore quelque chose à me dire?

Et elle tomba à genoux, la tête enfoncée dans ses bras, et toute suffoquée de sanglots et de larmes.

— J'ai à vous dire de cacher précieusement vos trois caïeux et de les soigner selon les prescriptions que vous ai dites, et pour l'amour de moi. Adieu, Rosa.

— Oh! oui, dit-elle, sans lever la tête, oh! oui, tout ce que vous avez dit, je le ferai. Excepté de me marier, ajouta-t-elle tout bas, car cela, oh! cela, je le jure, c'est pour moi chose impossible.

Et elle enfonça dans son sein palpitant le cher trésor de Cornélius.

Ce bruit qu'avaient entendu Cornélius et Rosa, c'était celui que faisait le greffier qui revenait chercher le condamné, suivi de l'exécuteur, des soldats destinés à fournir la garde de l'échafaud, et des curieux familiers de la prison.

Cornélius, sans faiblesse comme sans fanfaronnade, les reçut en amis plutôt qu'en persécuteurs, et se laissa imposer telles conditions qu'il plut à ces hommes pour l'exécution de leur office.

Puis, d'un coup d'œil jeté sur la place par sa petite fenêtre grillée, il aperçut l'échafaud, et à vingt pas de l'échafaud, le gibet, du bas duquel avaient été détachées, par ordre du stathouder, les reliques outragées des deux frères de Witt.

Quand il lui fallut descendre pour suivre les gardes, Cornélius chercha des yeux le regard angélique de Rosa, mais il ne vit derrière les épées et les hallebardes qu'un corps étendu près d'un banc de bois et un visage livide à demi voilé par de longs cheveux.

Mais, en tombant inanimée, Rosa, pour obéir encore à son ami, avait appuyé sa main sur son corset de velours, et même dans l'oubli de toute vie, continuait instinctivement à recueillir le dépôt précieux que lui avait confié Cornélius.

Et en quittant le cachot, le jeune homme put entrevoir dans les doigts crispés de Rosa la feuille jaunâtre de cette Bible sur laquelle Cornélius de Witt avait si péniblement et si douloureusement écrit les quelques lignes qui eussent infailliblement, si Cornélius les avait lues, sauvé un homme et une tulipe.

XII.

L'EXÉCUTION.

Cornélius n'avait pas trois cents pas à faire hors de la prison pour arriver au pied de son échafaud.

Au bas de l'escalier le chien le regarda passer tranquillement; Cornélius crut même remarquer dans les yeux du molosse une certaine expression de douceur qui touchait à la compassion.

Peut-être le chien connaissait-il les condamnés et ne mordait-il que ceux qui sortaient libres.

On comprend que plus le trajet était court de la porte de la prison au pied de l'échafaud, plus il était encombré de curieux.

C'étaient ces mêmes curieux qui, mal désaltérés par le sang qu'ils avaient déjà bu trois jours auparavant, attendaient une nouvelle victime.

Aussi, à peine Cornélius apparut-il qu'un hurlement immense se prolongea dans la rue, s'étendit sur toute la surface de la place, s'éloignant dans les directions différentes des rues qui aboutissaient à l'échafaud, et qu'encombrait la foule.

Aussi l'échafaud ressemblait à une île que serait venu battre le flot de quatre ou cinq rivières.

Au milieu de ces menaces, de ces hurlemens et de ces

vociférations, pour ne pas les entendre sans doute, Cornélius s'était absorbé en lui-même.

A quoi pensait ce juste qui allait mourir?

Ce n'était ni à ses ennemis, ni à ses juges, ni à ses bourreaux.

C'était aux belles tulipes qu'il verrait du haut du ciel, soit à Caylan, soit au Bengale, soit ailleurs, alors qu'assis avec tous les innocens à la droite de Dieu, il pourrait regarder en pitié cette terre où on avait égorgé MM. Jean et Corneille de Witt pour avoir trop pensé à la politique, et où on allait égorger M. Cornélius van Baërle pour avoir trop pensé aux tulipes.

L'affaire d'un coup d'épée, disait le philosophe, et mon beau rêve commencera.

Seulement restait à savoir si comme à M. de Chalais, comme à M. de Thou, et autres gens mal tués, le bourreau ne réservait pas plus d'un coup, c'est-à-dire plus d'un martyre, au pauvre tulipier.

Van Baërle n'en monta pas moins résolûment les degrés de son échafaud.

Il y monta orgueilleux, quoiqu'il en eût, d'être l'ami de cet illustre Jean et le filleul de ce noble Corneille que les marauds amassés pour le voir avaient déchiquetés et brûlés trois jours auparavant.

Il s'agenouilla, fit sa prière, et remarqua non sans éprouver une vive joie qu'en posant sa tête sur le billot et en gardant ses yeux ouverts, il verrait jusqu'au dernier moment la fenêtre grillée du Buytenhoff.

Enfin l'heure de faire ce terrible mouvement arriva: Cornélius posa son menton sur le bloc humide et froid. Mais à ce moment malgré lui ses yeux se fermèrent pour soutenir plus résolûment l'horrible avalanche qui allait tomber sur sa tête et engloutir sa vie.

Un éclair vint luire sur le plancher de l'échafaud: le bourreau levait son épée.

Van Baërle dit adieu à la grande tulipe noire, certain de se réveiller en disant bonjour à Dieu dans un monde fait d'une autre lumière et d'une autre couleur.

Trois fois il sentit le vent froid de l'épée passer sur son col frissonnant.

Mais, ô surprise!

Il ne sentit ni douleur ni secousse.

Il ne vit aucun changement de nuances.

Puis tout à coup, sans qu'il sût par qui, van Baërle se sentit relever par des mains assez douces et se retrouva bientôt sur ses pieds quelque peu chancelant.

Il rouvrit les yeux.

Quelqu'un lisait quelque chose près de lui, sur un grand parchemin scellé d'un grand sceau de cire rouge.

Et le même soleil, jaune et pâle comme il convient à un soleil hollandais, luisait au ciel, et la même fenêtre grillée le regardait du haut du Buytenhoff, et les mêmes marauds, non plus hurlans mais ébahis, le regardaient du bas de la place.

A force d'ouvrir les yeux, de regarder, d'écouter, van Baërle commença de comprendre ceci.

C'est que monseigneur Guillaume prince d'Orange, craignant sans doute que les dix-sept livres de sang que van Baërle, à quelques onces près, avait dans le corps ne fissent déborder la coupe de la justice céleste, avait pris en pitié son caractère et les semblans de son innocence.

En conséquence, Son Altesse lui avait fait grâce de la vie. — Voilà pourquoi l'épée, qui s'était levée avec ce reflet sinistre, avait voltigé trois fois autour de sa tête comme l'oiseau funèbre autour de celle de Turnus, mais ne s'était point abattue sur sa tête et avait laissé intacts les vertèbres.

Voilà pourquoi il n'y avait eu ni douleur ni secousse. Voilà pourquoi encore le soleil continuait à rire dans l'azur médiocre, il est vrai, mais très supportable des voûtes célestes.

Cornélius, qui avait espéré Dieu et le panorama tulipique de l'univers, fut bien un peu désappointé, mais il se consola en faisant jouer avec un certain bien-être les ressorts intelligens de cette partie du corps que les Grecs appelaient *trachelos* et que nous autres Français nous nommons modestement le col.

Et puis Cornélius espéra bien que la grâce était complète et qu'on allait le rendre à la liberté et à ses plates-bandes de Dordrecht.

Mais Cornélius se trompait, comme le disait vers le même temps Mme de Sévigné, il y avait un *post-scriptum* à la lettre, et le plus important de cette lettre était renfermé dans le *post-scriptum*.

Par ce *post-scriptum*, Guillaume, stathouder de Hollande, condamnait Cornélius van Baerle à une prison perpétuelle.

Il était trop peu coupable pour la mort, mais il était trop coupable pour la liberté.

Corneille écouta donc le *post-scriptum*, puis, après la première contrariété soulevée par la déception que le *post-scriptum* apportait,

— Bah! pensa-t-il, tout n'est pas perdu. La réclusion perpétuelle a du bon. Il y a Rosa dans la réclusion perpétuelle. Il y a encore aussi mes trois caïeux de la tulipe noire.

Mais Cornélius oubliait que les Sept Provinces peuvent avoir sept prisons, une par province, et que le pain du prisonnier est moins cher ailleurs qu'à la Haye, qui est une capitale.

Son Altesse Guillaume, qui n'avait point, à ce qu'il paraît, les moyens de nourrir van Baerle à la Haye, l'envoyait faire sa prison perpétuelle dans la forteresse de Loewestein, bien près de Dordrecht, hélas! mais pourtant bien loin.

Car Loewestein, disent les géographes, est situé à la pointe de l'île que forment, en face de Gorcum, le Wahal et la Meuse.

Van Baërle savait assez l'histoire de son pays pour ne pas ignorer que le célèbre Grotius avait été renfermé dans ce château après la mort de Barneveldt, et que les états, dans leur générosité envers le célèbre publiciste, jurisconsulte, historien, poète, théologien, lui avaient accordé une somme de vingt-quatre sous de Hollande par jour pour sa nourriture.

— Moi qui suis bien loin de valoir Grotius, se dit van Baërle, on me donnera douze sous à grand'peine, et je vivrai fort mal, mais enfin je vivrai.

Puis tout à coup frappé d'un souvenir terrible:

— Ah! s'écria Cornélius, que ce pays est humide et nuageux! et que le terrain est mauvais pour les tulipes!

Et puis Rosa, Rosa qui ne sera pas à Loewestein, murmura-t-il en laissant tomber sur la poitrine sa tête qu'il avait bien manqué de laisser tomber plus bas.

XIII.

CE QUI SE PASSAIT PENDANT CE TEMPS-LA DANS L'AME D'UN SPECTATEUR.

Tandis que Cornélius réfléchissait de la sorte, un carrosse s'était approché de l'échafaud.

Ce carrosse était pour le prisonnier. On l'invita à y monter; il obéit.

Son dernier regard fut pour le Buytenhoff. Il espérait voir à la fenêtre le visage consolé de Rosa, mais le carrosse était attelé de bons chevaux qui emportèrent bientôt van Baërle du sein des acclamations que vociférait cette multitude en l'honneur du très magnanime stathouder, avec un certain mélange d'invectives à l'adresse des de Witt et de leur filleul sauvé de la mort.

Ce qui faisait dire aux spectateurs:

— Il est bien heureux que nous nous soyons pressés de faire justice de ce grand scélérat de Jean et de ce petit coquin de Corneille, sans quoi la clémence de son Altesse nous les eût bien certainement enlevés comme elle vient de nous enlever celui-ci !

Parmi tous ces spectateurs que l'exécution de van Baërle avait attirés sur le Buytenhoff, et que la façon dont la chose avait tourné désappointait quelque peu, le plus désappointé certainement était certain bourgeois vêtu proprement et qui depuis le matin avait si bien joué des pieds et des mains qu'il en était arrivé à n'être séparé de l'échafaud que par la rangée de soldats qui entouraient l'instrument du supplice.

Beaucoup s'étaient montrés avides de voir couler le sang *perfide* du coupable Cornélius ; mais nul n'avait mis dans l'expression de ce funeste désir l'acharnement qu'y avait mis le bourgeois en question.

Les plus enragés étaient venus au point du jour sur le Buytenhoff pour se garder une meilleure place ; mais lui, devançant les plus enragés, avait passé la nuit au seuil de la prison, et de la prison il était arrivé au premier rang, comme nous avons dit, *unguibus et rostro*, caressant les uns et frappant les autres.

Et quand le bourreau avait amené son condamné sur l'échafaud, le bourgeois, monté sur une borne de la fontaine pour mieux voir et être mieux vu, avait fait au bourreau un geste qui signifiait :

— C'est convenu, n'est-ce pas ?

Geste auquel le bourreau avait répondu par un autre geste qui voulait dire :

— Soyez donc tranquille.

Qu'était donc ce bourgeois qui paraissait si bien avec le bourreau et que voulait dire cet échange de gestes ?

Rien de plus naturel ; ce bourgeois était mynher Isaac Boxtel, qui depuis l'arrestation de Cornélius était, comme nous l'avons vu, venu à la Haye pour essayer de s'approprier les trois caïeux de la tulipe noire.

Boxtel avait d'abord essayé de mettre Gryphus dans ses intérêts, mais celui-ci tenait du boule-dogue pour la fidélité, la défiance et les coups de crocs. Il avait en conséquence pris à rebrousse-poil la haine de Boxtel, qu'il avait évincé comme un fervent ami s'enquérant de choses indifférentes pour ménager certainement quelque moyen d'évasion au prisonnier.

Aussi, aux premières propositions que Boxtel avait faites à Gryphus, de soustraire les caïeux que devait cacher, sinon dans sa poitrine, du moins dans quelque coin de son cachot, Cornélius van Baërle, Gryphus n'avait répondu que par une expulsion accompagnée des caresses du chien de l'escalier.

Boxtel ne s'était pas découragé pour un fond de culotte resté aux dents du molosse. Il était revenu à la charge ; mais cette fois, Gryphus était dans son lit, fiévreux et le bras cassé. Il n'avait donc pas même admis le pétitionnaire, qui s'était retourné vers Rosa, offrant à la jeune fille, en échange des trois caïeux, une coiffure d'or pur. Ce à quoi la noble jeune fille, quoique ignorant encore la valeur du vol qu'on lui proposait de faire, et qu'on lui offrait de si bien payer, avait renvoyé le tentateur au bourreau, non-seulement le dernier juge, mais encore le dernier héritier du condamné.

Ce renvoi fit naître une idée dans l'esprit de Boxtel.

Sur ces entrefaites, le jugement avait été prononcé ; jugement expéditif, comme on voit. Isaac n'avait donc le temps de corrompre personne. Il s'arrêta en conséquence à l'idée que lui avait suggérée Rosa ; il alla trouver le bourreau.

Isaac ne doutait pas que Cornélius ne mourût avec ses tulipes sur le cœur.

En effet, Boxtel ne pouvait deviner deux choses :

Rosa, c'est-à-dire l'amour ;

Guillaume, c'est-à-dire la clémence.

Moins Rosa et moins Guillaume, les calculs de l'envieux étaient exacts.

Moins Guillaume, Cornélius mourait.

Moins Rosa, Cornélius mourait, ses caïeux sur son cœur.

Mynher Boxtel alla donc trouver le bourreau, se donna à cet homme comme un grand ami du condamné, et moins les bijoux d'or et d'argent qu'il laissait à l'exécuteur, il acheta toute la défroque du futur mort pour la somme un peu exorbitante de cent florins.

Mais qu'était-ce qu'une somme de cent florins pour un homme à peu près sûr d'acheter pour cette somme le prix de la société de Harlem?

C'était de l'argent prêté à mille pour un, ce qui est, on en conviendra, un assez joli placement.

Le bourreau, de son côté, n'avait rien ou presque rien à faire pour gagner ses cent florins. Il devait seulement, l'exécution finie, laisser mynher Boxtel monter sur l'échafaud avec ses valets pour recueillir les restes inanimés de son ami.

La chose au reste était en usage parmi les fidèles quand un de leurs maîtres mourait publiquement sur le Buytenhoff.

Un fanatique comme l'était Cornélius pouvait bien avoir un autre fanatique qui donnât cent florins de ses reliques.

Aussi le bourreau acquiesça-t-il à la proposition. Il n'y avait mis qu'une seule condition, c'est qu'il serait payé d'avance.

Boxtel, comme les gens qui entrent dans les baraques de foire, pouvait n'être pas content et par conséquent ne pas vouloir payer en sortant.

Boxtel paya d'avance et attendit.

Qu'on juge après cela si Boxtel était ému, s'il surveillait gardes, greffier, exécuteur, si les mouvemens de van Baërle l'inquiétaient : comment se placerait-il sur le billot, comment tomberait-il ; en tombant n'écraserait-il pas dans sa chute les inestimables caïeux, avait-il eu soin au moins de les enfermer dans une boîte d'or, par exemple ; l'or étant le plus dur de tous les métaux.

Nous n'entreprendrons pas de décrire l'effet produit sur ce digne mortel par l'empêchement apporté à l'exécution de la sentence. A quoi perdait donc son temps le bourreau à faire flamboyer son épée ainsi au-dessus de la tête de Cornélius au lieu d'abattre cette tête ; mais quand il vit le greffier prendre la main du condamné, le relever tout en tirant de sa poche un parchemin, quand il entendit la lecture publique de la grâce accordée par le stathouder, Boxtel ne fut plus un homme. La rage du tigre, de la hyène et du serpent éclata dans ses yeux, dans son cri, dans son geste ; s'il eût été à portée de van Baërle, il se fût jeté sur lui et l'eût assassiné.

Ainsi donc, Cornélius vivrait, Cornélius irait à Loewestein ; là, dans sa prison, il emporterait les caïeux, et peut être se trouverait-il un jar-din où il arriverait à faire fleurir la tulipe noire.

Il est certaines catastrophes que la plume d'un pauvre écrivain ne peut décrire, et qu'il est obligé de livrer à l'imagination de ses lecteurs dans toute la simplicité du fait.

Boxtel, pâmé, tomba de sa borne sur quelques orangistes mécontens comme lui de la tournure que venait de prendre l'affaire. Lesquels, pensant que les cris poussés par mynher Isaac étaient des cris de joie, le bourrèrent de coups de poing, qui certes n'eussent pas été mieux donnés de l'autre côté du détroit.

Mais que pouvaient ajouter quelques coups de poing à la douleur que ressentait Boxtel !

Il voulut alors courir après le carrosse qui emportait Cornélius avec ses caïeux. Mais dans son empressement, il ne vit pas un pavé, trébucha, perdit son centre de gravité, roula à dix pas et ne se releva que foulé, meurtri, et lorsque toute la fangeuse populace de la Haye lui eut passé sur le dos.

Dans cette circonstance encore, Boxtel, qui était en veine de malheur, en fut donc pour ses habits déchirés, son dos meurtri et ses mains égratignées.

On aurait pu croire que c'était assez comme cela pour Boxtel.

On se serait trompé.

Boxtel, remis sur ses pieds, s'arracha le plus de cheveux qu'il put, et les jeta en holocauste à cette divinité farouche et insensible qu'on appelle l'Envie.

Ce fut une offrande sans doute agréable à cette déesse qui n'a, dit la mythologie, que des serpens en guise de coiffure.

XIV.

LES PIGEONS DE DORDRECHT.

C'était déjà certes un grand honneur pour Cornélius van Baërle que d'être enfermé justement dans cette même prison qui avait reçu le savant M. Grotius.

Mais une fois arrivé à la prison un honneur bien plus grand l'attendait. Il se trouva que la chambre habitée par l'illustre ami de Barneveldt était vacante à Loewestein, quand la clémence du prince d'Orange y envoya le tulipier van Baërle.

Cette chambre avait bien mauvaise réputation dans le château depuis que, grâce à l'imagination de sa femme, M. Grotius s'en était enfui dans le fameux coffre à livres qu'on avait oublié de visiter.

D'un autre côté, cela parut de bien bon augure à van Baërle, que cette chambre lui fût donnée pour logement ; car enfin, jamais, selon ses idées à lui, un geôlier n'eût dû faire habiter à un second pigeon la cage d'où un premier s'était si facilement envolé.

La chambre est historique. Nous ne perdrons donc pas notre temps à en consigner ici les détails, sauf une alcôve qui avait été pratiquée pour madame Grotius. C'était une chambre de prison comme les autres, plus élevée peut-être ; aussi, par la fenêtre grillée, avait-on une charmante vue.

L'intérêt de notre histoire d'ailleurs ne consiste pas dans un certain nombre de descriptions d'intérieur. Pour van Baërle, la vie était autre chose qu'un appareil respiratoire. Le pauvre prisonnier aimait au delà de sa machine pneumatique deux choses dont la pensée seulement, cette libre voyageuse, pouvait désormais lui fournir la possession factice.

Une fleur et une femme, l'une et l'autre à jamais perdues pour lui.

Il se trompait par bonheur, le bon van Baërle! Dieu, qui l'avait, au moment où il marchait à l'échafaud, regardé avec le sourire d'un père, Dieu lui réservait au sein même de sa prison, dans la chambre de M. Grotius, l'existence la plus aventureuse que jamais tulipier ait eue en partage.

Un matin, à sa fenêtre, tandis qu'il humait l'air frais qui montait du Wahal et qu'il admirait dans le lointain, derrière une forêt de cheminées, les moulins de Dordrecht sa patrie, il vit des pigeons accourir en foule de ce point de l'horizon et se percher tout frissonnant au soleil sur les pignons aigus de Loewestein.

Ces pigeons, se dit van Baërle, viennent de Dordrecht et par conséquent ils y peuvent retourner. Quelqu'un qui attacherait un mot à l'aile de ces pigeons courrait la chance de faire passer de ses nouvelles à Dordrecht, où on le pleure.

Puis, après un moment de rêverie,

Ce quelqu'un-là, ajouta van Baërle, ce sera moi.

On est patient quand on a vingt-huit ans et qu'on est condamné à une prison perpétuelle, c'est-à-dire à quelque chose comme vingt-deux ou vingt-trois mille jours de prison.

Van Baërle, tout en pensant à ses trois caïeux, car cette pensée battait toujours au fond de sa mémoire comme bat le cœur au fond de la poitrine, van Baërle, disons-nous, tout en pensant à ses trois caïeux, se fit un piége à pigeons. Il tenta ces volatiles par toutes les ressources de sa cuisine, dix-huit sous de Hollande par jour,—12 sous de France,— et au bout d'un mois de tentations infructueuses, il prit une femelle.

Il mit deux autres mois à prendre un mâle; puis il les enferma ensemble, et vers le commencement de l'année 1673, ayant obtenu des œufs, il lâcha la femelle, qui, confiante dans le mâle qui les couvait à sa place, s'en alla toute joyeuse à Dordrecht avec son billet sous son aile.

Elle revint le soir.

Elle avait conservé le billet.

Elle le garda ainsi quinze jours, au grand désappointement d'abord, puis ensuite au grand désespoir de van Baërle.

Le seizième jour enfin elle revint à vide.

Or, van Baërle adressait ce billet à sa nourrice, la vieille Frisonne, et suppliait les âmes charitables qui le trouveraient de le lui faire remettre le plus sûrement et le plus promptement possible.

Dans cette lettre, adressée à sa nourrice, il y avait un petit billet adressé à Rosa.

Dieu, qui porte avec son souffle les grains de ravenilles sur les murailles des vieux châteaux et qui les fait fleurir dans un peu de pluie, Dieu permit que la nourrice de van Baërle reçût cette lettre.

Et voici comment :

En quittant Dordrecht pour la Haye et la Haye pour Gorcum, mynher Isaac Boxtel avait abandonné non seulement sa maison, non seulement son domestique, non seulement son observatoire, non seulement ses télescopes, mais encore ses pigeons.

Le domestique, qu'on avait laissé sans gages, commença par manger le peu d'économies qu'il avait, puis ensuite il se mit à manger les pigeons.

Ce que voyant les pigeons, ils émigrèrent du toit d'Isaac Boxtel sur le toit de Cornélius van Baërle.

La nourrice était un bon cœur qui avait besoin d'aimer quelque chose. Elle se prit de bonne amitié pour les pigeons qui étaient venus lui demander l'hospitalité, et quand le domestique d'Isaac réclama pour les manger les douze ou quinze derniers comme il avait mangé les douze ou quinze premiers, elle offrit de les lui racheter, moyennant six sous de Hollande la pièce.

C'était le double de ce que valaient les pigeons; aussi le domestique accepta-t-il avec une grande joie.

La nourrice se trouva donc légitime propriétaire des pigeons de l'envieux.

C'étaient ces pigeons mêlés à d'autres qui, dans leur pérégrination, visitaient la Haye, Loewenstein, Rotterdam, allant chercher sans doute du blé d'une autre nature, du chènevis d'un autre goût.

Le hasard, ou plutôt Dieu, Dieu que nous voyons, nous, au fond de toutes choses, Dieu avait fait que Cornélius van Baërle avait pris justement un de ces pigeons-là.

Il en résulte que si l'envieux n'eût pas quitté Dordrecht pour suivre son rival à la Haye d'abord, puis ensuite à Gorcum ou à Loewestein, comme on voudra, les deux localités n'étant séparées que par la jonction du Wahal et de la Meuse, c'eût été entre ses mains et non entre celles de la nourrice que fût tombé le billet écrit par van Baërle, de sorte que le pauvre prisonnier, comme le corbeau du savetier romain, eût perdu son temps et ses peines, et qu'au lieu d'avoir à raconter les événemens variés qui, pareils à un tapis aux mille couleurs, vont se dérouler sous notre plume, nous n'eussions eu à décrire qu'une longue série de jours, pâles, tristes et sombres comme le manteau de la nuit.

Le billet tomba donc dans les mains de la nourrice de van Baërle.

Aussi vers les premiers jours de février, comme les premières heures du soir descendaient du ciel laissant derrière elles les étoiles naissantes, Cornélius entendit dans l'escalier de la tourelle une voix qui le fit tressaillir.

Il porta la main à son cœur et écouta.

C'était la voix douce et harmonieuse de Rosa.

Avouons-le, Cornélius ne fut pas si étourdi de surprise, si extravagant de joie qu'il l'eût été sans l'histoire du pigeon. Le pigeon lui avait en échange de sa lettre rapporté l'espoir sous son aile vide, et il s'attendait chaque jour, car il connaissait Rosa, à avoir, si le billet lui avait été remis, des nouvelles de son amour et de ses caïeux.

Il se leva, prêtant l'oreille, inclinant le corps du côté de la porte.

Oui, c'étaient bien les accens qui l'avaient ému si doucement à La Haye.

Mais maintenant Rosa, qui avait fait le voyage de La Haye à Loewestein; Rosa qui avait réussi, Cornélius ne savait comment, à pénétrer dans la prison; Rosa parviendrait-elle aussi heureusement à pénétrer jusqu'a prisonnier.

Tandis que Cornélius, à ce propos, échafaudait pensée sur pensée, désirs sur inquiétudes, le guichet placé à la porte de sa cellule s'ouvrit, et Rosa brillante de joie, de parure, belle surtout du chagrin qui avait pâli ses joues depuis cinq mois, Rosa colla sa figure au grillage de Cornélius en lui disant :

— Oh monsieur! monsieur, me voici.

Cornélius étendit les bras, regarda le ciel et poussa un cri de joie.

— Oh! Rosa, Rosa! cria-t-il.

— Silence! parlons bas, mon père me suit, dit la jeune fille.

— Votre père?

— Oui, il est là dans la cour au bas de l'escalier, il reçoit les instructions du gouverneur, il va monter.

— Les instructions du gouverneur?...

— Ecoutez, je vais tâcher de tout vous dire en deux mots : Le stathouder a une maison de campagne à une lieue de Leyde, une grande laiterie pas autre chose : c'est ma tante, sa nourrice, qui a la direction de tous les animaux qui sont renfermés dans cette métairie. Dès que j'ai reçu votre lettre, votre lettre que je n'ai pas pu lire, hélas! mais que votre nourrice m'a lue, j'ai couru chez ma tante, là je suis restée jusqu'à ce que le prince vînt à la laiterie, et quand il y vint, je lui demandai que mon père troquât ses fonctions de premier porte-clefs de la prison de la Haye contre les fonctions de geôlier à la forteresse de Loewestein. Il ne se doutait pas de mon but; s'il l'eût connu, peut-être eût-il refusé; au contraire, il accorda.

— De sorte que vous voilà.

— Comme vous voyez.

— De sorte que je vous verrai tous les jours?

— Le plus souvent que je pourrai.

— O Rosa! ma belle madone Rosa! dit Cornélius, vous m'aimez donc un peu?

— Un peu... dit-elle, oh! vous n'êtes pas assez exigeant, monsieur Cornélius.

Cornélius lui tendit passionnément les mains, mais leurs doigts seuls purent se toucher à travers le grillage.

—Voici mon père! dit la jeune fille.

Et Rosa quitta vivement la porte et s'élança vers le vieux Gryphus qui apparaissait au haut de l'escalier.

XV.

LE GUICHET.

Gryphus était suivi du molosse.

Il lui faisait faire sa ronde pour qu'à l'occasion il reconnût les prisonniers.

— Mon père, dit Rosa, c'est ici la fameuse chambre d'où M. Grotius s'est évadé; vous savez, M. Grotius?

— Oui, oui, ce coquin de Grotius; un ami de ce scélérat de Barneveldt, que j'ai vu exécuter quand j'étais enfant. Grotius! ah! ah! c'est de cette chambre qu'il s'est évadé. Eh bien, je réponds que personne ne s'en évadera après lui.

Et, en ouvrant la porte, il commença dans l'obscurité son discours au prisonnier.

Quant au chien, il alla en grognant flairer les mollets du prisonnier, comme pour lui demander de quel droit il n'était pas mort, lui qu'il avait vu sortir entre le greffier et le bourreau.

Mais la belle Rosa l'appela, et le molosse vint à elle.

— Monsieur, dit Gryphus en levant sa lanterne pour tâcher de projeter un peu de lumière autour de lui, vous voyez en moi votre nouveau geôlier. Je suis chef des porte-clefs et j'ai les chambres sous ma surveillance. Je ne suis pas méchant, mais je suis inflexible pour tout ce qui concerne la discipline.

— Mais je vous connais parfaitement, mon cher monsieur Gryphus, dit le prisonnier en entrant dans le cercle de lumière que projetait la lanterne.

— Tiens, tiens, c'est vous, monsieur van Baërle, dit Gryphus; ah! c'est vous; tiens, tiens, tiens, comme on se rencontre.

— Oui, et c'est avec un grand plaisir, mon cher monsieur Gryphus, que je vois que votre bras va à merveille, puisque c'est de ce bras que vous tenez une lanterne.

Gryphus fronça le sourcil.

— Voyez ce que c'est, dit-il, en politique on fait toujours des fautes. — Son Altesse vous a laissé la vie, je ne l'aurais pas fait moi.

— Bah! demanda Cornélius et pourquoi cela?

— Parce que vous êtes homme à conspirer de nouveau; vous autres savans, vous avez commerce avec le diable.

— Ah çà! maître Gryphus, êtes-vous mécontent de la façon dont je vous ai remis le bras, ou du prix que je vous ai demandé? dit en riant Cornélius.

— Au contraire, morbleu! au contraire! maugréa le geôlier, vous me l'avez trop bien remis le bras; il y a quelque sorcellerie là-dessous : au bout de six semaines je m'en servais comme s'il ne lui était rien arrivé. A telles enseignes que le médecin du Buytenhoff, qui sait son affaire, voulait me le casser de nouveau, pour me le remettre dans les règles, promettant que, cette fois, je serais trois mois sans pouvoir m'en servir.

— Et vous n'avez pas voulu?

— J'ai dit : Non. Tant que je pourrai faire le signe de la croix avec ce bras-là, — Gryphus était catholique, — tant que je pourrai faire le signe de la croix avec ce bras-là, je me moque du diable.

— Mais si vous vous moquez du diable, maître Gryphus, à plus forte raison devez-vous vous moquer des savans.

— Oh! les savans, les savans! s'écria Gryphus sans répondre à l'interpellation; les savans! j'aimerais mieux avoir dix militaires à garder qu'un seul savant. Les militaires, ils fument, ils boivent, ils s'enivrent; ils sont doux comme des moutons quand on leur donne de l'eau-de-vie ou du vin de la Meuse. Mais un savant, boire, fumer, s'enivrer! ah bien oui! C'est sobre, ça ne dépense rien, ça garde sa tête fraîche pour conspirer. Mais je commence par vous dire que ça ne vous sera pas facile, à vous, de conspirer. D'abord pas de livres, pas de papier, pas de grimoire. C'est avec des livres que M. Grotius s'est sauvé.

— Je vous assure, maître Gryphus, reprit van Baërle, que peut-être j'ai eu un instant l'idée de me sauver, mais que bien certainement je ne l'ai plus.

— C'est bien! c'est bien! dit Gryphus, veillez sur vous, j'en ferai autant. C'est égal, c'est égal, Son Altesse a fait une lourde faute.

— En ne me faisant pas couper la tête?... Merci, merci, maître Gryphus.

— Sans doute. Voyez si MM. de Witt ne se tiennent pas bien tranquilles maintenant.

— C'est affreux ce que vous dites là, monsieur Gryphus, dit van Baërle en se détournant pour cacher son dégoût. Vous oubliez que l'un de ces malheureux est mon ami, et l'autre... l'autre mon second père.

— Oui, mais je me souviens que l'un et l'autre sont des conspirateurs. Et puis c'est par philanthropie que je parle.

— Ah ! vraiment ! Expliquez donc un peu cela, cher monsieur Gryphus, je ne comprends pas bien.

— Oui. Si vous étiez resté sur le billot de maître Harbruck.

— Eh bien ?

— Eh bien ! vous ne souffririez plus. Tandis qu'ici je ne vous cache pas que je vais vous rendre la vie très dure.

— Merci de la promesse, maître Gryphus.

Et tandis que le prisonnier souriait ironiquement au vieux geôlier, Rosa, derrière la porte, lui répondait par un sourire plein d'angélique consolation.

Gryphus alla vers la fenêtre.

Il faisait encore assez jour pour qu'on vît sans le distinguer un horizon immense qui se perdait dans une brume grisâtre.

— Quelle vue a-t-on d'ici ? demanda le geôlier.

— Mais, fort belle, dit Cornélius, en regardant Rosa.

— Oui, oui, trop de vue, trop de vue.

En ce moment les deux pigeons, effarouchés par la vue et surtout par la voix de cet inconnu, sortirent de leur nid, et disparurent tout effarés dans le brouillard.

— Oh ! oh ! qu'est ce que cela ? demanda le geôlier.

— Mes pigeons, répondit Cornélius.

— Mes pigeons ! s'écria le geôlier, mes pigeons ! Est-ce qu'un prisonnier a quelque chose à lui ?

— Alors, dit Cornélius, les pigeons que le bon Dieu m'a prêtés ?

— Voilà déjà une contravention, répliqua Gryphus, des pigeons ! Ah ! jeune homme, jeune homme, je vous préviens d'une chose, c'est que, pas plus tard que demain, ces oiseaux bouilliront dans ma marmite.

— Il faudrait d'abord que vous les tinssiez, maître Gryphus, dit van Baërle. Vous ne voulez pas que ce soit mes pigeons ? ils sont encore bien moins les vôtres ; je vous jure, qu'ils ne sont les miens.

— Ce qui est différé n'est pas perdu, maugréa le geôlier, et pas plus tard que demain, je leur tordrai le cou.

Et, tout en faisant cette méchante promesse à Cornélius, Gryphus se pencha en dehors pour examiner la structure du nid. Ce qui donna le temps à van Baërle de courir à la porte et de serrer la main de Rosa, qui lui dit :

— A neuf heures ce soir.

Gryphus, tout occupé du désir de prendre dès le lendemain les pigeons, comme il avait promis de le faire, ne vit rien, n'entendit rien, et comme il avait fermé la fenêtre, il prit sa fille par le bras, sortit, donna un double tour à la serrure, poussa les verrous, et alla faire les mêmes promesses à un autre prisonnier.

A peine eut-il disparu, que Cornélius s'approcha de la porte pour écouter le bruit décroissant des pas, puis, lorsqu'il se fut éteint, il courut à la fenêtre et démolit de fond en comble le nid des pigeons.

Il aimait mieux les chasser à tout jamais de sa présence que d'exposer à la mort les gentils messagers auxquels il devait le bonheur d'avoir revu Rosa.

Cette visite du geôlier, ses menaces brutales, la sombre perspective de sa surveillance dont il connaissait les abus, rien de tout cela ne put distraire Cornélius des douces pensées et surtout du doux espoir que la présence de Rosa venait de ressusciter dans son cœur.

Il attendit impatiemment que neuf heures sonnassent au donjon de Loewestein.

Rosa avait dit : A neuf heures, attendez-moi.

La dernière note de bronze vibrait encore dans l'air lorsque Cornélius entendit dans l'escalier le pas léger et la robe onduleuse de la belle Frisonne, et bientôt le grillage de la porte sur laquelle fixait ardemment les yeux Cornélius s'éclaira.

Le guichet venait de s'ouvrir en dehors.

— Me voici, dit Rosa encore tout essoufflée d'avoir gravi l'escalier, me voici !

— Oh ! bonne Rosa !

— Vous êtes donc content de me voir ?

— Vous le demandez ! Mais comment avez-vous fait pour venir ? dites.

— Ecoutez, mon père s'endort chaque soir presque aussitôt qu'il a soupé ; alors, je le couche un peu étourdi par le genièvre ; n'en dites rien à personne, car, grâce à ce sommeil, je pourrai chaque soir venir causer une heure avec vous.

— Oh ! je vous remercie, Rosa, chère Rosa.

Et Cornélius avança, en disant ces mots, son visage si près du guichet que Rosa retira le sien.

— Je vous ai rapporté vos caïeux de tulipe, dit-elle.

Le cœur de Cornélius bondit. Il n'avait point osé demander encore à Rosa ce qu'elle avait fait du précieux trésor qu'il lui avait confié.

— Ah ! vous les avez donc conservés !

— Ne me les aviez-vous donc pas donnés comme une chose qui vous était chère.

— Oui, mais seulement parce que je vous les avais donnés, il me semble qu'ils étaient à vous.

— Ils étaient à moi après votre mort et vous êtes vivant, par bonheur. Ah ! comme j'ai béni Son Altesse. Si Dieu accorde au prince Guillaume toutes les félicités que lui ai souhaitées, certes le roi Guillaume sera non seulement l'homme le plus heureux de son royaume, mais de toute la terre. Vous étiez vivant, dis-je, et tout en gardant la Bible de votre parrain Corneille, j'étais résolue de vous rapporter vos caïeux ; seulement je ne savais comment faire. Or je venais de prendre la résolution d'aller demander au stathouder la place de geôlier de Goreum pour mon père, lorsque la nourrice m'apporta votre lettre. Ah ! nous pleurâmes bien ensemble, je vous en réponds. Mais votre lettre ne fit que m'affermir dans ma résolution. C'est alors que je partis pour Leyde ; vous savez le reste.

— Comment, chère Rosa, reprit Cornélius, vous pensiez, avant ma lettre reçue, à venir me rejoindre ?

— Si j'y pensais ! répondit Rosa, laissant prendre à son amour le pas sur sa pudeur, mais je ne pensais qu'à cela !

Et en disant ces mots, Rosa devint si belle que, pour la seconde fois, Cornélius précipita son front et ses lèvres sur le grillage, et cela sans doute pour remercier la belle jeune fille.

Rosa se recula comme la première fois.

— En vérité, dit-elle avec cette coquetterie qui bat dans le cœur de toute jeune fille, en vérité, j'ai bien souvent regretté de ne pas savoir lire ; mais jamais autant et de la même façon que lorsque votre nourrice m'apporta votre lettre ; j'ai tenu dans ma main cette lettre qui parlait pour les autres et qui, pauvre sotte que j'étais, était muette pour moi.

— Vous avez souvent regretté de ne pas savoir lire, dit Cornélius, et à quelle occasion ?

— Dame ! fit la jeune fille en riant, pour lire toutes les lettres que l'on m'écrivait.

— Vous receviez des lettres, Rosa ?

— Par centaines.

— Mais qui vous écrivait donc ?...

— Qui m'écrivait ? Mais d'abord tous les étudians qui passaient sur le Buytenhoff, tous les officiers qui allaient à la place d'armes, tous les commis et même les marchands qui me voyaient à ma petite fenêtre.

— Et tous ces billets, chère Rosa, qu'en faisiez-vous ?

— Autrefois, répondit Rosa, je me les faisais lire par quelque amie, et cela m'amusait beaucoup ; mais depuis un certain temps, à quoi bon perdre son temps à écouter toutes ces sottises, depuis un certain temps je les brûle.

— Depuis un certain temps, s'écria Cornélius avec un regard troublé tout à la fois par l'amour et la joie.

Rosa baissa les yeux toute rougissante.

De sorte qu'elle ne vit pas s'approcher les lèvres de Cornélius qui ne rencontrèrent, hélas ! que le grillage; mais qui, malgré cet obstacle, envoyèrent jusqu'aux lèvres de la jeune fille le souffle ardent du plus tendre baiser.

A cette flamme qui brûla ses lèvres, Rosa devint aussi pâle, plus pâle peut-être qu'elle ne l'avait été au Buytenhoff, le jour de l'exécution. Elle poussa un gémissement plaintif, ferma ses beaux yeux et s'enfuit le cœur palpitant, essayant en vain de comprimer avec sa main les palpitations de son cœur.

Cornélius, demeuré seul, en fut réduit à aspirer le doux parfum des cheveux de Rosa, resté comme un captif entre le treillage.

Rosa s'était enfuie si précipitamment qu'elle avait oublié de rendre à Cornélius les trois caïeux de la tulipe noire.

XVI.

MAITRE ET ÉCOLIÈRE.

Le bonhomme Gryphus, on a pu le voir, était loin de partager la bonne volonté de sa fille pour le filleul de Corneille de Witt.

Il n'avait que cinq prisonniers à Loewestein; la tâche de gardien n'était donc pas difficile à remplir, et la geôle était une sorte de sinécure donnée à son âge.

Mais dans son zèle, le digne geôlier avait grandi de toute la puissance de son imagination la tâche qui lui était imposée. Pour lui Cornélius avait pris la proportion gigantesque d'un criminel de premier ordre. Il était en conséquence devenu le plus dangereux de ses prisonniers. Il surveillait chacun de ses démarches, ne l'abordait qu'avec un visage courroucé, lui faisant porter la peine de ce qu'il appelait son effroyable rébellion contre le clément stathouder.

Il entrait trois fois par jour dans la chambre de van Baërle, croyant le surprendre en faute, mais Cornélius avait renoncé aux correspondances depuis qu'il avait sa correspondante sous la main. Il était même probable que Cornélius, eût-il obtenu sa liberté entière et permission complète de se retirer partout où il eût voulu, le domicile de la prison avec Rosa et ses caïeux lui eût paru préférable à tout autre domicile sans ses caïeux et sans Rosa.

C'est qu'en effet chaque soir à neuf heures Rosa avait promis de venir causer avec le cher prisonnier, et dès le premier soir, Rosa, nous l'avons vu, avait tenu parole.

Le lendemain, elle monta comme la veille, avec le même mystère et les mêmes précautions. Seulement elle s'était promis à elle-même de ne pas trop approcher sa figure du grillage. D'ailleurs, pour entrer du premier coup dans une conversation qui pût occuper sérieusement van Baërle, elle commença par lui tendre à travers le grillage ses trois caïeux toujours enveloppés dans le même papier.

Mais, au grand étonnement de Rosa, van Baërle repoussa sa blanche main du bout de ses doigts.

Le jeune homme avait réfléchi.

— Ecoutez-moi, dit-il, nous risquerions trop, je crois, de mettre toute notre fortune dans le même sac. Songez qu'il s'agit, ma chère Rosa, d'accomplir une entreprise que l'on regarde jusqu'aujourd'hui comme impossible. Il s'agit de faire fleurir la grande tulipe noire. Prenons donc toutes nos précautions, afin, si nous échouons, de n'avoir rien à nous reprocher. Voici comment j'ai calculé que nous parviendrions à notre but.

Rosa prêta toute son attention à ce qu'allait lui dire le prisonnier, et cela plus pour l'importance qu'y attachait le malheureux tulipier que pour l'importance qu'elle y attachait elle-même.

— Voici, continua Cornélius, comment j'ai calculé notre commune coopération à cette grande affaire.

— J'écoute, dit Rosa.

— Vous avez bien dans cette forteresse un petit jardin, à défaut de jardin une cour quelconque, à défaut de cour une terrasse.

— Nous avons un très beau jardin, dit Rosa, il s'étend le long du Wahal et est plein de beaux vieux arbres.

— Pouvez-vous, chère Rosa, m'apporter un peu de la terre de ce jardin afin que j'en juge.

— Dès demain.

— Vous en prendrez à l'ombre et au soleil afin que je juge de ses deux qualités sous les deux conditions de sécheresse et d'humidité.

— Soyez tranquille.

— La terre choisie par moi et modifiée s'il est besoin, nous ferons trois parts de nos trois caïeux, vous en prendrez un que vous planterez le jour que je vous dirai dans la terre choisie par moi; il fleurira certainement si vous le soignez selon mes indications.

— Je ne m'en éloignerai pas une seconde.

— Vous m'en donnerez un autre que j'essaierai d'élever ici dans ma chambre, ce qui m'aidera à passer ces longues journées pendant lesquelles je ne vous vois pas. J'ai peu d'espoir, je vous l'avoue, pour celui-là et, d'avance, je regarde ce malheureux comme sacrifié à mon égoïsme. Cependant le soleil me visite quelquefois. Je tirerai artificieusement parti de tout, même de la chaleur et de la cendre de ma pipe. Enfin nous tiendrons, ou plutôt vous tiendrez en réserve le troisième caïeu, notre dernière ressource pour le cas où nos deux premières expériences auraient manqué. De cette manière, ma chère Rosa, il est impossible que nous n'arrivions pas à gagner les cent mille florins de notre dot et à nous procurer le suprême bonheur de voir réussir notre œuvre.

— J'ai compris, dit Rosa. Je vous apporterai demain de la terre, vous choisirez la mienne et la vôtre. Quant à la vôtre, il me faudra plusieurs voyages, car je ne pourrai vous en apporter que peu à la fois.

— Oh ! nous ne sommes pas pressés, chère Rosa; nos tulipes ne doivent pas être enterrées avant un grand mois. Ainsi vous voyez que nous avons tout le temps; seulement, pour planter votre caïeu, vous suivrez toutes mes instructions, n'est-ce pas ?

— Je vous le promets.

— Et une fois planté, vous me ferez part de toutes les circonstances qui pourront intéresser notre élève, tels que changemens atmosphériques, traces dans les allées, traces sur les plates-bandes. Vous écouterez la nuit si notre jardin n'est pas fréquenté par des chats. Deux de ces malheureux animaux m'ont, à Dordrecht, ravagé deux plates-bandes.

— J'écouterai.

— Les jours de lune... Avez-vous vue sur le jardin, chère enfant ?

— La fenêtre de ma chambre à coucher y donne.

— Bon. Les jours de lune, vous regarderez si des trous du mur ne sortent point des rats. Les rats sont des rongeurs fort à craindre, et j'ai vu de malheureux tulipiers reprocher bien amèrement à Noé d'avoir mis une paire de rats dans l'arche.

— Je regarderai, et s'il y a des chats ou des rats....

— Eh bien ! il faudra aviser. Ensuite, continua van Baërle, devenu soupçonneux depuis qu'il était en prison; ensuite, il y a un animal bien plus à craindre encore que le chat et le rat !

— Et quel est cet animal ?

— C'est l'homme ! Vous comprenez, chère Rosa, on vole un florin, et l'on risque le bagne pour une pareille misère, à plus forte raison peut-on voler un caïeu de tulipe qui vaut cent mille florins.

— Personne que moi n'entrera dans le jardin.

— Vous me le promettez ?

— Je vous le jure !

— Bien, Rosa ! merci, chère Rosa ! oh! toute joie va donc me venir de vous!

Et, comme les lèvres de van Baërle se rapprochaient du grillage avec la même ardeur que la veille, et que, d'ailleurs, l'heure de la retraite était arrivée, Rosa éloigna la tête et allongea la main.

Dans cette jolie main, dont la coquette jeune fille avait un soin tout particulier, était le caïeu.

Cornélius baisa passionnément le bout des doigts de cette main. Etait-ce parce que cette main tenait un des caïeux de la grande tulipe noire ? Etait-ce parce que cette main était la main de Rosa ?

C'est ce que nous laissons deviner à de plus savans que nous.

Rosa se retira donc avec les deux autres caïeux, les serrant contre sa poitrine.

Les serrait-elle contre sa poitrine parce que c'étaient les caïeux de la grande tulipe noire, ou parce que les caïeux lui venaient de Cornélius van Baërle ?

Ce point, nous le croyons, serait plus facile à préciser que l'autre.

Quoi qu'il en soit, à partir de ce moment, la vie devint douce et remplie pour le prisonnier.

Rosa, on l'a vu, lui avait remis un des caïeux.

Chaque soir elle lui apportait poignée à poignée la terre de la portion du jardin qu'il avait trouvée la meilleure et qui en effet était excellente.

Une large cruche que Cornélius avait cassée habilement lui donna un fonds propice, il l'emplit à moitié et mélangea la terre apportée par Rosa d'un peu de boue de rivière qu'il fit sécher et qui lui fournit un excellent terreau.

Puis, vers le commencement d'avril il y déposa le premier caïeu.

Dire ce que Cornélius déploya de soins, d'habileté et de ruse pour dérober à la surveillance de Gryphus la joie de ses travaux, nous n'y parviendrions pas. Une demi-heure, c'est un siècle de sensations et de pensée pour un prisonnier philosophe.

Il ne se passait point de jour que Rosa ne vînt causer avec Cornélius.

Les tulipes, dont Rosa faisait un cours complet, fournissaient le fond de la conversation; mais si intéressant que soit ce sujet, on ne peut pas toujours parler tulipes.

Alors on parlait d'autre chose, et à son grand étonnement le tulipier s'apercevait de l'extension immense que pouvait prendre le cercle de la conversation.

Seulement Rosa avait pris une habitude : elle tenait son beau visage invariablement à six pouces du guichet, car la belle Frisonne était sans doute défiante d'elle-même, depuis qu'elle avait senti à travers le grillage combien le souffle d'un prisonnier peut brûler le cœur d'une jeune fille.

Il y a une chose surtout qui inquiétait à cette heure le tulipier presque autant que ses caïeux, et sur laquelle il revenait sans cesse.

C'était la dépendance où était Rosa de son père.

Ainsi la vie de van Baërle le docteur savant, le peintre pittoresque, l'homme supérieur, — de van Baërle qui le premier avait, selon toute probabilité, découvert ce chef-d'œuvre de la création que l'on appellerait, comme la chose était arrêtée d'avance, *Rosa Barlensis*, la vie, bien mieux que la vie, le bonheur de cet homme dépendait du plus simple caprice d'un autre homme, et cet homme c'était un être d'un esprit inférieur, d'une caste infime; c'était un geôlier, quelque chose de moins intelligent que la serrure qu'il fermait, de plus dur que le verrou qu'il tirait. C'était quelque chose du Caliban de *la Tempête*, un passage entre l'homme et la brute.

Eh bien, le bonheur de Cornélius dépendait de cet homme; cet homme pouvait un beau matin s'ennuyer à Loewestein, trouver que l'air y était mauvais, que le genièvre n'y était pas bon, et quitter la forteresse et emmener sa fille, — et encore une fois Cornélius et Rosa étaient séparés. Dieu, qui se lasse de faire trop pour ses créatures, finirait peut-être alors par ne plus les réunir.

— Et alors à quoi bon les pigeons voyageurs, disait Cornélius à la jeune fille; puisque, chère Rosa, vous ne saurez ni lire ce que je vous écrirai, ni m'écrire ce que vous aurez pensé.

— Eh bien, répondait Rosa, qui au fond du cœur craignait la séparation autant que Cornélius, nous avons une heure tous les soirs, employons-la bien.

— Mais il me semble, reprit Cornélius, que nous ne l'employons pas mal.

— Employons-la mieux encore, dit Rosa en souriant. Montrez-moi à lire et à écrire; je profiterai de vos leçons, croyez-moi, et de cette façon nous ne serons plus jamais séparés que par notre volonté à nous-mêmes.

— Oh ! alors, s'écria Cornélius, nous avons l'éternité devant nous.

Rosa sourit et haussa doucement les épaules.

— Est-ce que vous resterez toujours en prison ? répondit-elle. Est-ce qu'après vous avoir donné la vie, Son Altesse ne vous donnera pas la liberté ? Est-ce qu'alors vous ne rentrerez pas dans vos biens ? Est-ce que vous ne serez point riche ? Est-ce qu'une fois libre et riche, vous daignerez regarder, quand vous passerez à cheval ou en carrosse, la petite Rosa, une fille de geôlier, presque une fille de bourreau ?

Cornélius voulut protester, et certes il l'eût fait de tout son cœur et dans la sincérité d'une âme remplie d'amour.

La jeune fille l'interrompit.

— Comment va votre tulipe ? demanda-t-elle en souriant.

Parler à Cornélius de sa tulipe, c'était un moyen pour Rosa de tout faire oublier à Cornélius, même Rosa.

— Mais assez bien, dit-il; la pellicule noircit, le travail de la fermentation a commencé, les veines du caïeu s'échauffent et grossissent; d'ici à huit jours, avant peut-être, on pourra distinguer les premières protubérances de la germinaison. Et la vôtre, Rosa ?

— Oh! moi, j'ai fait les choses en grand et d'après vos indications.

— Voyons, Rosa, qu'avez-vous fait? dit Cornélius, les yeux presque aussi ardens, l'haleine presque aussi haletante que le soir où ces yeux avaient brûlé le visage et cette haleine le cœur de Rosa.

— J'ai, dit en souriant la jeune fille, car au fond du cœur elle ne pouvait s'empêcher d'étudier ce double amour du prisonnier pour elle et pour la tulipe noire; j'ai fait les choses en grand : je me suis préparé dans un carré nu, loin des arbres et des murs, dans une terre légèrement sablonneuse, plutôt humide que sèche, sans un grain de pierre, sans un caillou, je me suis disposé une plate-bande comme vous me l'avez décrite.

— Bien, bien, Rosa.

— Le terrain préparé de la sorte n'attend plus que votre avertissement. Au premier beau jour vous me direz de planter mon caïeu et je le planterai; vous savez que je dois tarder sur vous, moi qui ai toutes les chances du bon air, du soleil et de l'abondance des sucs terrestres.

— C'est vrai, c'est vrai, s'écria Cornélius en frappant avec joie ses mains, et vous êtes une bonne écolière, Rosa, et vous gagnerez certainement vos cent mille florins.

— N'oubliez pas, dit en riant Rosa, que votre écolière, puisque vous m'appelez ainsi, a encore autre chose à apprendre que la culture des tulipes.

— Oui, oui, et je suis aussi intéressé que vous, belle Rosa, à ce que vous sachiez lire.

— Quand commencerons-nous ?

— Tout de suite.

— Non, demain.

— Pourquoi demain ?

— Parce qu'aujourd'hui notre heure est écoulée et qu'il faut que je vous quitte.

— Déjà ! mais dans quoi lirons-nous ?

— Oh ! dit Rosa, j'ai un livre, un livre qui, je l'espère, nous portera bonheur.

— A demain donc?

— A demain.

Le lendemain Rosa revint avec la bible de Corneille de Witt.

XVII.

PREMIER CAÏEU.

Le lendemain, avons-nous dit, Rosa revint avec la bible de Corneille de Witt.

Alors commença entre le maître et l'écolière une de ces scènes charmantes qui font la joie du romancier quand il a le bonheur de les rencontrer sous sa plume.

Le guichet, seul ouverture qui servît de communication aux deux amans, était trop élevé pour que des gens qui s'étaient jusque-là contentés de lire sur le visage l'un de l'autre tout ce qu'ils avaient à se dire pussent lire commodément sur le livre que Rosa avait apporté.

En conséquence, la jeune fille dut s'appuyer au guichet, la tête penchée, le livre à la hauteur de la lumière qu'elle tenait de la main droite, et que, pour la reposer un peu, Cornélius imagina de fixer par un mouchoir au treillis de fer. Dès lors Rosa pût suivre avec un de ses doigts sur le livre les lettres et les syllabes que lui faisait épeler Cornélius, lequel, muni d'un fétu de paille en guise d'indicateur, désignait ces lettres par le trou du grillage à son écolière attentive.

Le feu de cette lampe éclairait les riches couleurs de Rosa, son œil bleu et profond, ses tresses blondes sous le casque d'or bruni qui, ainsi que nous l'avons dit, sert de coiffure aux Frisonnes; ses doigts levés en l'air et dont le sang descendait, prenaient ce ton pâle et rose qui resplendit aux lumières et qui indique la vie mystérieuse que l'on voit circuler sous la chair.

L'intelligence de Rosa se développait rapidement sous le contact vivifiant de l'esprit de Cornélius, et quand la difficulté paraissait trop ardue, ces yeux qui plongeaient l'un dans l'autre, ces cils qui s'effleuraient, ces cheveux qui se mariaient, détachaient des étincelles électriques capables d'éclairer les ténèbres même de l'idiotisme.

Et Rosa, descendue chez elle, repassait seule dans son esprit les leçons de lecture, et en même temps dans son âme les leçons non avouées de l'amour.

Un soir elle arriva une demi-heure plus tard que de coutume.

C'était un trop grave événement qu'une demi-heure de retard pour que Cornélius ne s'informât pas avant toute chose de ce qui l'avait causé.

— Oh ! ne me grondez pas, dit la jeune fille, ce n'est point ma faute. Mon père a renoué connaissance à Loewestein avec un bonhomme qui était venu fréquemment le solliciter à la Haye pour voir la prison. C'était un bon diable ami de la bouteille, et qui racontait de joyeuses histoires, en outre un large payeur qui ne reculait pas devant un écot.

— Vous ne le connaissez pas autrement? demanda Cornélius étonné.

— Non, répondit la jeune fille, c'est depuis quinze jours environ que mon père s'est affolé de ce nouveau venu si assidu à le visiter.

— Oh ! fit Cornélius, en secouant la tête avec inquiétude, car tout nouvel événement présageait pour lui une catastrophe, quelque espion du genre de ceux que l'on envoie dans les forteresses pour surveiller ensemble prisonniers et gardiens.

— Je ne crois pas, fit Rosa en souriant, si ce brave homme épie quelqu'un, ce n'est pas mon père.

— Qui est-ce alors ?

— Moi, par exemple.

— Vous?

— Pourquoi pas ? dit en riant Rosa.

— Ah ! c'est vrai, fit Cornélius en soupirant, vous n'aurez pas toujours en vain des prétendans, Rosa, cet homme peut devenir votre mari.

— Je ne dis pas non.

— Et sur quoi fondez-vous cette joie ?

— Dites cette crainte, monsieur Cornélius.

— Merci, Rosa, car vous avez raison ; cette crainte...

— Je la fonde sur ceci :

— J'écoute, dites.

— Cet homme était déjà venu plusieurs fois au Buytenhoff, à la Haye ; tenez, juste au moment où vous y fûtes enfermé. Moi sortie, il en sortit à son tour ; moi venue ici, il y vint. A la Haye il prenait pour prétexte qu'il voulait vous voir.

— Me voir, moi ?

— Oh ! prétexte, assurément, car aujourd'hui qu'il pourrait encore faire valoir la même raison puisque vous êtes redevenu le prisonnier de mon père, ou plutôt que mon père est redevenu votre geôlier, il ne se recommande plus de vous, bien au contraire. Je l'entendais hier dire à mon père qu'il ne vous connaissait pas.

— Continuez, Rosa, je vous prie, que je tâche de deviner quel est cet homme et ce qu'il veut.

— Vous êtes sûr, monsieur Cornélius, que nul de vos amis ne se peut intéresser à vous.

— Je n'ai pas d'amis, Rosa, je n'avais que ma nourrice, vous la connaissez et elle vous connaît. Hélas ! cette pauvre Zug, elle viendrait elle-même et ne ruserait pas et dirait en pleurant à votre père ou à vous : — Cher monsieur ou chère demoiselle, mon enfant est ici, voyez comme je suis désespérée, laissez-moi le voir une heure seulement et je prierai Dieu toute ma vie pour vous. — Oh ! non, continua Cornélius, oh ! non, à part ma bonne Zug, non je n'ai pas d'amis.

— J'en reviens donc à ce que je pensais, d'autant mieux qu'hier, au coucher du soleil, comme j'arrangeais la plate-bande où je dois planter votre caïeu, je vis une ombre qui, par la porte entr'ouverte, se glissait derrière les sureaux et les trembles. Je n'eus pas l'air de regarder, c'était notre homme. Il se cacha, me vit remuer la terre, et, certes, c'était bien moi qu'il avait suivie, c'était bien moi qu'il épiait. Je ne donnai pas un coup de râteau, je ne touchai pas un atome de terre qu'il ne s'en rendît compte.

— Oh ! oui, oui, c'est un amoureux, dit Cornélius. Est-il jeune, est-il beau ?

Et il regarda avidement Rosa, attendant impatiemment sa réponse.

— Jeune, beau ? s'écria Rosa éclatant de rire. Il est hideux de visage, il a le corps voûté, il approche de cinquante ans, et n'ose me regarder en face ni parler haut.

— Et il s'appelle ?

— Jacob Gisels.

— Je ne le connais pas.

— Vous voyez bien, alors, que ce n'est pas pour vous qu'il vient.

— En tout cas, s'il vous aime, Rosa, ce qui est bien probable, car vous voir c'est vous aimer, vous ne l'aimez pas, vous ?

— Oh ! non certes !

— Vous voulez que je me tranquillise, alors ?

— Je vous y engage.

— Eh bien ! maintenant que vous commencez à savoir lire, Rosa, vous lirez tout ce que je vous écrirai, n'est-ce pas, sur les tourmens de la jalousie et sur ceux de l'absence ?

— Je lirai si vous écrivez bien gros.

Puis, comme la tournure que prenait la conversation commençait à inquiéter Rosa :

— A propos, dit-elle, comment se porte votre tulipe, à vous ?

— Rosa, jugez de ma joie : ce matin je la regardais au

soleil, après avoir écarté doucement la couche de terre qui couvre le caïeu, j'ai vu poindre l'aiguillon de la première pousse; ah! Rosa, mon cœur s'est fondu de joie, cet imperceptible bourgeon blanchâtre, qu'une aile de mouche écorcherait en l'effleurant, ce soupçon d'existence qui se révèle par un insaisissable témoignage, m'a plus ému que la lecture de cet ordre de son altesse, qui me rendait la vie en arrêtant la hache du bourreau, sur l'échafaud du Buytenhoff.

— Vous espérez, alors? dit Rosa en souriant.

— Oh! oui, j'espère!

— Et moi, à mon tour, quand planterais-je mon caïeu?

— Au premier jour favorable, je vous le dirai; mais surtout, n'allez point vous faire aider par personne, surtout ne confiez votre secret à qui que ce soit au monde; un amateur, voyez-vous, serait capable, rien qu'à l'inspection de ce caïeu, de reconnaître sa valeur; et surtout, surtout, ma bien chère Rosa, serrez précieusement le troisième oignon qui vous reste.

— Il est encore dans le même papier où vous l'avez mis et tel que vous me l'avez donné, monsieur Cornélius, enfoui tout au fond de mon armoire et sous mes dentelles qui le tiennent au sec sans le charger. Mais, adieu, pauvre prisonnier.

— Comment, déjà?

— Il le faut.

— Venir si tard et partir si tôt.

— Mon père pourrait s'impatienter en ne me voyant pas revenir; l'amoureux pourrait se douter qu'il a un rival.

Et elle écouta inquiète.

— Qu'avez-vous donc? demanda van Baërle.

— Il m'a semblé entendre.

— Quoi donc?

— Quelque chose comme un pas qui craquait dans l'escalier.

— En effet, dit le prisonnier, ce ne peut être Gryphus, on l'entend de loin, lui.

— Non, ce n'est pas mon père, j'en suis sûre, mais...

— Mais...

— Mais ce pourrait être M. Jacob.

Rosa s'élança dans l'escalier, et l'on entendit en effet une porte qui se fermait rapidement avant que la jeune fille n'eût descendu les dix premières marches.

Cornélius demeura fort inquiet, mais ce n'était pour lui qu'un prélude.

Quand la fatalité commence d'accomplir une œuvre mauvaise, il est rare qu'elle ne prévienne pas charitablement sa victime, comme un spadassin fait à son adversaire pour lui donner le loisir de se mettre en garde.

Presque toujours, ces avis qui émanent de l'instinct de l'homme ou de la complicité des objets inanimés, souvent moins inanimés qu'on ne le croit généralement; presque toujours, disons-nous, ces avis sont négligés. Le coup a sifflé en l'air, et il retombe sur une tête que ce sifflement eût dû avertir, et qui, avertie, a dû se prémunir.

Le lendemain se passa sans que rien de marquant eût lieu. Gryphus fit ses trois visites. Il ne découvrit rien. Quand il entendait venir son geôlier,— et dans l'espérance de surprendre les secrets de son prisonnier, Gryphus ne venait jamais aux mêmes heures,—quand il entendait venir son geôlier, van Baërle, à l'aide d'une mécaniq ue qu'il avait inventée, et qui ressemblait à celles à l'aide desquelles on monte et descend les sacs de blés dans les fermes, van Baërle avait imaginé de descendre sa cruche au-dessous de l'entablement de tuiles d'abord, et ensuite de pierres qui régnait au-dessous de sa fenêtre. Quant aux ficelles à l'aide desquelles le mouvement 'opérait, notre mécanicien avait trouvé un moyen de les cacher avec les mousses qui végètent sur les tuiles et dans le creux des pierres.

Gryphus n'y devinait rien.

Ce manége réussit pendant huit jours.

Mais un matin que Cornélius, absorbé dans la contemplation de son caïeu, d'où s'élançait déjà un point de végétation, n'avait pas entendu monter le vieux Gryphus,— il faisait grand vent ce jour-là, et tout craquait dans la tourelle, —la porte s'ouvrit tout à coup, et Cornélius fut surpris sa cruche entre ses genoux.

Gryphus, voyant un objet inconnu, et par conséquent défendu, aux mains de son prisonnier, Gryphus fondit sur cet objet avec plus de rapidité que ne fait le faucon sur sa proie.

Le hasard ou cette adresse fatale que le mauvais esprit accorde parfois aux êtres malfaisans, fit que sa grosse main calleuse se posa tout d'abord au beau milieu de la cruche, sur la portion de terreau dépositaire du précieux oignon, cette main brisée au-dessus du poignet et que Cornélius van Baërle lui avait bien si remise.

— Qu'avez-vous là? s'écria-t-il. Ah! je vous y prends!

Et il enfonça sa main dans la terre.

— Moi? Rien, rien! s'écria Cornélius tout tremblant.

— Ah! je vous y prends! Une cruche, de la terre! il y a quelque secret coupable caché là-dessous!

— Cher monsieur Gryphus! supplia van Baërle, inquiet comme la perdrix à qui le moissonneur vient de prendre sa couvée.

En effet, Gryphus commençait à creuser la terre avec ses doigts crochus.

— Monsieur, monsieur! prenez garde! dit Cornélius pâlissant.

— A quoi? mordieu! à quoi? hurla le geôlier.

— Prenez garde! vous dis-je; vous allez le meurtrir!

Et d'un mouvement rapide, presque désespéré, il arracha des mains du geôlier la cruche, qu'il cacha comme un trésor sous le rempart de ses deux bras.

Mais Gryphus, entêté comme un vieillard, et de plus en plus convaincu qu'il venait de découvrir une conspiration contre le prince d'Orange, Gryphus courut sur son prisonnier le bâton levé, et voyant l'impassible résolution du captif à protéger son pot de fleurs, il sentit que Cornélius tremblait bien moins pour sa tête que pour sa cruche.

Il chercha donc à la lui arracher de vive force.

— Ah! disait le geôlier furieux, vous voyez bien que vous vous révoltez.

— Laissez-moi ma tulipe! criait van Baërle.

— Oui, oui, tulipe, répliquait le vieillard. On connaît les ruses de MM. les prisonniers.

— Mais je vous jure.

— Lâchez, répétait Gryphus en frappant du pied. Lâchez, ou j'appelle la garde.

— Appelez qui vous voudrez, mais vous n'aurez cette pauvre fleur qu'avec ma vie.

Gryphus, exaspéré, enfonça ses doigts pour la seconde fois dans la terre, et cette fois en tira le caïeu tout noir; et tandis que van Baërle était heureux d'avoir sauvé le contenant ne s'imaginant pas que son adversaire possédât le contenu, Gryphus lança violemment le caïeu amolli qui s'écrasa sur la dalle, et disparut presque aussitôt broyé, mis en bouillie, sous le large soulier du geôlier.

Van Baërle vit le meurtre, entrevit les débris humides, comprit cette joie féroce de Gryphus et poussa un cri de désespoir qui eût attendri ce geôlier assassin qui, quelques années plus tôt, avait tué l'araignée de Pélisson.

L'idée d'assommer ce méchant homme passa comme un éclair dans le cerveau du tulipier. Le feu et le sang tout ensemble lui montèrent au front, l'aveuglèrent, et il leva de ses deux mains la cruche lourde de toute l'inutile terre qui y restait. Un instant de plus, et il la laissait retomber sur le crâne chauve du vieux Gryphus.

Un cri l'arrêta, un cri plein de larmes et d'angoisses le cri que poussa derrière le grillage du guichet la pauvre Rosa pâle, tremblante, les bras levés au ciel, et placée entre son père et son ami.

Cornélius abandonna la cruche qui se brisa en mille pièces avec un fracas épouvantable.

Et alors Gryphus comprit le danger qu'il venait de courir et s'emporta à de terribles menaces.

— Oh! il faut, lui dit Cornélius, que vous soyez un homme bien lâche et bien manant pour arracher à un pauvre prisonnier sa seule consolation, un oignon de tulipe.

— Fi! mon père, ajouta Rosa, c'est un crime que vous venez de commettre.

— Ah! c'est vous péronnelle, s'écria en se retournant vers sa fille le vieillard bouillant de colère, mêlez-vous de ce qui vous regarde, et surtout descendez au plus vite.

—Malheureux! malheureux! continuait Cornélius au désespoir.

— Après tout, ce n'est qu'une tulipe, ajouta Gryphus un peu honteux. On vous en donnera tant que vous voudrez des tulipes, j'en ai trois cents dans mon grenier.

— Au diable vos tulipes! s'écria Cornélius. Elles vous valent et vous les valez. Oh! cent milliards de millions! si je les avais je les donnerais pour celle que vous avez écrasée là.

— Ah! fit Gryphus triomphant. Vous voyez bien que ce n'est pas à la tulipe que vous teniez. Vous voyez bien qu'il y avait dans ce faux oignon quelques sorcelleries, un moyen de correspondance peut-être avec les ennemis de Son Altesse, qui vous a fait grâce. Je le disais bien, qu'on avait eu tort de ne pas vous couper le cou.

— Mon père! mon père! s'écriait Rosa.

— Eh bien! tant mieux! tant mieux! répétait Gryphus en s'animant, je l'ai détruit, je l'ai détruit. Il en sera de même chaque fois que vous recommencerez! Ah! je vous avais prévenu, mon bel ami, que je vous rendrais la vie dure.

— Maudit! maudit! hurla Cornélius tout à son désespoir en retournant avec ses doigts tremblans les derniers vestiges du caïeu, cadavre de tant de joie et de tant d'espérances.

— Nous planterons l'autre demain, cher monsieur Cornélius, dit à voix basse Rosa, qui comprenait l'immense douleur du tulipier et qui jeta, cœur saint, cette douce parole comme une goutte de baume sur la blessure saignante de Cornélius.

XVIII.

L'AMOUREUX DE ROSA.

Rosa avait à peine jeté ces paroles de consolation à Cornélius que l'on entendit dans l'escalier une voix qui demandait à Gryphus des nouvelles de ce qui se passait.

— Mon père, dit Rosa, entendez-vous?

— Quoi?

— M. Jacob vous appelle. Il est inquiet.

— On a fait tant de bruit, fit Gryphus. N'eût-on pas dit qu'il m'assassinait, ce savant. Ah! que de mal on a toujours avec les savans.

Puis, indiquant du doigt l'escalier à Rosa:

— Marchez devant, mademoiselle! dit-il.

Et, fermant la porte:

— Je vous rejoins, ami Jacob, acheva-t-il.

Et Gryphus sortit emmenant Rosa et laissant dans sa solitude et dans sa douleur amère le pauvre Cornélius qui murmurait:

— Oh! c'est toi qui m'as assassiné, vieux bourreau. Je n'y survivrai pas!

Et en effet le pauvre prisonnier fût tombé malade sans ce contre-poids que la Providence avait mis à sa vie et que l'on appelait Rosa.

Le soir la jeune fille revint.

Son premier mot fut pour annoncer à Cornélius que désormais son père ne s'opposait plus à ce qu'il cultivât des fleurs.

— Et comment savez-vous cela? dit d'un air dolent le prisonnier à la jeune fille.

— Je le sais parce qu'il l'a dit.

— Pour me tromper peut-être?

— Non, il se repent.

— Oh! oui, mais trop tard.

— Ce repentir ne lui est pas venu de lui-même.

— Et comment lui est-il donc venu?

— Si vous saviez combien son ami le gronde.

— Ah! M. Jacob, il ne vous quitte donc pas M. Jacob.

— En tout cas il nous quitte le moins qu'il peut.

Et elle sourit de telle façon que ce petit nuage de jalousie qui avait obscurci le front de Cornélius se dissipa.

— Comment cela s'est-il fait? demanda le prisonnier.

— Eh bien, interrogé par son ami, mon père à souper a raconté l'histoire de la tulipe ou plutôt du caïeu, et le bel exploit qu'il avait fait en l'écrasant.

Cornélius poussa un soupir qui pouvait passer pour un gémissement.

— Si vous eussiez vu en ce moment maître Jacob, continua Rosa. En vérité j'ai cru qu'il allait mettre le feu à la forteresse, ses yeux étaient deux torches ardentes, ses cheveux se hérissaient, il crispait ses poings, un instant j'ai cru qu'il voulait étrangler mon père. — Vous avez fait cela, s'écria-t-il, vous avez écrasé le caïeu? — Sans doute, fit mon père. — C'est infâme! continua-t-il, c'est odieux! c'est un crime que vous avez commis là! hurla Jacob.

Mon père resta stupéfait.

— Est-ce que vous aussi vous êtes fou? demanda-t-il à son ami.

— Oh! digne homme que ce Jacob, murmura Cornélius c'est un honnête cœur, une âme d'élite.

— Le fait est qu'il est impossible de traiter un homme plus durement qu'il n'a traité mon père, ajouta Rosa; c'était de sa part un véritable désespoir, il répétait sans cesse

— Écrasé, le caïeu écrasé; oh! mon Dieu, mon Dieu, écrasé!

Puis, se tournant vers moi:

— Mais ce n'était pas le seul qu'il eût? demanda-t-il.

— Il a demandé cela? fit Cornélius, dressant l'oreille.

— Vous croyez que ce n'était pas le seul, dit mon père. Bon, l'on cherchera les autres.

— Vous chercherez les autres, s'écria Jacob en prenant mon père au collet, mais aussitôt il le lâcha.

Puis, se tournant vers moi:

— Et qu'a dit le pauvre jeune homme? demanda-t-il.

— Je ne savais que répondre, vous m'aviez bien recommandé de ne jamais laisser soupçonner l'intérêt que vous portiez à ce caïeu. Heureusement mon père me tira d'embarras.

— Ce qu'il a dit? il s'est mis à écumer.

Je l'interrompis.

— Comment n'aurait-il pas été furieux, lui dis-je, vous avez été si injuste et si brutal.

— Ah çà! mais êtes-vous fou? s'écria mon père à son tour, le beau malheur d'écraser un oignon de tulipe; on en a des centaines pour un florin au marché de Gorcum.

— Mais peut être moins précieux que celui-ci, eus-je le malheur de répondre.

— Et à ces mots, lui, Jacob, demanda Cornélius.

A ces mots, je dois le dire, il me sembla que son œil lançait un éclair.

— Oui, fit Cornélius, mais ce ne fut pas tout; il dit quelque chose.

— Ainsi, belle Rosa, dit-il d'une voix mielleuse, vous croyez cet oignon précieux.

Je vis que j'avais fait une faute.

— Que sais-je, moi? répondis-je négligemment, est-ce que je me connais en tulipes? Je sais seulement, hélas! puisque nous sommes condamnés à vivre avec les prisonniers, — je sais que pour le prisonnier tout passe-temps a son prix. Ce pauvre M. Van Baërle s'amusait de cet oignon. Eh bien! je dis qu'il y a de la cruauté à lui enlever cet amusement.

— Mais d'abord, fit mon père, comment s'était-il procuré cet oignon ? Voilà ce qu'il serait bon de savoir, ce me semble.

Je détournai les yeux pour éviter le regard de mon père. Mais je rencontrai les yeux de Jacob.

On eût dit qu'il voulait poursuivre ma pensée jusqu'au fond de mon cœur.

Un mouvement d'humeur dispense souvent d'une réponse. Je haussai les épaules, tournai le dos et m'avançai vers la porte.

Mais je fus arrêtée par un mot que j'entendis, si bas qu'il fût prononcé.

Jacob disait à mon père:

— Ce n'est pas chose difficile que de s'en assurer, parbleu.

— Comment cela?

— C'est de le fouiller, et s'il a les autres caïeux nous les trouverons.

— Oui, ordinairement, il y en a trois.

— Il y en a trois! s'écria Cornélius. Il a dit que j'avais trois caïeux!

— Vous comprenez, le mot m'a frappée comme vous. Je me retournai.

Ils étaient si occupés tous deux qu'ils ne virent pas mon mouvement.

— Mais, dit mon père, il ne les a peut-être pas sur lui, ses oignons.

— Alors faites-le descendre sous un prétexte quelconque, pendant ce temps je fouillerai sa chambre.

— Oh! oh! fit Cornélius. Mais c'est un scélérat que votre M. Jacob.

— J'en ai peur.

— Dites-moi, Rosa, continua Cornélius tout pensif.

— Quoi?

— Ne m'avez-vous pas raconté que le jour où vous aviez préparé votre plate-bande, cet homme vous avait suivie?

— Oui.

— Qu'il s'était glissé comme une ombre derrière les sureaux?

— Sans doute.

— Qu'il n'avait pas perdu un de vos coups de râteaux?

— Pas un.

— Rosa, fit Cornélius pâlissant.

— Eh bien!

— Ce n'était pas vous qu'il suivait.

— Qui suivait-il donc?

— Ce n'est pas de vous qu'il est amoureux.

— De qui donc, alors?

— C'était mon caïeu qu'il suivait; c'était de ma tulipe qu'il était amoureux.

— Ah! par exemple! cela pourrait bien être, s'écria Rosa.

— Voulez-vous vous en assurer?

— Et de quelle façon?

— Oh! c'est chose bien facile.

— Dites!

— Allez demain au jardin; tâchez, comme la première fois, que Jacob sache que vous y allez; tâchez, comme la première fois, qu'il vous suive; faites semblant d'enterrer le caïeu, sortez du jardin, mais regardez à travers la porte, et vous verrez ce qu'il fera.

— Bien! mais après?

— Après! comme il agira, nous agirons.

— Ah! dit Rosa, en poussant un soupir, vous aimez bien vos oignons, M. Cornélius.

— Le fait est, dit le prisonnier avec un soupir, que depuis que votre père a écrasé ce malheureux caïeu, il me semble qu'une portion de ma vie s'est paralysée.

— Voyons! dit Rosa, voulez-vous essayer autre chose encore?

— Quoi!

— Voulez-vous accepter la proposition de mon père?

— Quelle proposition!

— Il vous a offert des oignons de tulipes par centaines?

— C'est vrai.

— Acceptez-en deux ou trois, et au milieu de ces deux ou trois oignons, vous pourrez élever le troisième caïeu.

— Oui, ce serait bien, dit Cornélius, le sourcil froncé, si votre père était seul; mais cet autre, ce Jacob, qui nous épie.

— Ah! c'est vrai; cependant, réfléchissez! vous vous privez là, je le vois, d'une grande distraction.

Et elle prononça ces paroles avec un sourire qui n'était pas entièrement exempt d'ironie.

En effet, Cornélius réfléchit un instant, il était facile de voir qu'il luttait contre un grand désir.

— Eh bien, non! s'écria-t-il avec un stoïcisme tout antique, non! ce serait une faiblesse, ce serait une folie, ce serait une lâcheté! si je livrais ainsi à toutes les mauvaises chances de la colère et de l'envie la dernière ressource qui nous reste, je serais un homme indigne de pardon. Non! Rosa, non! demain nous prendrons une résolution à l'endroit de votre tulipe; vous la cultiverez selon mes instructions; et quant au troisième caïeu, — Cornélius soupira profondément, — quant au troisième, gardez-le dans votre armoire! gardez-le comme l'avare garde sa première ou sa dernière pièce d'or, comme la mère garde son fils, comme le blessé garde sa suprême goutte de sang de ses veines; gardez-le, Rosa! quelque chose me dit que là est notre salut, que là est notre richesse! gardez-le! et si le feu du ciel tombait sur Loevestein, jurez-moi, Rosa, qu'au lieu de vos bagues, qu'au lieu de vos bijoux, qu'au lieu de ce beau casque d'or qui encadre si bien votre visage, jurez-moi, Rosa, que vous emporterez ce dernier caïeu qui renferme ma tulipe noire.

— Soyez tranquille, monsieur Cornélius, dit Rosa avec un doux mélange de tristesse et de solennité; soyez tranquille, vos désirs sont des ordres pour moi.

— Et même, continua le jeune homme s'enfiévrant de plus en plus; — si vous vous aperceviez que vous êtes suivie, que vos démarches sont épiées, que vos conversations éveillent les soupçons de votre père ou de cet affreux Jacob que je déteste; eh bien! Rosa, sacrifiez-moi tout de suite, moi, qui ne vis plus que par vous, qui n'ai plus que vous au monde, sacrifiez-moi, — ne me voyez plus.

Rosa sentit son cœur se serrer dans sa poitrine; des larmes jaillirent jusqu'à ses yeux.

— Hélas! dit-elle.

— Quoi? demanda Cornélius.

— Je vois une chose.

— Que voyez-vous?

— Je vois, dit la jeune fille éclatant en sanglots; je vois que vous aimez tant les tulipes, qu'il n'y a plus place dans votre cœur pour une autre affection.

Et elle s'enfuit.

Cornélius passa ce soir-là et après le départ de la jeune fille une des plus mauvaises nuits qu'il eût jamais passées.

Rosa était courroucée contre lui, et elle avait raison. Elle ne reviendrait plus voir le prisonnier peut-être, et il n'aurait plus de nouvelles, ni de Rosa ni de ses tulipes.

Maintenant, comment allons-nous expliquer ce bizarre caractère aux tulipiers parfaits tels qu'il en existe encore en ce monde.

Nous l'avouons à la honte de notre héros et de l'horticulture, de ses deux amours, celui que Cornélius se sentit le plus enclin à regretter, ce fut l'amour de Rosa, et lorsque vers trois heures du matin il s'endormit harassé de fatigue, harcelé de craintes, bourrelé de remords, la grande tulipe noire céda le premier rang, dans les rêves, aux yeux bleus si doux de la Frisonne blonde.

XIX.

FEMME ET FLEUR.

Mais la pauvre Rosa, enfermée dans sa chambre, ne pouvait savoir à qui ou à quoi rêvait Cornélius.

Il en résultait que, d'après ce qu'il lui avait dit, Rosa était bien plus encline à croire qu'il rêvait à sa tulipe qu'à elle, et cependant Rosa se trompait.

Mais comme personne n'était là pour dire à Rosa qu'elle se trompait, comme les paroles imprudentes de Cornélius étaient tombées sur son âme comme des gouttes de poison, Rosa ne rêvait pas, elle pleurait.

En effet, comme Rosa était une créature d'esprit élevé, d'un sens droit et profond, Rosa se rendait justice, non point quant à ses qualités morales et physiques, mais quant à sa position sociale.

Cornélius était savant, Cornélius était riche, ou du moins l'avait été avant la confiscation de ses biens; Cornélius était de cette bourgeoisie de commerce, plus fière de ses enseignes de boutique tracées, formées en blason, que ne l'a jamais été la noblesse de race de ses armoiries héréditaires. Cornélius pouvait donc trouver Rosa bonne pour une distraction, mais à coup sûr quand il s'agirait d'engager son cœur, ce serait plutôt à une tulipe, c'est-à-dire à la plus noble et à la plus fière des fleurs qu'il l'engagerait, qu'à Rosa, humble fille d'un geôlier.

Rosa comprenait donc cette préférence que Cornélius donnait à la tulipe noire sur elle, mais elle n'en était que plus désespérée parce qu'elle comprenait.

Aussi Rosa avait-elle pris une résolution pendant cette nuit terrible, pendant cette nuit d'insomnie qu'elle avait passée.

Cette résolution, c'était de ne plus revenir au guichet.

Mais comme elle savait l'ardent désir qu'avait Cornélius d'avoir des nouvelles de sa tulipe, comme elle voulait bien ne pas s'exposer, elle, à revoir un homme pour lequel elle sentait sa pitié s'accroître à ce point qu'après avoir passé par la sympathie, cette pitié s'acheminait tout droit et à grands pas vers l'amour, mais comme elle ne voulait pas désespérer cet homme, elle résolut de poursuivre seule les leçons de lecture et d'écriture commencées, et heureusement elle était à ce point de son apprentissage qu'un maître ne lui eût plus été nécessaire si ce maître ne se fût appelé Cornélius.

Rosa se mit donc à lire avec acharnement dans la Bible du pauvre Corneille de Witt, sur la seconde feuille de laquelle, devenue la première depuis que l'autre était déchirée, sur la seconde feuille de laquelle était écrit le testament de Cornélius van Baërle.

— Ah! murmurait-elle en relisant ce testament qu'elle n'achevait jamais sans qu'une larme, perle d'amour, ne roulât de ses yeux limpides sur ses joues pâlies, ah! dans ce temps, j'ai pourtant cru un instant qu'il m'aimait.

— Pauvre Rosa! elle se trompait. Jamais l'amour du prisonnier n'avait été réel qu'arrivé au moment où nous sommes parvenus, puisque, nous l'avons dit avec embarras, dans la lutte entre la grande tulipe noire et Rosa, c'était la grande tulipe noire qui avait succombé.

Mais Rosa, nous le répétons, ignorait la défaite de la grande tulipe noire.

Aussi, sa lecture finie, opération dans laquelle Rosa avait fait de grands progrès, Rosa prenait elle la plume et se mettait-elle avec un acharnement non moins louable à l'œuvre bien autrement difficile l'écriture.

Mais enfin, comme Rosa écrivait déjà presque lisiblement le jour où Cornélius avait si imprudemment laissé parler son cœur, Rosa ne désespéra point de faire des progrès assez rapides pour donner dans huit jours au plus tard des nouvelles de sa tulipe au prisonnier.

Elle n'avait pas oublié un mot des recommandations que lui avait faites Cornélius. Du reste, jamais Rosa n'oubliait un mot de ce que lui disait Cornélius, même lorsque ce qu'il lui disait n'empruntait pas la forme de la recommandation.

Lui, de son côté, se réveilla plus amoureux que jamais. La tulipe était bien encore lumineuse et vivante dans sa pensée, mais enfin il ne la voyait plus comme un trésor auquel il dût tout sacrifier, même Rosa, mais comme une fleur précieuse, une merveilleuse combinaison de la nature et de l'art que Dieu lui accordait pour le corsage de sa maîtresse.

Cependant toute la journée une inquiétude vague le poursuivait. Il était pareil à ces hommes dont l'esprit est assez fort pour oublier momentanément qu'un grand danger les menace le soir ou le lendemain. La préoccupation une fois vaincue, ils vivent de la vie ordinaire. Seulement, de temps en temps, ce danger oublié leur mord le cœur tout de à coup sa dent aiguë. Ils tressaillent, se demandent pourquoi ils ont tressailli, puis, se rappelant ce qu'ils avaient oublié : — Oh! oui, disent-ils avec un soupir, c'est cela!

Le *cela* de Cornélius, c'était la crainte que Rosa ne vînt point ce soir-là comme d'habitude.

Et au fur et à mesure que la nuit s'avançait, la préoccupation devenait plus vive et plus présente, jusqu'à ce qu'enfin cette préoccupation s'emparât de tout le corps de Cornélius, et qu'il n'y eût plus qu'elle qui vécût en lui.

Aussi fut-ce avec un long battement de cœur qu'il salua l'obscurité; à mesure que l'obscurité croissait, les paroles qu'il avait dites la veille à Rosa, et qui avaient tant affligé la pauvre fille, revenaient plus présentes à son esprit, et il se demandait comment il avait pu dire à sa consolatrice de le sacrifier à sa tulipe, c'est-à-dire de renoncer à le voir si besoin était, quand chez lui la vue de Rosa était devenue une nécessité de sa vie.

De la chambre de Cornélius on entendait sonner les heures à l'horloge de la forteresse. Sept heures, huit heures, puis neuf heures sonnèrent. Jamais timbre de bronze ne vibra plus profondément au fond d'un cœur que ne le fit le marteau frappant le neuvième coup marquant cette neuvième heure.

Puis tout rentra dans le silence. Cornélius appuya la main sur son cœur pour en étouffer les battemens, et écouta.

Le bruit du pas de Rosa, le froissement de sa robe aux marches de l'escalier, lui étaient si familiers que, dès le premier degré monté par elle, il disait :

— Ah! voilà Rosa qui vient.

Ce soir-là aucun bruit ne troubla le silence du corridor; l'horloge marqua neuf heures un quart. Puis sur deux sons différens neuf heures et demie; puis neuf heures trois quarts; puis enfin de sa voix grave annonça non seulement aux hôtes de la forteresse, mais encore aux habitans de Loevestein, qu'il était dix heures.

C'était l'heure à laquelle Rosa quittait d'habitude Cornélius. L'heure était sonnée et Rosa n'était pas encore venue.

Ainsi donc, ses pressentimens ne l'avaient pas trompé : Rosa irritée se tenait dans sa chambre et l'abandonnait.

— Oh! j'ai bien mérité ce qui m'arrive, disait Cornélius. Oh! elle ne viendra pas, et elle fera bien de ne pas venir; à sa place, certes, j'en ferais autant.

Et malgré cela, Cornélius écoutait, attendait et espérait toujours.

Il écouta et attendit ainsi jusqu'à minuit, mais à minuit il cessa d'espérer et, tout habillé, alla se jeter sur son lit.

La nuit fut longue et triste, puis le jour vint; mais le jour n'apportait aucune espérance au prisonnier.

A huit heures du matin, sa porte s'ouvrit : mais Cornélius ne détourna même pas la tête, il avait entendu le pas pesant de Gryphus dans le corridor, mais il avai parfaitement senti que ce pas s'approchait seul.

Il ne regarda même pas du côté du geôlier.

Et cependant il eût bien voulu l'interroger pour lui demander des nouvelles de Rosa. Il fut sur le point, si étrange qu'eût dû paraître cette demande à son père, de lui faire cette demande. Il espérait, l'égoïste, que Gryphus lui répondrait que sa fille était malade.

A moins d'événement extraordinaire, Rosa ne venait jamais dans la journée. Cornélius, tant que dura le jour, n'attendit donc point en réalité. Cependant, à ses tressaillements subits, à son oreille tendue du côté de la porte, à son regard rapide interrogeant le guichet, on voyait que le prisonnier avait la sourde espérance que Rosa ferait une infraction à ses habitudes.

A la seconde visite de Gryphus, Cornélius, contre tous ses antécédens, avait demandé au vieux geôlier, et ce la de sa voix la plus douce, des nouvelles de sa santé; mais Gryphus, laconique comme un Spartiate, s'était borné à répondre :

— Ça va bien.

A la troisième visite, Cornélius varia la forme de l'interrogation.

— Personne n'est malade à Loevestein? demanda-t-il.

— Personne! répondit plus laconiquement encore que la première fois Gryphus, en fermant la porte au nez de son prisonnier.

Gryphus, mal habitué à de pareilles gracieusetés de la part de Cornélius, y avait vu de la part de son prisonnier un commencement de tentative de corruption.

Cornélius se retrouva seul; il était sept heures du soir; alors se renouvelèrent à un degré plus intense que la veille les angoisses que nous avons essayé de décrire.

Mais, comme la veille, les heures s'écoulèrent sans amener la douce vision qui éclairait, à travers le guichet, le cachot du pauvre Cornélius, et qui, en se retirant, y laissait de la lumière pour tout le temps de son absence.

Van Baërle passa la nuit dans un véritable désespoir. Le lendemain, Gryphus lui parut plus laid, plus brutal, plus désespérant encore que d'habitude : il lui était passé par l'esprit, ou plutôt par le cœur, cette espérance que c'était lui qui empêchait Rosa de venir.

Il lui prit des envies féroces d'étrangler Gryphus; mais Gryphus étranglé par Cornélius, toutes les lois divines et humaines défendaient à Rosa de jamais revoir Cornélius.

Le geôlier échappa donc, sans s'en douter, à un des plus grands dangers qu'il eût jamais courus de sa vie.

Le soir vint et le désespoir tourna en mélancolie; cette mélancolie était d'autant plus sombre que, malgré van Baërle, les souvenirs de sa pauvre tulipe se mêlaient à la douleur qu'il éprouvait. On en était arrivé juste à cette époque du mois d'avril, que les jardiniers les plus experts indiquent comme le point précis de la plantation des tulipes; il avait dit à Rosa : Je vous indiquerai le jour où vous devez mettre le caïeu en terre. Ce jour, il devait, le lendemain, le fixer à la soirée suivante. Le temps était bon, l'atmosphère, quoique encore un peu humide, commençait à être tempérée par ces pâles rayons du soleil d'avril, qui venant les premiers semblent si doux, malgré leur pâleur. Si Rosa allait laisser passer le temps de la plantation. Si à la douleur de ne pas voir la jeune fille se joignait celle de voir avorter le caïeu, pour avoir été planté trop tard, ou même pour n'avoir pas été planté du tout.

De ces deux douleurs réunies, il y avait certes de quoi perdre le boire et le manger.

Ce fut ce qui arriva le quatrième jour.

C'était pitié que de voir Cornélius, muet de douleur et pâle d'inanition, se pencher en dehors de la fenêtre grillée, au risque de ne pouvoir retirer sa tête d'entre les barreaux, pour tâcher d'apercevoir à gauche le petit jardin dont lui avait parlé Rosa, et dont le parapet confinait, lui avait-elle dit, à la rivière, et cela dans l'espérance de découvrir, à ces premiers rayons du soleil d'avril, la jeune fille ou la tulipe, ses deux amours brisées.

Le soir, Gryphus emporta le déjeuner et le dîner de Cornélius; à peine celui-ci y avait-il touché.

Le lendemain, il n'y toucha pas du tout, et Gryphus descendit les comestibles destinés à ces deux repas parfaitement intacts.

Cornélius ne s'était pas levé de la journée.

— Bon, dit Gryphus en descendant après la dernière visite; bon, je crois que nous allons être débarrassé du savant.

Rosa tressaillit.

— Bah! fit Jacob, et comment cela?

— Il ne boit plus, il ne mange plus, il ne se lève plus, dit Gryphus. Comme M. Grotius, il sortira d'ici dans un coffre, seulement ce coffre sera une bière.

Rosa devint pâle comme la mort.

— Oh! murmura-t-elle, je comprends : il est inquiet de sa tulipe.

Et se levant toute oppressée, elle rentra dans sa chambre, où elle prit une plume et du papier, et pendant toute la nuit s'exerça à tracer des lettres.

Le lendemain, en se levant pour se traîner jusqu'à la fenêtre, Cornélius aperçut un papier qu'on avait glissé sous la porte.

Il s'élança sur ce papier, l'ouvrit, et lut, d'une écriture qu'il eut peine à reconnaître pour celle de Rosa, tant elle s'était améliorée pendant cette absence de sept jours :

— Soyez tranquille, votre tulipe se porte bien.

Quoique ce petit mot de Rosa calmât une partie des douleurs de Cornélius, il n'en fut pas moins sensible à l'ironie. Ainsi, c'était bien cela, Rosa n'était point malade, Rosa était blessée; ce n'était point par force que Rosa ne venait plus, c'était volontairement qu'elle restait éloignée de Cornélius.

Ainsi Rosa libre, Rosa trouvait dans sa volonté la force de ne pas venir voir celui qui mourait du chagrin de ne pas l'avoir vue.

Cornélius avait du papier et un crayon que lui avait apportés Rosa. Il comprit que la jeune fille attendait une réponse, mais que cette réponse elle ne la viendrait chercher que la nuit. En conséquence il écrivit sur un papier pareil à celui qu'il avait reçu :

« Ce n'est point l'inquiétude que me cause ma tulipe qui me rend malade; c'est le chagrin que j'éprouve de ne pas vous voir. »

Puis Gryphus sorti, puis le soir venu, il glissa le papier sous la porte et écouta.

Mais, avec quelque soin qu'il prêtât l'oreille, il n'entendit ni le pas, ni le froissement de sa robe.

Il n'entendit qu'une voix faible comme un souffle, et douce comme une caresse, qui lui jetait par le guichet ces deux mots :

— A demain.

Demain, — c'était le huitième jour. — Pendant huit jours Cornélius et Rosa ne s'étaient point vus.

XX.

CE QUI S'ÉTAIT PASSÉ PENDANT CES HUIT JOURS.

Le lendemain en effet, à l'heure habituelle, van Baërle entendit gratter à son guichet comme avait l'habitude de le faire Rosa dans les bons jours de leur amitié.

On devine que Cornélius n'était pas loin de cette porte à travers le grillage de laquelle il allait revoir enfin la charmante figure disparue depuis trop longtemps.

Rosa, qui l'attendait sa lampe à la main, ne put retenir un mouvement quand elle vit le prisonnier si triste et si pâle.

— Vous êtes souffrant, monsieur Cornélius? demanda-t-elle.

— Oui, mademoiselle, répondit Cornélius, souffrant d'esprit et de corps.

— J'ai vu, monsieur, que vous ne mangiez plus, dit Rosa; mon père m'a dit que vous ne vous leviez plus; alors je vous ai écrit pour vous tranquilliser sur le sort du précieux objet de vos inquiétudes.

— Et moi, dit Cornélius, je vous ai répondu. Je croyais, vous voyant revenir, chère Rosa, que vous aviez reçu ma lettre.

— C'est vrai, je l'ai reçue.

— Vous ne donnerez pas pour excuse, cette fois, que vous ne savez pas lire. Non-seulement vous lisez couramment, mais encore vous avez énormément profité sous le rapport de l'écriture.

— En effet, j'ai non-seulement reçu, mais lu votre billet. C'est pour cela que je suis venue pour voir s'il n'y aurait pas quelque moyen de vous rendre à la santé.

— Me rendre à la santé! s'écria Cornélius, mais vous avez donc quelque bonne nouvelle à m'apprendre.

Et en parlant ainsi, le jeune homme attachait sur Rosa des yeux brillans d'espoir.

Soit qu'elle ne comprît pas ce regard, soit qu'elle ne voulût pas le comprendre, la jeune fille répondit gravement :

— J'ai seulement à vous parler de votre tulipe, qui est, je le sais, la plus grave préoccupation que vous ayez.

Rosa prononça ce peu de mots avec un accent glacé qui fit tressaillir Cornélius.

Le zélé tulipier ne comprenait pas tout ce que cachait, sous le voile de l'indifférence, la pauvre enfant toujours aux prises avec sa rivale, la tulipe noire.

— Ah! murmura Cornélius, encore, encore! Rosa ne vous ai-je pas dit, mon Dieu! que je ne songeais qu'à vous, que c'était vous seule que je regrettais, vous seule qui me manquiez, vous seule qui, par votre absence, me retiriez l'air, le jour, la chaleur, la lumière, la vie.

Rosa sourit mélancoliquement.

— Ah! dit-elle, c'est que votre tulipe a couru un si grand danger.

Cornélius tressaillit malgré lui, et se laissa prendre au piége si c'en était un.

— Un si grand danger! s'écria-t-il tout tremblant, mon Dieu! et lequel?

Rosa le regarda avec une douce compassion, elle sentait que ce qu'elle voulait était au dessus des forces de cet homme, et qu'il fallait accepter celui-là avec sa faiblesse.

— Oui, dit-elle, vous aviez deviné juste, le prétendant, l'amoureux, le Jacob ne venait point pour moi.

— Et pour qui venait-il donc? demanda Cornélius avec anxiété.

— Il venait pour la tulipe.

— Oh! fit Cornélius pâlissant à cette nouvelle plus qu'il n'avait pâli lorsque Rosa, se trompant, lui avait annoncé quinze jours auparavant que Jacob venait pour elle.

Rosa vit cette terreur, et Cornélius s'aperçut à l'expression de son visage qu'elle pensait ce que nous venons de dire.

— Oh! pardonnez-moi, Rosa, dit-il, je vous connais, je sais la bonté et l'honnêteté de votre cœur. Vous, Dieu vous a donné la pensée, le jugement, la force et le mouvement pour vous défendre, mais à ma pauvre tulipe menacée, Dieu n'a rien donné de tout cela.

Rosa ne répondit point à cette excuse du prisonnier et continua :

— Du moment où cet homme, qui m'avait suivie au jardin et que j'avais reconnu pour Jacob vous inquiétait, il m'inquiétait bien plus encore. Je fis donc ce que vous aviez dit, le lendemain du jour où je vous ai vu pour la dernière fois et où vous m'aviez dit...

Cornélius l'interrompit.

— Pardon, encore une fois, Rosa, s'écria-t-il. Ce que je vous ai dit, j'ai eu tort de vous le dire. — J'en ai déjà demandé mon pardon de cette fatale parole. Je le demande encore. Sera-ce donc toujours vainement?

— Le lendemain de ce jour-là, reprit Rosa, me rappelant ce que vous m'aviez dit... de la ruse à employer pour m'assurer si c'était moi ou la tulipe que cet odieux homme suivait...

— Oui, odieux... N'est-ce pas, dit-il, vous le haïssez bien cet homme?

— Oui, je le hais, dit Rosa, car il est cause que j'ai bien souffert depuis huit jours!

— Ah! vous aussi, vous avez donc souffert? Merci de cette bonne parole, Rosa.

— Le lendemain de ce malheureux jour, continua Rosa, je descendis donc au jardin, et m'avançai vers la plate-bande où je devais planter la tulipe, tout en regardant derrière moi si, cette fois comme l'autre, j'étais suivie.

— Eh bien! demanda Cornélius.

— Eh bien! la même ombre se glissa entre la porte et la muraille, et disparut encore derrière les sureaux.

— Vous fîtes semblant de ne pas la voir, n'est-ce pas? demanda Cornélius, se rappelant dans tous ses détails le conseil qu'il avait donné à Rosa.

— Oui, et je m'inclinai sur la plate-bande que je creusai avec une bêche comme si je plantais le caïeu.

— Et lui.... lui... pendant ce temps?

— Je voyais briller ses yeux ardens comme ceux d'un tigre à travers les branches des arbres.

— Voyez-vous? voyez-vous? dit Cornélius

— Puis, ce semblant d'opération achevé, je me retirai.

— Mais derrière la porte du jardin seulement, n'est-ce pas? De sorte qu'à travers les fentes ou la serrure de cette porte vous pûtes voir ce qu'il fit, vous une fois partie.

— Il attendit un instant sans doute pour s'assurer que je ne reviendrais pas, puis il sortit à pas de loup de sa cachette, s'approcha de la plate-bande par un long détour, puis arrivé enfin à son but, c'est-à-dire en face de l'endroit où la terre était fraîchement remuée, il s'arrêta d'un air indifférent, regarda de tous côtés, interrogea chaque angle du jardin, interrogea chaque fenêtre des maisons voisines, interrogea la terre, le ciel, l'air, et croyant qu'il était bien seul, bien isolé, bien hors de la vue de tout le monde, il se précipita sur la plate-bande, enfonça ses deux mains dans la terre molle, en enleva une portion qu'il brisa doucement entre ses mains pour voir si le caïeu s'y trouvait, recommença trois fois le même manége, et chaque fois avec une action plus ardente, jusqu'à ce qu'enfin, commençant à comprendre qu'il pouvait être dupe de quelque supercherie, il calma l'agitation qui le dévorait, prit le râteau, égalisa le terrain pour le laisser à son départ dans le même état où il se trouvait avant qu'il ne l'eût fouillé, et tout honteux, tout penaud, il reprit le chemin de la porte affectant l'air innocent d'un promeneur ordinaire.

— Oh! le misérable, murmura Cornélius, essuyant les gouttes de sueur qui ruisselaient sur son front. Oh! le misérable, je l'avais deviné. Mais le caïeu, Rosa, qu'en avez-vous fait? Hélas! il est déjà un peu tard pour le planter.

— Le caïeu, il est depuis six jours en terre.

— Où cela? comment cela? s'écria Cornélius. Oh! mon Dieu, quelle imprudence! Où est-il? Dans quelle terre est-il? Est il bien ou mal exposé? Ne risque-t-il pas de nous être volé par cet affreux Jacob?

— Il ne risque pas de nous être volé, à moins que Jacob ne force la porte de ma chambre.

— Ah! il est chez vous, il est dans votre chambre, Rosa, dit Cornélius un peu tranquillisé. Mais dans quelle terre, dans quel récipient? Vous ne le faites pas germer dans l'eau comme les bonnes femmes de Harlem et de Dordrecht, qui s'entêtent à croire que l'eau peut remplacer la terre, comme si l'eau qui est composée de trente-trois parties d'oxigène et de soixante-six parties d'hydrogène pouvait remplacer... Mais qu'est-ce que je vous dis là moi, Rosa.

— Oui, c'est un peu savant pour moi, répondit en souriant, la jeune fille. Je me contenterai donc de vous répondre pour vous tranquilliser, que votre caïeu n'est pas dans l'eau.

— Ah ! je respire.

— Il est dans un bon pot de grès, juste de la largeur de la cruche où vous aviez enterré le vôtre. Il est dans un terrain composé de trois quarts de terre ordinaire prise au meilleur endroit du jardin, et d'un quart de terre de rue. Oh ! j'ai entendu dire si souvent à vous et à cet infâme Jacob, comme vous l'appelez, dans quelle terre doit pousser la tulipe, que je sais cela comme le premier jardinier de Harlem !

— Ah ! maintenant, reste l'exposition. A quelle exposition est-il, Rosa ?

— Maintenant il a le soleil toute la journée, les jours où il y a du soleil. Mais quand il sera sorti de terre, quand le soleil sera plus chaud, je ferai comme vous faisiez ici, cher monsieur Cornélius. Je l'exposerai sur ma fenêtre au levant de huit heures du matin à onze heures, et sur ma fenêtre du couchant depuis trois heures de l'après-midi jusqu'à cinq.

— Oh ! c'est cela, c'est cela ! s'écria Cornélius, et vous êtes un jardinier parfait, ma belle Rosa. Mais j'y pense, la culture de ma tulipe va vous prendre tout votre temps.

— Oui, c'est vrai, dit Rosa ; mais qu'importe, votre tulipe, — c'est ma fille. — Je lui donne le temps que je donnerais à mon enfant, si j'étais mère. Il n'y a qu'en devenant sa mère, ajouta Rosa en souriant, que je puis cesser de devenir sa rivale.

— Bonne et chère Rosa, murmura Cornélius en jetant sur la jeune fille un regard où il y avait plus de l'amant que de l'horticulteur, et qui consola un peu Rosa.

Puis, au bout d'un instant de silence, pendant le temps que Cornélius avait cherché par les ouvertures du grillage la main fugitive de Rosa :

— Ainsi, reprit Cornélius, il y a déjà six jours que le caïeu est en terre ?

— Six jours, oui, monsieur Cornélius, reprit la jeune fille.

— Et il ne paraît pas encore.

— Non, mais je crois que demain il paraîtra.

— Demain soit, vous me donnerez de ses nouvelles en me donnant des vôtres, n'est-ce pas, Rosa ? — Je m'inquiète bien de la fille, comme vous disiez tout à l'heure ; mais je m'inéresse bien autrement à la mère.

— Demain, dit Rosa en regardant Cornélius de côté, demain, je ne sais si je pourrai.

— Eh ! mon Dieu ! dit Cornélius, pourquoi donc ne pourriez-vous pas demain ?

— Monsieur Cornélius, j'ai mille choses à faire.

— Tandis que moi je n'en ai qu'une, murmura Cornélius.

— Oui, répondit Rosa, à aimer votre tulipe.

— A vous aimer, Rosa.

Rosa secoua la tête.

Il se fit un nouveau silence.

— Enfin, continua van Baërle, interrompant ce silence, tout change dans la nature, aux fleurs du printemps succèdent d'autres fleurs, et l'on voit les abeilles qui caressaient tendrement les violettes et les giroflées se poser avec le même amour sur les chèvrefeuilles, les roses, les jasmins, les chrysanthèmes et les géraniums.

— Que veut dire cela ? demanda Rosa.

— Cela veut dire, mademoiselle, que vous avez d'abord à aimé entendre le récit de mes joies et de mes chagrins ; vous avez caressé la fleur de notre mutuelle jeunesse ; mais la mienne s'est fanée à l'ombre. Le jardin des espérances et des plaisirs d'un prisonnier n'a qu'une saison. Ce n'est pas comme ces beaux jardins à l'air libre et au soleil. Une fois la moisson de mai faite, une fois le butin récolté, les abeilles comme vous Rosa, les abeilles au fin corsage, aux antennes d'or, aux diaphanes ailes, passent entre les barreaux, désertent le froid, la solitude, la tristesse, pour aller trouver ailleurs les parfums et les tièdes exhalaisons.

Le bonheur, enfin !

Rosa regardait Cornélius avec un sourire que celui-ci ne voyait pas ; il avait les yeux au ciel.

Il continua avec un soupir :

— Vous m'avez abandonné, mademoiselle Rosa, pour avoir vos quatre saisons de plaisirs. Vous avez bien fait ; je ne me plains pas ; quel droit avais-je d'exiger votre fidélité ?

— Ma fidélité ! s'écria Rosa tout en larmes, et sans prendre la peine cacher plus longtems à Cornélius cette rosée de perles qui roulait sur ses joues, ma fidélité ! je ne vous ai pas été fidèle, moi !

— Hélas ! est-ce m'être fidèle, s'écria Cornélius, que de me quitter, que de me laisser mourir ici.

— Mais, monsieur Cornélius, dit Rosa, ne fais-je pas pour vous tout ce qui pouvait vous faire plaisir, ne m'occupais-je pas de votre tulipe ?

— De l'amertume, Rosa ! vous me reprochez la seule joie sans mélange que j'ai eue en ce monde.

— Je ne vous reproche rien, monsieur Cornélius, sinon le seul chagrin profond que j'aie ressenti depuis le jour où l'on vint me dire au Buytenhoff que vous alliez être mis à mort.

— Cela vous déplaît Rosa, ma douce Rosa, cela vous déplaît que j'aime les fleurs.

— Cela ne me déplaît pas que vous les aimiez, monsieur Cornélius, seulement cela m'attriste que vous les aimiez plus que vous ne m'amez moi-même.

— Ah ! chère, chère bien-aimée, s'écria Cornélius, regardez mes mains comme elles tremblent, regardez mon front comme il est pâle, écoutez, écoutez mon cœur comme il bat ; eh bien, ce n'est point parce que ma tulipe noire me sourit et m'appelle ; non ; c'est parce que vous me souriez, vous, c'est parce que vous penchez votre front vers moi ; c'est parce que, — je ne sais si cela est vrai, — c'est parce qu'il me semble que, tout en les fuyant, vos mains aspirent aux miennes, et que je sens la chaleur de vos belles joues derrière le froid grillage. Rosa, mon amour, rompez le caïeu de la tulipe noire, détruisez l'espoir de cette fleur, éteignez la douce lumière de ce rêve chaste et charmant que je m'étais habitué à faire chaque jour, soit ! plus de fleurs aux riches habits, aux grâces élégantes, aux caprices divins, ôtez-moi tout cela, fleur jalouse des autres fleurs, ôtez-moi tout cela, mais ne m'ôtez point votre voix, votre geste, le bruit de vos pas dans l'escalier lourd, ne m'ôtez pas le feu de vos yeux dans le corridor sombre, la certitude de votre amour qui caressait perpétuellement mon cœur ; aimez-moi, Rosa, car je sens bien que je n'aime que vous.

— Après la tulipe noire, soupira la jeune fille, dont les mains tièdes et caressantes consentaient enfin à se livrer à travers le grillage de fer aux lèvres de Cornélius.

— Avant tout, Rosa...

— Faut-il que je vous croie ?

— Comme vous croyez en Dieu.

— Soit, cela ne vous engage pas beaucoup de m'aimer ?

— Trop peu, malheureusement, chère Rosa, mais cela vous engage, vous.

— Moi, demanda Rosa, et à quoi cela m'engage-t-il ?

— A ne pas vous marier d'abord.

Elle sourit.

— Ah ! voilà comme vous êtes, dit-elle, vous autres tyrans. Vous adorez une belle : vous ne pensez qu'à elle, vous ne rêvez que d'elle ; vous êtes condamné à mort, et en marchant à l'échafaud vous lui consacrez votre dernier soupir, et vous exigez de moi, pauvre fille, vous exigez le sacrifice de mes rêves, de mon ambition.

— Mais de quelle belle me parlez-vous donc, Rosa ? dit Cornélius, cherchant, mais inutilement dans ses souvenirs, une femme à laquelle Rosa pût faire allusion.

— Mais de la belle noire, monsieur, de la belle noire à la taille souple, aux pieds fins, à la tête pleine de noblesse. Je parle de votre fleur, enfin.

Cornélius sourit.

— Belle imaginaire, ma bonne Rosa, tandis que vous, sans compter votre amoureux, ou plutôt mon amoureux

Jacob, vous êtes entourée de galans qui vous font la cour. Vous rappelez-vous, Rosa, ce que vous m'avez dit des étudians, des officiers, des commis de la Haye; eh bien! à Lœvestein, n'y a-t-il point de commis, point d'officiers, point d'étudians?

— Oh! si fait qu'il y en a, et beaucoup même, dit Rosa.

— Qui écrivent?

— Qui écrivent.

— Et maintenant que vous savez lire..

Et Cornélius poussa un soupir en songeant que c'était à ui, pauvre prisonnier, que Rosa devait le privilége de lire les billets doux qu'elle recevait.

— Eh bien! mais, dit Rosa, il me semble, monsieur Cornélius, qu'en lisant les billets qu'on m'écrit, qu'en examinant les galans qui se présentent, je ne fais que suivre vos instructions.

— Comment, mes instructions?

— Oui, vos instructions; oubliez-vous, continua Rosa en soupirant à son tour, oubliez-vous le testament écrit par vous, sur la Bible de M. Corneille de Witt. Je ne l'oublie pas, moi! car, maintenant que je sais lire, je le relis tous les jours, et plutôt deux fois qu'une. Eh bien! dans ce testament, vous m'ordonnez d'aimer et d'épouser un beau jeune homme de vingt-six à vingt-huit ans. Je le cherche, ce jeune homme, et comme toute ma journée est consacrée à votre tulipe, il faut bien que vous me laissiez le soir pour le trouver.

— Ah! Rosa, le testament est fait dans la prévision de ma mort, et, grâce au ciel, je suis vivant.

— Eh bien! donc, je ne chercherai pas ce beau jeune homme de vingt-six à vingt-huit ans, et je viendrai vous voir.

— Ah! oui, Rosa, venez! venez!

— Mais à une condition.

— Elle est acceptée d'avance!

— C'est que de trois jours il ne sera question de la tulipe noire.

— Il n'en sera plus question jamais si vous l'exigez, Rosa.

— Oh! dit la jeune fille, il ne faut pas demander l'impossible.

Et, comme par mégarde, elle approcha sa joue fraîche, si proche du grillage que Cornélius put la toucher de ses lèvres.

Rosa poussa un petit cri plein d'amour et disparut.

XXI.

LE SECOND CAIEU.

La nuit fut bonne et la journée du lendemain meilleure encore.

Les jours précédens la prison s'était alourdie, assombrie, abaissée; elle pesait de tout son poids sur le pauvre prisonnier. Ses murs étaient noirs son air était froid, les barreaux étaient serrés à laisser passer à peine le jour.

Mais lorsque Cornélius se réveilla, un rayon du soleil matinal jouait dans les barreaux, des pigeons fendaient l'air de leurs ailes étendues, tandis que d'autres roucoulaient amoureusement sur le toit voisin de la fenêtre encore fermée.

Cornélius courut à cette fenêtre et l'ouvrit, il lui sembla que la vie, la joie, presque la liberté, entraient avec ce rayon du soleil dans la sombre chambre.

C'est que l'amour y fleurissait et faisait fleurir chaque chose autour de lui. L'amour, fleur du ciel bien autrement radieuse, bien autrement parfumée que toutes les fleurs de la terre.

Quand Gryphus entra dans la chambre du prisonnier, au lieu de le trouver morose et couché comme les autres jours, il le trouva debout et chantant un petit air d'opéra.

Gryphus le regarda de travers.

— Hein! fit celui-ci.

— Comment allons-nous, ce matin?

Gryphus le regarda de travers.

— Le chien, et M. Jacob, et notre belle Rosa, comment tout cela va-t-il?

Gryphus grinça des dents.

— Voilà votre déjeuner, dit-il.

— Merci, ami Cerberus, — fit le prisonnier, il arrive à temps, car j'ai grand faim.

— Ah! vous avez faim? dit Gryphus.

— Tiens, pourquoi pas? demanda van Baërle.

— Il paraît que la conspiration marche, dit Gryphus.

— Quelle conspiration? demanda Cornélius.

— Bon! on sait ce qu'on dit, mais on veillera, monsieur le savant; soyez tranquille, on veillera.

— Veillez, ami Gryphus! dit van Baërle, veillez! ma conspiration comme ma personne, est toute à votre service.

— On verra cela à midi, dit Gryphus.

Et il sortit.

— A midi, répéta Cornélius, que veut-il dire? soit, attendons midi; à midi nous verrons.

C'était facile à Cornélius d'attendre midi: Cornélius attendait neuf heures.

Midi sonna et l'on entendit dans l'escalier, non seulement le pas de Gryphus, mais les pas de trois ou quatre soldats montant avec lui.

La porte s'ouvrit, Gryphus entra, introduisit les hommes et referma la porte derrière eux.

— Là! maintenant, cherchons.

On chercha dans les poches de Cornélius, entre sa veste et son gilet, entre son gilet et sa chemise, entre sa chemise et sa chair; on ne trouva rien.

On chercha dans les draps, dans les matelas, dans la paillasse du lit, on ne trouva rien.

Ce fut alors que Cornélius se félicita de ne point avoir accepté le troisième caïeu. Gryphus, dans cette perquisition, l'eût bien certainement trouvé, si bien caché qu'il fût, et il l'eût traité comme le premier.

Au reste, jamais prisonnier n'assista d'un visage plus serein à une perquisition faite dans son domicile.

Gryphus se retira avec le crayon et les trois ou quatre feuilles de papier blanc que Rosa avait donnés à Cornélius; ce fut le seul trophée de l'expédition.

A six heures, Gryphus revint, mais seul; Cornélius voulut l'adoucir, mais Gryphus grogna, montra un croc qu'il avait dans le coin de la bouche, et sortit à reculons, comme un homme qui a peur qu'on ne le force.

Cornélius éclata de rire.

Ce qui fit que Gryphus, qui connaissait les auteurs, lui cria à travers la grille:

— C'est bon, c'est bon; rira bien qui rira le dernier.

Celui qui devait rire le dernier, ce soir-là du moins, c'était Cornélius, car Cornélius attendait Rosa.

Rosa vint à neuf heures; mais Rosa vint sans lanterne. Rosa n'avait plus besoin de lumière, elle savait lire.

Puis la lumière pouvait dénoncer Rosa, espionnée plus que jamais par Jacob.

Puis enfin, à la lumière, on voyait trop la rougeur de Rosa lorsque Rosa rougissait.

De quoi parlèrent les deux jeunes gens ce soir-là? Des choses dont parlent les amoureux au seuil d'une porte en France, de l'un et de l'autre côté d'un balcon en Espagne, du haut en bas d'une terrasse en Orient.

Ils parlèrent de ces choses qui mettent des ailes au pied des heures, qui ajoutent des plumes aux ailes du temps.

Ils parlèrent de tout, excepté de la tulipe noire.

Puis à dix heures, comme d'habitude, ils se quittèrent.

Cornélius était heureux, aussi complètement heureux

que peut l'être un tulipier à qui on n'a point parlé de sa tulipe.

Il trouvait Rosa jolie comme tous les amours de la terre; il la trouvait bonne, gracieuse, charmante.

Mais pourquoi Rosa défendait-elle qu'on parlât tulipe?

C'était un grand défaut qu'avait là Rosa.

Cornélius se dit, en soupirant, que la femme n'était point parfaite.

Une partie de la nuit il médita sur cette imperfection. Ce qui veut dire que tant qu'il veilla il pensa à Rosa.

Une fois endormi, il rêva d'elle.

Mais la Rosa des rêves était bien autrement parfaite que la Rosa de la réalité. Non seulement celle-là parlait tulipe, mais encore celle-là apportait à Cornélius une magnifique tulipe noire éclose dans un vase de Chine.

Cornélius se réveilla tout frissonnant de joie et en murmurant : Rosa, Rosa, je t'aime.

Et comme il faisait jour, Cornélius ne jugea point à propos de se rendormir.

Il resta donc toute la journée sur l'idée qu'il avait eue à son réveil.

Ah! si Rosa eût parlé tulipe, Cornélius eût préféré Rosa à la reine Sémiramis, à la reine Cléopâtre, à la reine Elisabeth, à la reine Anne d'Autriche, c'est-à-dire aux plus grandes ou aux plus belles reines du monde.

Mais Rosa avait défendu sous peine de ne plus revenir, Rosa avait défendu qu'avant trois jours on causât tulipe.

C'était soixante-douze heures données à l'amant, c'est vrai. Mais, c'était soixante-douze heures retranchées à l'horticulteur.

Il est vrai que sur ces soixante-douze heures, trente-six étaient déjà passées.

Les trente-six autres passeraient bien vite, dix-huit à attendre, dix-huit au souvenir.

Rosa revint à la même heure ; Cornélius supporta héroïquement sa pénitence. C'eût été un Pythagoricien très distingué que Cornélius, et pourvu qu'on lui eût permis de demander une fois par jour des nouvelles de sa tulipe, il fût bien resté cinq ans selon les statuts de l'ordre sans parler d'autre chose.

Au reste, la belle visiteuse comprenait bien que lorsqu'on commande d'un côté, il faut céder de l'autre. Rosa laissait Cornélius tirer ses doigts par le guichet ; Rosa laissait Cornélius baiser ses cheveux à travers le grillage.

Pauvre enfant! toutes ces mignardises de l'amour étaient bien autrement dangereuses pour elle que de parler tulipe.

Elle comprit cela en rentrant chez elle le cœur bondissant, les joues ardentes, les lèvres sèches et les yeux humides.

Aussi, le lendemain soir, après les premières paroles échangées, après les premières caresses faites, elle regarda Cornélius à travers le grillage, et dans la nuit, avec ce regard qu'on sent quand on ne le voit pas ;

— Eh bien ! dit-elle, elle a levé !

— Elle a levé ! quoi? qui? demanda Cornélius, n'osant croire que Rosa abrégeât d'elle-même la durée de son épreuve.

— La tulipe, dit Rosa.

— Comment, s'écria Cornélius, vous permettez donc?

— Eh oui ! dit Rosa du ton d'une mère tendre qui permet une joie à son enfant.

— Ah ! Rosa ! dit Cornélius, en allongeant ses lèvres à travers le grillage, dans l'espérance de toucher une joue, une main, un front, quelque chose enfin.

Il toucha mieux que tout cela, il toucha deux lèvres entr'ouvertes.

Rosa poussa un petit cri.

Cornélius comprit qu'il fallait se hâter de continuer la conversation ; il sentait que ce contact inattendu avait fort effarouché Rosa.

— Levé bien droit? demanda-t-il.

— Droit comme un fuseau de Frise, dit Rosa.

— Et elle est bien haute?

— Haute de deux pouces au moins.

— Oh! Rosa, ayez-en bien soin, et vous verrez comme elle va grandir vite.

— Puis-je en avoir plus de soin? dit Rosa. Je ne songe qu'à elle.

— Qu'à elle, Rosa? Prenez garde, c'est moi qui vais être jaloux à mon tour.

— Et vous savez bien que penser à elle c'est penser à vous. Je ne la perds pas de vue. De mon lit je la vois; en m'éveillant c'est le premier objet que je regarde, en m'endormant le dernier objet que je perds de vue. Le jour je m'assieds et je travaille près d'elle, car depuis qu'elle est dans ma chambre je ne quitte plus ma chambre.

— Vous avez raison, Rosa, c'est votre dot, vous savez?

— Oui, et grâce à elle je pourrai épouser un jeune homme de vingt-six ou vingt-huit ans que j'aimerai.

— Taisez-vous, méchante.

Et Cornélius parvint à saisir les doigts de la jeune fille, ce qui fit, sinon changer de conversation, du moins succéder le silence au dialogue.

Ce soir-là Cornélius fut le plus heureux des hommes. Rosa lui laissa sa main tant qu'il lui plut de la garder, et il parla tulipe tout à son aise.

A partir de ce moment, chaque jour amena un progrès dans la tulipe et dans l'amour des deux jeunes gens. Une fois c'était les feuilles qui s'étaient ouvertes, l'autre fois c'était la fleur elle-même qui s'était nouée.

A cette nouvelle la joie de Cornélius fut grande, et ses questions se succédèrent avec une rapidité qui témoignait de leur importance.

— Nouée, s'écria Cornélius, elle est nouée!

— Elle est nouée, répéta Rosa.

Cornélius chancela de joie et fut forcé de se retenir au guichet.

— Ah mon Dieu ! exclama-t-il.

Puis revenant à Rosa :

— L'ovale est-il régulier, le cylindre est-il plein, les pointes sont-elles bien vertes.

— L'ovale a près d'un pouce et s'effile comme une aiguille, le cylindre gonfle ses flancs, les pointes sont prêtes à s'entr'ouvrir.

Cette nuit-là Cornélius dormit peu, c'était un moment suprême que celui où les pointes s'entr'ouvriraient.

Deux jours après Rosa annonçait qu'elles étaient entr'ouvertes.

— Entr'ouvertes, Rosa, s'écria Cornélius, l'involucrum est entr'ouvert ! mais alors on voit donc, on peut donc distinguer déjà ?

Et le prisonnier s'arrêta haletant.

— Oui, répondit Rosa, oui l'on peut distinguer un filet de couleur différente, mince comme un cheveu.

— Et la couleur ? fit Cornélius en tremblant.

— Ah ! répondit Rosa, c'est bien foncé.

— Brun ?

— Oh ! plus foncé.

— Plus foncé, bonne Rosa, plus foncé ! merci. Foncé comme l'ébène, foncé comme...

— Foncé comme l'encre avec laquelle je vous ai écrit.

Cornélius poussa un cri de joie folle.

Puis s'arrêtant tout à coup :

— Oh ! dit-il en joignant les mains, oh ! il n'y a pas d'ange qui puisse vous être comparé Rosa.

— Vraiment ! dit Rosa, souriant à cette exaltation.

— Rosa, vous avez tant travaillé, Rosa, vous avez tant fait pour moi; Rosa, ma tulipe va fleurir, et ma tulipe fleurira noire, Rosa, Rosa, vous êtes ce que Dieu a créé de plus parfait sur la terre!

— Après la tulipe cependant ?

— Ah ! taisez-vous, mauvaise. Taisez-vous, par pitié, ne me gâtez pas ma joie. Mais, dites-moi, Rosa, si la tulipe en est à ce point, dans deux ou trois jours au plus tard elle va fleurir.

— Demain ou après-demain, oui.

— Oh ! et je ne la verrai pas, s'écria Cornélius, en se renversant en arrière, et je ne la baiserai pas comme une merveille de Dieu qu'on doit adorer, comme je baise vos mains, Rosa, comme je baise vos cheveux, comme je baise vos joues, quand par hasard elles se trouvent à portée du guichet.

Rosa approcha sa joue, non point par hasard, mais avec volonté; les lèvres du jeune homme s'y collèrent avidement.

— Dame! je la cueillerai si vous voulez, dit Rosa.

— Ah! non! non! Sitôt qu'elle sera ouverte, mettez-la bien à l'ombre, Rosa, et à l'instant même, à l'instant, envoyez à Harlem prévenir le président de la société d'horticulture que la grande tulipe noire est fleurie. C'est loin, e le sais bien, Harlem, mais avec de l'argent vous trouverez un messager. Avez-vous de l'argent, Rosa?

Rosa sourit.

— Oh oui! dit-elle.

— Assez! demanda Cornélius.

— J'ai trois cents florins.

— Oh! si vous avez trois cents florins, ce n'est point un messager qu'il vous faut envoyer, c'est vous-même, vous-même Rosa qui devez aller à Harlem.

— Mais pendant ce temps, la fleur...

— Oh! la fleur, vous l'emporterez, vous comprenez bien qu'il ne faut pas vous séparer d'elle un instant.

— Mais en ne me séparant point d'elle, je me sépare de vous, monsieur Cornélius, dit Rosa attristée.

— Ah! c'est vrai, ma douce, ma chère Rosa. Mon Dieu! que les hommes sont méchans, que leur ai-je donc fait et pourquoi m'ont-ils privé de la liberté; vous avez raison, Rosa, je ne pourrais vivre sans vous. Eh bien, vous enverrez quelqu'un à Harlem, voilà; ma foi! le miracle est assez grand pour que le président se dérange; il viendra lui-même à Lœvestein chercher la tulipe.

Puis, s'arrêtant tout à coup et d'une voix tremblante :

— Rosa! murmura Cornélius, Rosa! si elle allait ne pas être noire.

— Dame! vous le saurez demain ou après-demain soir.

— Attendre jusqu'au soir, pour savoir cela, Rosa! je mourrai d'impatience. Ne pourrions-nous convenir d'un signal?

— Je ferai mieux.

— Que ferez-vous?

—Si c'est la nuit qu'elle s'entr'ouvre, je viendrai, je viendrai vous le dire moi-même. Si c'est le jour, je passerai devant la porte et vous glisserai un billet, soit dessous la porte, soit par le guichet, entre la première et la deuxième inspection de mon père.

— Oh! Rosa, c'est cela! un mot de vous, m'annonçant cette nouvelle, c'est-à-dire un double bonheur.

— Voilà dix heures, dit Rosa, il faut que je vous quitte.

— Oui! oui! dit Cornélius, oui! allez, Rosa, allez!

Rosa se retira presque triste.

Cornélius l'avait presque renvoyée.

Il est vrai que c'était pour veiller sur la tulipe noire.

XXII.

La nuit s'écoula bien douce mais en même temps bien agitée pour Cornélius. A chaque instant il lui semblait que la douce voix de Rosa l'appelait; il s'éveillait en sursaut, il allait à la porte, il approchait son visage du guichet: le guichet était solitaire, le corridor était vide.

Sans doute Rosa veillait de son côté; mais, plus heureuse que lui, elle veillait sur la tulipe, elle avait là sous ses yeux la noble fleur, cette merveille des merveilles, non seulement inconnue encore, mais crue impossible.

Que dirait le monde lorsqu'il apprendrait que la tulipe noire était trouvée, qu'elle existait, et que c'était van Baërle le prisonnier qui l'avait trouvée?

Comme Cornélius eût envoyé loin de lui un homme qui fût venu lui proposer la liberté en échange de sa tulipe.

Le jour vint sans nouvelle. La tulipe n'était pas fleurie encore.

La journée passa comme la nuit.

La nuit vint et avec la nuit Rosa joyeuse, Rosa légère comme un oiseau.

— Eh bien? demanda Cornélius.

— Eh bien! tout va à merveille. Cette nuit sans faute notre tulipe fleurira?

— Et fleurira noire?

— Noire comme du jais.

— Sans une seule tache d'une autre couleur?

— Sans une seule tache.

— Bonté du ciel! Rosa, j'ai passé la nuit à rêver, à vous d'abord...

Rosa fit un petit signe d'incrédulité.

— Puis à ce que nous devions faire.

— Eh bien?

— Eh bien! voilà ce que j'ai décidé. La tulipe fleurie, quand il sera bien constaté qu'elle est noire et parfaitement noire, il vous faut trouver un messager.

— Si ce n'est que cela, j'ai un messager tout trouvé.

— Un messager sûr?

— Un messager dont je réponds, un de mes amoureux.

— Ce n'est pas Jacob, j'espère.

— Non, soyez tranquille. C'est le batelier de Lœvestein, un garçon alerte, de vingt-cinq à vingt-six ans.

— Diable!

— Soyez tranquille, dit Rosa en riant, il n'a pas encore l'âge, puisque vous même vous avez fixé l'âge de vingt-six à vingt-huit ans.

— Enfin, vous croyez pouvoir compter sur ce jeune homme?

— Comme sur moi, il se jetterait de son bateau dans le Vahal ou dans la Meuse, à mon choix, si je le lui ordonnais.

— Eh bien, Rosa, en dix heures, ce garçon peut être à Harlem, vous me donnerez un crayon et du papier, mieux encore serait une plume et de l'encre, et j'écrirai, ou plutôt vous écrirez, vous; moi, pauvre prisonnier, peut-être verrait-on, comme voit votre père, une conspiration là-dessous. Vous écrirez au président de la Société d'horticulture, et j'en suis certain, le président viendra.

— Mais s'il tarde?

— Supposez qu'il tarde un jour, deux jours même; mais c'est impossible, un amateur de tulipes comme lui ne tardera pas une heure, pas une minute, pas une seconde à se mettre en route pour voir la huitième merveille du monde. Mais, comme je le disais, tardât-il un jour, tardât-il deux, la tulipe serait encore dans toute sa splendeur. La tulipe vue par le président, le procès-verbal dressé par lui, tout est dit, vous gardez un double du procès verbal, Rosa, et vous lui confiez la tulipe. Ah! si nous avions pu la porter nous-mêmes, Rosa, elle n'eût quitté mes bras que pour passer dans les vôtres; mais c'est un rêve auquel il ne faut pas songer, continua Cornélius en soupirant; d'autres yeux la verront défleurir. Oh! surtout, Rosa, avant que ne la voie le président, ne la laissez voir à personne. La tulipe noire, bon Dieu! si quelqu'un voyait la tulipe noire, on la volerait!...

— Oh!

— Ne m'avez-vous pas dit vous-même ce que vous craignez à l'endroit de votre amoureux Jacob; on vole bien un florin, pourquoi n'en volerait-on pas cent mille?

— Je veillerai, allez, soyez tranquille.

— Si pendant que vous êtes ici elle allait s'ouvrir?

— La capricieuse en est bien capable, dit Rosa.

— Si vous la trouviez ouverte en rentrant?

— Eh bien?

— Ah! Rosa, du moment où elle sera ouverte, rappelez-vous qu'il n'y aura pas un moment à perdre pour prévenir le président.

— Et vous prévenir, vous. Oui, je comprends.

Rosa soupira, mais sans amertume et en femme qui commence à comprendre une faiblesse, sinon à s'y habituer.

— Je retourne auprès de la tulipe, monsieur van Baërle, et aussitôt ouverte, vous êtes prévenu; aussitôt vous prévenu, le messager part.

— Rosa, Rosa, je ne sais plus à quelle merveille du ciel ou de la terre vous comparer.

— Comparez-moi à la tulipe noire, monsieur Cornélius, et je serai bien flattée, je vous jure; disons-nous donc au revoir, monsieur Cornélius.

— Oh! dites : au revoir, mon ami.

— Au revoir, mon ami, dit Rosa un peu consolée.

— Dites : Mon ami bien aimé.

— Oh! mon ami...

— Bien aimé, Rosa, je vous en supplie, bien aimé, bien aimé, n'est-ce pas?

— Bien aimé, oui bien aimé, fit Rosa palpitante, enivrée, folle de joie.

— Alors, Rosa, puisque vous avez dit bien aimé, dites aussi bien heureux, dites heureux comme jamais homme n'a été heureux et béni sous le ciel. Il ne me manque qu'une chose, Rosa.

— Laquelle?

— Votre joue, votre joue fraîche, votre joue rose, votre joue veloutée. Oh! Rosa, de votre volonté, non plus par surprise, non plus par accident, Rosa. Ah!

Le prisonnier acheva sa prière dans un soupir; il venait de rencontrer les lèvres de la jeune fille, non plus par accident, non plus par surprise, comme cent ans plus tard, Saint-Preux devait rencontrer les lèvres de Julie.

Rosa s'enfuit.

Cornélius resta l'âme suspendue à ses lèvres, le visage collé au guichet.

Cornélius étouffait de joie et de bonheur. Il ouvrit sa fenêtre et contempla longtemps, avec un cœur gonflé de joie, l'azur sans nuages du ciel, la lune qui argentait le double fleuve, ruisselant par delà les collines. Il se remplit les poumons d'air généreux et pur, l'esprit de douces idées, l'âme de reconnaissance et d'admiration religieuse.

— Oh! vous êtes toujours là haut, mon Dieu! s'écria-t-il, à demi prosterné, les yeux ardemment tendus vers les étoiles, pardonnez-moi d'avoir presque douté de vous ces ours derniers, vous vous cachiez derrière vos nuages, et un instant, j'ai cessé de vous voir, Dieu bon, Dieu éternel, Dieu miséricordieux. Mais aujourd'hui! mais ce soir, mais cette nuit, oh! je vous vois tout entier dans le miroir de vos cieux et surtout dans le miroir de mon cœur.

Il était guéri, le pauvre malade, il était libre, le pauvre prisonnier!

Pendant une partie de la nuit Cornélius demeura suspendu aux barreaux de sa fenêtre, l'oreille au guet, concentrant ses cinq sens en seul, ou plutôt en deux seulement, il regardait et écoutait.

Il regardait le ciel, il écoutait la terre.

Puis, l'œil tourné de temps en temps vers le corridor :

— Là bas, disait-il, est Rosa, Rosa qui veille comme moi, comme moi attendant de minute en minute. Là bas, sous les yeux de Rosa, est la fleur mystérieuse, qui vit, qui s'entr'ouvre, qui s'ouvre; peut-être en ce moment Rosa tient-elle la tige de la tulipe entre ses doigts délicats et tièdis. Touche cette tige doucement, Rosa. Peut-être touche-t-elle de ses lèvres son calice entr'ouvert; effleure-le avec précaution, Rosa. Rosa, tes lèvres brûlent; peut-être en ce moment, mes deux amours se caressent-ils sous le regard de Dieu.

En ce moment, une étoile s'enflamma au midi, traversa tout l'espace qui séparait l'horizon de la forteresse et vint s'abattre sur Lœwestein.

Cornélius tressaillit.

— Ah! dit-il, voilà Dieu qui envoie une âme à ma fleur.

Et comme s'il eût deviné juste, presque au même moment, le prisonnier entendit dans le corridor des pas légers, comme ceux d'une sylphide, le froissement d'une robe qui semblait un battement d'ailes et une voix bien connue qui disait :

— Cornélius, mon ami, mon ami bien aimé et bien heureux, venez, venez vite.

Cornélius ne fit qu'un bond, de la croisée au guichet, cette fois encore ses lèvres rencontrèrent les lèvres murmurantes de Rosa, qui lui dit dans un baiser :

— Elle est ouverte, elle est noire, la voilà.

— Comment, la voilà! s'écria Cornélius, détachant ses lèvres des lèvres de la jeune fille.

— Oui, oui, il faut bien risquer un petit danger pour donner une grande joie, la voilà, tenez.

Et, d'une main, elle leva à la hauteur du guichet, une petite lanterne sourde, qu'elle venait de faire lumineuse, tandis qu'à la même hauteur, elle levait de l'autre la miraculeuse tulipe.

Cornélius jeta un cri et pensa s'évanouir.

— Oh! murmura-t-il, mon Dieu! mon Dieu! vous me récompensez de mon innocence et de ma captivité, puisque vous avez fait pousser ces deux fleurs au guichet de ma prison.

— Embrassez-la, dit Rosa, comme je l'ai embrassée tout à l'heure.

Cornélius, retenant son haleine toucha du bout des lèvres la pointe de la fleur, et jamais baiser, donné aux lèvres d'une femme, fût ce aux lèvres de Rosa, ne lui entra si profondément dans le cœur.

La tulipe était belle, splendide, magnifique, sa tige avait plus de dix-huit pouces de hauteur, elle s'élançait du sein de quatre feuilles vertes, lisses, droites comme des fers de lance, sa fleur tout entière était noire et brillante comme du jais.

— Rosa, dit Cornélius, tout haletant, Rosa, plus un instant à perdre, il faut écrire la lettre.

— Elle est écrite, mon bien aimé Cornélius, dit Rosa.

— En vérité.

— Pendant que la tulipe s'ouvrait, j'écrivais, moi, car je ne voulais pas qu'un seul instant fût perdu. Voyez la lettre, et dites moi si vous la trouvez bien.

Cornélius prit la lettre et lut, sur une écriture qui avait encore fait de grands progrès depuis le petit mot qu'il avait reçu de Rosa :

« Monsieur le président,

« La tulipe noire va s'ouvrir dans dix minutes peut-être. Aussitôt ouverte, je vous enverrai un messager pour vous prier de venir vous-même en personne la chercher dans la forteresse de Lœvestein. Je suis la fille du geôlier Gryphus, presque aussi prisonnière que les prisonniers de mon père. Je ne pourrais donc vous porter cette merveille. C'est pourquoi j'ose vous supplier de la venir prendre vous-même.

» Mon désir est qu'elle s'appelle Rosa Barlœnsis.

» Elle vient de s'ouvrir; elle est parfaitement noire... Venez, monsieur le président, venez.

» J'ai l'honneur d'être votre humble servante.

» Rosa Gryphus. »

— C'est cela, c'est cela, chère Rosa. Cette lettre est à merveille. Je ne l'eusse point écrite avec cette simplicité. Au congrès vous donnerez tous les renseignemens qui vous seront demandés. On saura comment la tulipe a été créée, à combien de soins, de veilles, de craintes, elle a donné lieu; mais, pour le moment, Rosa, pas un instant à perdre... Le messager! le messager!

— Comment s'appelle le président?

— Donnez, que je mette l'adresse. Oh! il est bien connu. C'est mynheer van Herysen, le bourguemestre de Harlem... Donnez, Rosa, donnez.

Et d'une main tremblante, Cornélius écrivit sur la lettre

« A mynheer Peters van Herysen, bourguemestre et pré-
» sident de la Société horticole de Harlem. »

— Et maintenant, allez, Rosa, allez, dit Cornélius; et mettons-nous sous la garde de Dieu, qui jusqu'ici nous a si bien gardés.

XXIII.

L'ENVIEUX.

En effet, les pauvres jeunes gens avaient grand besoin d'être gardés par la protection directe du Seigneur.

Jamais ils n'avaient été si près du désespoir que dans ce moment même où ils croyaient être certains de leur bonheur.

Nous ne douterons point de l'intelligence de notre lecteur à ce point de douter qu'il n'ait reconnu dans Jacob notre ancien ami, ou plutôt notre ancien ennemi, Isaac Boxtel.

Le lecteur a donc deviné que Boxtel avait suivi du Buytenhoff à Loevestein l'objet de son amour et l'objet de sa haine :

La tulipe noire et Cornélius van Baërle.

Ce que tout autre qu'un tulipier et qu'un tulipier envieux n'eût jamais pu découvrir, c'est-à-dire l'existence des caïeux et les ambitions du prisonnier, l'envie l'avait fait, sinon découvrir, du moins deviner à Boxtel.

Nous l'avons vu, plus heureux sous le nom de Jacob que sous le nom d'Isaac, faire amitié avec Gryphus, dont il arrosa la reconnaissance et l'hospitalité, pendant quelques mois, avec le meilleur genièvre que l'on eût jamais fabriqué du Texel à Anvers.

Il endormit ses défiances ; car, nous l'avons vu, le vieux Gryphus était défiant ; il endormit ses défiances, disons-nous, en le flattant d'une alliance avec Rosa.

Il caressa en outre ses instincts de geôlier, après avoir flatté son orgueil de père. Il caressa ses instincts de geôlier en lui peignant sous les plus sombres couleurs le savant prisonnier que Gryphus tenait sous ses verroux, et qui, au dire du faux Jacob, avait passé un pacte avec Satan pour nuire à Son Altesse le prince d'Orange.

Il avait d'abord aussi bien réussi près de Rosa, non pas en lui inspirant des sentimens sympathiques, Rosa avait toujours fort peu aimé mynheer Jacob, mais en lui parlant mariage et passion folle, il avait d'abord éteint tous les soupçons qu'elle eût pu avoir.

Nous avons vu comment son imprudence à suivre Rosa dans le jardin l'avait dénoncé aux yeux de la jeune fille et comment les craintes instinctives de Cornélius avaient mis les deux jeunes gens en garde contre lui.

Ce qui avait surtout inspiré des inquiétudes au prisonnier, notre lecteur doit se rappeler cela, c'est cette grande colère dans laquelle Jacob était entré contre Gryphus, à propos du caïeu écrasé.

En ce moment, cette rage était d'autant plus grande, que Boxtel soupçonnait bien Cornélius d'avoir un second caïeu, mais n'en n'était rien moins que sûr.

Ce fut alors qu'il épia Rosa et la suivit non seulement au jardin mais encore dans les corridors.

Seulement, comme cette fois il la suivait dans la nuit et nu pieds, il ne fut ni vu, ni entendu.

Excepté cette fois où Rosa crut avoir vu passer quelque chose comme une ombre dans l'escalier.

Mais il était déjà trop tard, Boxtel avait appris, de la bouche même du prisonnier, l'existence du second caïeu.

Dupe de la ruse de Rosa, qui avait fait semblant de l'enfouir dans la plate-bande, et ne doutant pas que cette petite comédie n'eût été jouée pour le forcer à se trahir, il redoubla de précautions et mit en jeu toutes les ruses de son esprit pour continuer à épier les autres sans être épié lui-même.

Il vit Rosa transporter un grand pot de faïence de la cuisine de son père dans sa chambre.

Il vit Rosa laver, à grande eau, ses belles mains pleines de la terre qu'elle avait pétrie pour préparer à la tulipe le meilleur lit possible.

Enfin, il loua, dans un grenier, une petite chambre juste en face de la fenêtre de Rosa ; assez éloignée pour qu'on ne pût pas le reconnaître à l'œil nu, mais assez proche pour qu'à l'aide de son télescope il pût suivre tout ce qui se passait à Loevestein dans la chambre de la jeune fille, comme il avait suivi à Dordrecht tout ce qui se passait dans le séchoir de Cornélius.

Il n'était pas installé depuis trois jours dans son grenier, qu'il n'avait plus aucun doute.

Dès le matin au soleil levant, le pot de faïence était sur la fenêtre, et pareille à ces charmantes femmes de Mieris et de Metzu, Rosa apparaissait à cette fenêtre encadrée par les premiers rameaux verdissans de la vigne vierge et du chèvrefeuille.

Rosa regardait le pot de faïence d'un œil qui dénonçait à Boxtel la valeur réelle de l'objet renfermé dans le pot.

Ce que renfermait le pot, c'était donc le deuxième caïeu, c'est-à-dire la suprême espérance du prisonnier.

Lorsque les nuits menaçaient d'être trop froides, Rosa rentrait le pot de faïence.

C'était bien cela, elle suivait les instructions de Cornélius, qui craignait que le caïeu ne fût gelé.

Quand le soleil devint plus chaud, Rosa rentrait le pot faïence depuis onze heures du matin jusqu'à deux heures de l'après-midi.

C'était bien cela encore, Cornélius craignait que la terre ne fût desséchée.

Mais quand la lance de la fleur sortit de terre, Boxtel fut convaincu tout à fait, elle n'était pas haute d'un pouce que, grâce à son télescope, l'envieux n'avait plus de doutes.

Cornélius possédait deux caïeux, et le second caïeu était confié à l'amour et aux soins de Rosa.

Car on le pense bien, l'amour des deux jeunes gens n'avait point échappé à Boxtel.

C'était donc ce second caïeu qu'il fallait trouver moyen d'enlever aux soins de Rosa et à l'amour de Cornélius.

Seulement, ce n'était pas chose facile.

Rosa veillait sa tulipe comme une mère veillerait son enfant ; mieux que cela, comme une colombe couve ses œufs.

Rosa ne quittait pas la chambre de la journée ; il y avait plus, chose étrange, Rosa ne quittait plus sa chambre le soir.

Pendant sept jours Boxtel épia inutilement Rosa, Rosa ne sortit point de sa chambre.

C'était pendant les sept jours de brouille qui rendirent Cornélius si malheureux, en lui enlevant à la fois toute nouvelle de Rosa et de sa tulipe.

Rosa allait-elle bouder éternellement Cornélius ? Cela eût rendu le vol bien autrement difficile que ne l'avait cru d'abord mynheer Isaac.

Nous disons le vol, car Isaac s'était tout simplement arrêté à ce projet de voler la tulipe ; et, comme elle poussait dans le plus profond mystère, comme les deux jeunes gens cachaient son existence à tout le monde, comme on le croirait plutôt, lui, tulipier reconnu, qu'une jeune fille étrangère à tous les détails de l'horticulture ou qu'un prisonnier condamné pour crime de haute trahison, gardé, surveillé, épié, et qui réclamerait mal du fond de son cachot ; d'ailleurs, comme il serait possesseur de la tulipe, et qu'en fait de meubles et autres objets transportables, la possession fait foi de la propriété, il obtiendrait bien certainement le prix, serait bien certainement couronné en place de Cornélius, et la tulipe, au lieu de s'appeler *tulipa nigra Barlœnsis*, s'appellerait *Tulipa nigra Boxtellensis* ou *Boxtellea*.

Mynheer Isaac n'était point encore fixé sur celui de ces deux noms qu'il donnerait à la tulipe noire ; mais comme tous deux signifiaient la même chose, ce n'était point là le point important.

Le point important, c'était de voler la tulipe.

Mais, pour que Boxtel pût voler la tulipe, il fallait que Rosa sortit de sa chambre.

Aussi, fût-ce avec une véritable joie que Jacob ou Isaac comme on voudra, vit reprendre les rendez-vous accoutumés du soir.

Il commença par profiter de l'absence de Rosa pour étudier sa porte.

La porte fermait bien et à double tour, au moyen d'une serrure simple, mais dont Rosa seule avait la clef.

Boxtel eut l'idée de voler la clef de Rosa, mais outre que ce n'était pas chose facile que de fouiller dans la poche de la jeune fille, Rosa s'apercevant qu'elle avait perdu sa clef faisait changer la serrure, ne sortait pas de sa chambre que la serrure ne fût changée, et Boxtel avait commis un crime inutile.

Mieux valait donc employer un autre moyen.

Boxtel réunit toutes les clefs qu'il put trouver, et pendant que Rosa et Cornélius passaient au guichet une de leurs heures fortunées, il les essaya toutes.

Deux entrèrent dans la serrure, une des deux fit le premier tour et ne s'arrêta qu'au second.

Il n'y avait donc que peu de chose à faire à cette clef.

Boxtel l'enduisit d'une légère couche de cire et renouvela l'expérience.

L'obstacle que la clef avait rencontré au second tour avait laissé son empreinte sur la cire.

Boxtel n'eut qu'à suivre cette empreinte avec le mordant d'une lime à la lame étroite comme celle d'un couteau.

Avec deux autres jours de travail, Boxtel mena sa clef à la perfection.

La porte de Rosa s'ouvrit sans bruit, sans efforts, et Boxtel se trouva dans la chambre de la jeune fille, seul à seul avec la tulipe.

La première action condamnable de Boxtel avait été de passer par dessus un mur, pour déterrer la tulipe; la seconde avait été de pénétrer dans le séchoir de Cornélius, par une fenêtre ouverte; la troisième de s'introduire dans la chambre de Rosa avec une fausse clef.

On le voit, l'envie faisait faire à Boxtel des pas rapides dans la carrière du crime.

Boxtel se trouva donc seul à seul avec la tulipe.

Un voleur ordinaire eût mis le pot sous son bras et l'eût emporté.

Mais Boxtel n'était point un voleur ordinaire et il réfléchit.

Il réfléchit en regardant la tulipe, à l'aide de sa lanterne sourde, qu'elle n'était pas en core assez avancée pour lui donner la certitude qu'elle fleurirait noire, quoique les apparences offrissent toutes probabilités.

Il réfléchit que si elle ne fleurissait pas noire, ou que, si elle fleurissait avec une tache quelconque, il aurait fait un vol inutile.

Il réfléchit que le bruit de ce vol se répandrait, que l'on soupçonnerait le voleur, d'après ce qui s'était passé dans le jardin, que l'on ferait des recherches, et que, si bien qu'il cachât la tulipe, il était possible de la retrouver.

Il réfléchit que, cachât-il la tulipe de façon à ce qu'elle ne fût pas retrouvée, il pourrait, dans tous les transports qu'elle serait obligée de subir, lui arriver malheur.

Il réfléchit enfin que mieux valait, puisqu'il avait une clef de la chambre de Rosa et pouvait y entrer quand il voulait, il réfléchit qu'il valait mieux attendre la floraison, la prendre une heure avant qu'elle s'ouvrît, ou une heure après qu'elle serait ouverte, et partir à l'instant même sans retard pour Harlem, où, avant qu'on eût même réclamé, la tulipe serait devant les juges.

Alors, ce serait celui ou celle qui réclamerait que Boxtel accuserait de vol.

C'était un plan bien conçu et digne en tout point de celui qui le concevait.

Ainsi tous les soirs, pendant cette douce heure que les jeunes gens passaient au guichet de la prison, Boxtel entrait dans la chambre de la jeune fille, non pas pour violer le sanctuaire de virginité, mais pour suivre les progrès que faisait la tulipe noire dans sa floraison.

Le soir où nous sommes arrivés, il allait entrer comme les autres soirs; mais, nous l'avons vu, les jeunes gens n'avaient échangé que quelques paroles, et Cornélius avait renvoyé Rosa pour veiller sur la tulipe.

En voyant Rosa rentrer dans sa chambre, dix minutes après en être sortie, Boxtel comprit que la tulipe avait fleuri ou allait fleurir.

C'était donc pendant cette nuit-là que la grande partie allait se jouer; aussi Boxtel se présenta-t-il chez Gryphus avec une provision de genièvre double de coutume;

C'est-à-dire avec une bouteille dans chaque poche.

Gryphus gris, Boxtel était maître de la maison à peu près.

A onze heures, Gryphus était ivre mort. A deux heures du matin, Boxtel vit sortir Rosa de sa chambre, mais visiblement elle tenait dans ses bras un objet qu'elle portait avec précaution.

Cet objet, c'était sans aucun doute la tulipe noire qui venait de fleurir.

Mais, qu'allait-elle en faire?

Allait-elle à l'instant même partir pour Harlem avec elle?

Il n'était pas possible qu'une jeune fille entreprît seule, la nuit, un pareil voyage.

Allait-elle seulement montrer la tulipe à Cornélius, c'était probable.

Il suivit Rosa pieds nus et sur la pointe du pied.

Il la vit s'approcher du guichet.

Il l'entendit appeler Cornélius.

A la lueur de la lanterne sourde, il vit la tulipe ouverte, noire comme la nuit dans laquelle il était caché.

Il entendit tout le projet arrêté entre Cornélius et Rosa d'envoyer un messager à Harlem.

Il vit les lèvres des deux jeunes gens se toucher, puis il entendit Cornélius renvoyer Rosa.

Il vit Rosa éteindre la lanterne sourde et reprendre le chemin de sa chambre.

Il la vit rentrer dans sa chambre.

Puis il la vit, dix minutes après, sortir de sa chambre et en fermer avec soin la porte à double clef.

Pourquoi fermait-elle cette porte avec tant de soin, c'est que derrière cette porte elle enfermait la tulipe noire.

Boxtel, qui voyait tout cela caché sur le palier de l'étage supérieur à la chambre de Rosa, descendit une marche de son étage à lui, lorsque Rosa descendait une marche du sien.

De sorte que, lorsque Rosa touchait la dernière marche de l'escalier, de son pied léger, Boxtel, d'une main plus légère encore, touchait la serrure de la chambre de Rosa avec sa main,

Et dans cette main, on doit le comprendre, était la fausse clef qui ouvrait la porte de Rosa ni plus ni moins facilement que la vraie.

Voilà pourquoi nous avons dit au commencement de ce chapitre que les pauvres jeunes gens avaient bien besoin d'être gardés par la protection directe du Seigneur.

XXIV.

OU LA TULIPE NOIRE CHANGE DE MAITRE.

Cornélius était resté à l'endroit où l'avait laissé Rosa, cherchant presque inutilement en lui la force de porter le double fardeau de son bonheur.

Une demi-heure s'écoula.

Déjà les premiers rayons du jour entraient, bleuâtres et frais, à travers les barreaux de la fenêtre dans la prison de Cornélius, lorsqu'il tressaillit tout à coup à des pas qui montaient l'escalier et à des cris qui se rapprochaient de lui.

Presqu'au même moment, son visage se trouva en face du visage pâle et décomposé de Rosa.

Il recula pâlissant lui-même d'effroi.

— Cornélius ! Cornélius ! s'écria celle-ci haletante.

— Quoi donc? mon Dieu ! demanda le prisonnier.

— Cornélius ! la tulipe...

— Eh bien ?

— Comment vous dire cela ?

— Dites, dites, Rosa.

— On nous l'a prise, on nous l'a volée.

— On nous l'a prise, on nous l'a volée ! s'écria Cornélius.

— Oui, dit Rosa en s'appuyant contre la porte pour ne pas tomber. Oui, prise, volée.

Et, malgré elle, les jambes lui manquant, elle glissa et tomba sur ses genoux.

— Mais comment cela? demanda Cornélius. Dites-moi, expliquez-moi...

— Oh ! il n'y a pas de ma faute, mon ami.

Pauvre Rosa ! elle n'osait plus dire : Mon bien aimé.

— Vous l'avez laissée seule, dit Cornélius avec un accent lamentable.

— Un seul instant, pour aller prévenir notre messager qui demeure à cinquante pas à peine, sur le bord du Wahal.

— Et pendant ce temps, malgré mes recommandations, vous avez laissé la clef à la porte, malheureuse enfant !

— Non, non, non, et voilà ce qui me passe, la clef ne m'a point quittée, je l'ai constamment tenue dans ma main, la serrant comme si j'eus eu peur qu'elle ne m'échappât.

— Mais alors, comment cela se fait-il ?

— Le sais-je, moi-même ; j'avais donné la lettre à mon messager ; mon messager était parti devant moi ; je rentre, la porte était fermée, chaque chose était à sa place dans ma chambre, excepté la tulipe qui avait disparu. Il faut que quelqu'un se soit procuré une clef de ma chambre, ou en ait fait faire une fausse.

Elle suffoqua, les larmes lui coupaient la parole.

Cornélius, immobile, les traits altérés, écoutait presque sans comprendre, murmurant seulement :

— Volée, volée, volée! je suis perdu.

— Oh ! monsieur Cornélius, grâce ! grâce ! criait Rosa, j'en mourrai.

A cette menace de Rosa, Cornélius saisit les grilles du guichet, et les étreignant avec fureur :

— Rosa, s'écria-t-il, on nous a volé, c'est vrai, mais faut-il nous laisser abattre pour cela? Non, le malheur est grand, mais réparable peut-être, Rosa ; nous connaissons le voleur.

— Hélas ! comment voulez-vous que je vous dise positivement ?

— Oh ! je vous le dis, moi, c'est cet infâme Jacob. Le laisserons-nous porter à Harlem le fruit de nos travaux, le fruit de nos veilles, l'enfant de notre amour. Rosa, il faut le poursuivre, il faut le rejoindre.

— Mais comment faire tout cela, mon ami, sans découvrir à mon père que nous étions d'intelligence? Comment moi, une femme si peu libre, si peu habile, comment parviendrai-je à ce but, que vous-même n'atteindriez peut-être pas ?

— Rosa, Rosa, ouvrez-moi cette porte, et vous verrez si je ne l'atteins pas. Vous verrez si je ne découvre pas le voleur, vous verrez si je ne lui fais pas avouer son crime. Vous verrez si je ne lui fais pas crier grâce !

— Hélas ! dit Rosa éclatant en sanglots, puis-je vous ouvrir? Ai-je les clefs sur moi? Si je les avais, ne seriez-vous pas libre depuis longtemps?

— Votre père les a, votre infâme père, le bourreau qui m'a déjà écrasé le premier caïeu de ma tulipe. Oh ! le misérable, le misérable ! il est complice de Jacob.

— Plus bas, plus bas, au nom du ciel.

— Oh ! si vous ne m'ouvrez pas, Rosa, s'écria Cornélius au paroxysme de la rage, j'enfonce ce grillage et je massacre tout ce que je trouve dans la prison.

— Mon ami, par pitié !

— Je vous dis, Rosa, que je vais démolir le cachot pierre à pierre.

Et l'infortuné, de ses deux mains, dont la colère décuplait les forces, ébranlait la porte à grand bruit, peu soucieux des éclats de sa voix qui s'en allait tonner au fond de la spirale sonore de l'escalier.

Rosa, épouvantée, essayait bien inutilement de calmer cette furieuse tempête.

— Je vous dis que je tuerai l'infâme Gryphus, hurlait van Baërle ; je vous dis que je verserai son sang, comme il a versé celui de ma tulipe noire.

Le malheureux commençait à devenir fou.

— Eh bien, oui, disait Rosa palpitante, oui, oui, mais calmez-vous, oui je lui prendrai ses clefs, oui je vous ouvrirai, oui, mais calmez-vous, mon Cornélius.

Elle n'acheva point, un hurlement poussé devant elle interrompit sa phrase.

— Mon père ! s'écria Rosa.

— Gryphus ! rugit van Baërle, ah ! scélérat !

Le vieux Gryphus, au milieu de tout ce bruit, était monté sans que l'on pût l'entendre.

Il saisit rudement sa fille par le poignet.

— Ah ! vous me prendrez mes clefs, dit-il d'une voix étouffée par la colère. Ah ! cet infâme ! ce monstre ! ce conspirateur à pendre est votre Cornélius. Ah ! l'on a des connivences avec les prisonniers d'Etat. C'est bon.

Rosa frappa dans ses deux mains avec désespoir.

Oh ! continua Gryphus, passant de l'accent fiévreux de la colère à la froide ironie du vainqueur, ah ! monsieur l'innocent tulipier, ah ! monsieur le doux savant, ah ! vous me massacrerez, ah ! vous boirez mon sang ! Très bien ! rien que cela ! Et de complicité avec ma fille ! Jésus ! mais je suis donc dans un antre de brigands, je suis donc dans une caverne de voleurs ! Ah ! monsieur le gouverneur saura tout ce matin, et S. A. le stathouder saura tout demain. Nous connaissons la loi : Quiconque se rebellera dans la prison, article 6. Nous allons vous donner une seconde édition du Buytenhoff, monsieur le savant, et la bonne édition celle-là. Oui, oui, rongez vos poings comme un ours en cage, et vous, la belle, mangez des yeux votre Cornélius. Je vous avertis, mes agneaux, que vous n'aurez plus cette félicité de conspirer ensemble. Çà, qu'on descende, fille dénaturée. Et vous monsieur le savant, au revoir ; soyez tranquille, au revoir !

Rosa, folle de terreur et de désespoir, envoya un baiser à son ami; puis, sans doute illuminée d'une pensée soudaine, elle se lança dans l'escalier en disant :

— Tout n'est pas perdu encore, compte sur moi, mon Cornélius.

Son père la suivit en hurlant.

Quant au pauvre tulipier, il lâcha peu à peu les grilles que retenaient ses doigts convulsifs ; sa tête s'alourdit, ses yeux oscillèrent dans leurs orbites, et il tomba lourdement sur le carreau de sa chambre en murmurant :

— Volée ! on me l'a volée !

Pendant ce temps, Boxtel sorti du château par la porte qu'avait ouverte Rosa elle-même, Boxtel, la tulipe noire enveloppée dans un large manteau, Boxtel s'était jeté dans une carriole qui l'attendait à Gorcum et disparaissait, sans avoir, on le pense bien, averti l'ami Gryphus de son départ précipité.

Et maintenant que nous l'avons vu monter dans sa carriole, nous le suivrons, si le lecteur y consent, jusqu'au terme de son voyage.

Il marchait doucement, on ne fait pas impunément courir la poste à une tulipe noire.

Mais Boxtel, craignant de ne pas arriver assez tôt, fit fabriquer à Delft une boîte garnie tout autour de belle mousse fraîche, dans laquelle il encaissa sa tulipe; la fleur s'y trouvait si mollement accoudée de tous les côtés avec de l'air par en haut, que la carriole put prendre le galop, sans préjudice possible.

Il arriva le lendemain matin à Harlem, harassé, mais triomphant, changea sa tulipe de pot, afin de faire disparaître toute trace de vol, brisa le pot de faïence dont il jeta les tessons dans un canal, écrivit au président de la société horticole une lettre dans laquelle il lui annonçait qu'il venait d'arriver à Harlem avec une tulipe parfaitement noire, s'installa dans une bonne hôtellerie avec sa fleur intacte,

Et là attendit.

XXV.

LE PRÉSIDENT VAN SYSTENS.

Rosa, en quittant Cornélius, avait pris son parti.

C'était de lui rendre la tulipe que venait de lui voler Jacob, ou de ne jamais le revoir.

Elle avait vu le désespoir du pauvre prisonnier, double et incurable désespoir.

En effet, d'un côté, c'était une séparation inévitable, Gryphus ayant à la fois surpris le secret de leur amour et de leurs rendez-vous.

De l'autre c'était le renversement de toutes les espérances d'ambition de Cornélius van Baërle, et ces espérances, il les nourrissait depuis sept ans.

Rosa était une de ces femmes qui s'abattent d'un rien, mais qui, pleines de forces contre un malheur suprême, trouvent dans le malheur même l'énergie qui peut le combattre, ou la ressource qui peut le réparer.

La jeune fille rentra chez elle, jeta un dernier regard dans sa chambre, pour voir si elle ne s'était pas trompée, et si la tulipe n'était point dans quelque coin où elle eût échappé à ses regards. Mais Rosa chercha vainement, la tulipe était toujours absente, la tulipe était toujours volée.

Rosa fit un petit paquet des hardes qui lui étaient nécessaires, elle prit ses trois cents florins d'épargne, c'est-à-dire toute sa fortune, fouilla sous ses dentelles où était enfoui le troisième caïeu, le cacha précieusement dans sa poitrine, ferma sa porte à double tour pour retarder de tout le temps qu'il faudrait pour l'ouvrir le moment où sa fuite serait connue, descendit l'escalier, sortit de la prison par la porte qui une heure auparavant avait donné passage à Boxtel, se rendit chez un loueur de chevaux et demanda à louer une carriole.

Le loueur de chevaux n'avait qu'une carriole, c'était justement celle que Boxtel lui avait louée depuis la veille et avec laquelle il courait sur la route de Delft.

Nous disons sur la route de Delft, car il fallait faire un énorme détour pour aller de Lœvestein à Harlem; à vol d'oiseau la distance n'eût pas été de moitié.

Mais il n'y a que les oiseaux qui puissent voyager à vol d'oiseau en Hollande, le pays le plus coupé de fleuves, de ruisseaux, de rivières, de canaux et de lacs qu'il y ait au monde.

Force fut donc à Rosa de prendre un cheval, qui lui fut confié facilement: le loueur de chevaux connaissant Rosa pour la fille du concierge de la forteresse.

Rosa avait un espoir, c'était de rejoindre son messager, bon et brave garçon qu'elle emmènerait avec elle et qui lui servirait à la fois de guide et de soutien.

En effet, elle n'avait point fait une lieue qu'elle l'aperçut allongeant le pas sur l'un des bas côtés d'une charmante route qui côtoyait la rivière.

Elle mit son cheval au trot et le rejoignit.

Le brave garçon ignorait l'importance de son message, et cependant allait aussi bon train que s'il l'eût connue. En moins d'une heure il avait déjà fait une lieue et demie.

Rosa lui reprit le billet devenu inutile et lui exposa le besoin qu'elle avait de lui. Le batelier se mit à sa disposition, promettant d'aller aussi vite que le cheval, pourvu que Rosa lui permît d'appuyer la main soit sur sa croupe, soit sur son garrot.

La jeune fille lui permit d'appuyer la main partout où il voudrait, pourvu qu'il ne la retardât point.

Les deux voyageurs étaient déjà partis depuis cinq heures et avaient déjà fait plus de huit lieues, que le père Gryphus ne se doutait point encore que la jeune fille eût quitté la forteresse.

Le geôlier d'ailleurs, fort méchant homme au fond, jouissait du plaisir d'avoir inspiré à sa fille une profonde terreur.

Mais tandis qu'il se félicitait d'avoir à conter une si belle histoire au compagnon Jacob, Jacob était aussi sur la route de Delft.

Seulement, grâce à sa carriole, il avait déjà quatre lieues d'avance sur Rosa et sur le batelier.

Tandis qu'il se figurait Rosa tremblant ou boudant dans sa chambre, Rosa gagnait du terrain.

Personne, excepté le prisonnier, n'était donc où Gryphus croyait que chacun était.

Rosa paraissait si peu chez son père depuis qu'elle soignait la tulipe, que ce ne fut qu'à l'heure du dîner, c'est-à-dire à midi, que Gryphus s'aperçut qu'au compte de son appétit, sa fille boudait depuis trop longtemps.

Il la fit appeler par un de ses porte-clefs; puis, comme celui-ci descendit en annonçant qu'il l'avait cherchée et appelée en vain, il résolut de la chercher et de l'appeler lui-même.

Il commença par aller droit à sa chambre; mais il eut beau frapper, Rosa ne répondit point.

On fit venir le serrurier de la forteresse; le serrurier ouvrit la porte, mais Gryphus ne trouva pas plus Rosa que Rosa n'avait trouvé la tulipe.

Rosa, en ce moment, venait d'entrer à Rotterdam.

Ce qui fait que Gryphus ne la trouva pas plus à la cuisine que dans sa chambre, pas plus au jardin que dans la cuisine.

Qu'on juge de la colère du geôlier, lorsqu'ayant battu les environs, il apprit que sa fille avait loué un cheval, et, comme Bradamante ou Clorinde, était partie en véritable chercheuse d'aventures, sans dire où elle allait.

Gryphus remonta furieux chez van Baërle, l'injuria, le menaça, secoua tout son pauvre mobilier, lui promit le cachot, lui promit le cul de basse-fosse, lui promit la faim et les verges.

Cornélius, sans même écouter ce que disait le geôlier, se laissa maltraiter, injurier, menacer, demeurant morne, immobile, anéanti, insensible à toute émotion, mort à toute crainte.

Après avoir cherché Rosa de tous les côtés, Gryphus chercha Jacob, et comme il ne le trouva pas plus qu'il n'avait retrouvé sa fille, soupçonna dès ce moment Jabob de l'avoir enlevée.

Cependant, la jeune fille, après avoir fait une halte de deux heures à Rotterdam, s'était remise en route. Le soir même elle couchait à Delft, et le lendemain elle arrivait à Harlem, quatre heures après que Boxtel y était arrivé lui-même.

Rosa se fit conduire tout d'abord chez le président de la Société horticole, maître van Systens.

Elle trouva le digne citoyen dans une situation que nous ne saurions omettre de dépeindre, sans manquer à tous nos devoirs de peintre et d'historien.

Le président rédigeait un rapport au comité de la société.

Ce rapport était sur grand papier et de la plus belle écriture du président.

Rosa se fit annoncer sous son simple nom de Rosa Gryphus, mais ce nom, si sonore qu'il fût, était inconnu du président, car Rosa fut refusée. Il est difficile de forcer les consignes en Hollande, pays des digues et des écluses.

Mais Rosa ne se rebuta point, elle s'était imposé une mission et s'était juré à elle-même de ne se laisser abattre ni par les rebuffades, ni par les brutalités, ni par les injures.

— Annoncez à M. le président, dit-elle, que je viens lui parler pour la tulipe noire.

Ces mots, non moins magiques que le fameux : *Sezame, ouvre-toi*, des Mille et une nuits, lui servirent de *passe porte*. Grâce à ces mots, elle pénétra jusque dans le bureau du président van Systens, qu'elle trouva galamment en chemin pour venir à sa rencontre.

C'était un bon petit homme au corps grêle, représentant assez exactement la tige d'une fleur, dont la tête formait le calice, deux bras vagues et pendans, simulaient la double feuille oblongue de la tulipe, un certain balancement qui lui était habituel complétait sa ressemblance avec cette fleur lorsqu'elle s'incline sous le souffle du vent.

Nous avons dit qu'il s'appelait M. van Systens.

— Mademoiselle, s'écria t-il, vous venez, dites-vous, de la part de la tulipe noire?

Pour M. le président de la Société horticole, la *Tulipa nigra* était une puissance de premier ordre, qui pouvait bien, en sa qualité de reine des tulipes, envoyer des ambassadeurs.

— Oui, monsieur, répondit Rosa, je viens du moins pour vous parler d'elle.

— Elle se porte bien? fit van Systens avec un sourire de tendre vénération.

— Hélas! monsieur, je ne sais, dit Rosa.

— Comment! lui serait-il donc arrivé quelque malheur?

— Un bien grand, oui monsieur, non pas à elle, mais à moi.

— Lequel?

— On me l'a volée.

— On vous a volé la tulipe noire?

— Oui, monsieur.

— Savez-vous qui?

— Oh! je m'en doute, mais je n'ose encore accuser.

— Mais la chose sera facile à vérifier.

— Comment cela?

— Depuis qu'on vous l'a volée, le voleur ne saurait être loin.

— Pourquoi ne peut-il être loin?

— Mais parce que je l'ai vue il n'y a pas deux heures.

— Vous avez vu la tulipe noire? s'écria Rosa en se précipitant vers M. van Systens.

— Comme je vous vois, mademoiselle.

— Mais où cela?

— Chez votre maître, apparemment.

— Chez mon maître?

— Oui. N'êtes-vous pas au service de M. Isaac Boxtel?

— Moi.

— Sans doute, vous.

— Mais pour qui donc me prenez-vous, monsieur?

— Mais, pour qui me prenez-vous, vous-même?

— Monsieur, je vous prends, je l'espère, pour ce que vous êtes, c'est-à-dire pour l'honorable M. van Systen, bourguemestre de Harlem et président de la Société horticole.

— Et vous venez me dire?

— Je viens vous dire, monsieur, que l'on m'a volé ma tulipe.

— Votre tulipe alors est celle de M. Boxtel. Alors, vous vous expliquez mal, mon enfant; ce n'est pas à vous, mais à M. Boxtel qu'on a volé la tulipe.

— Je vous répète, monsieur, que je ne sais pas ce que c'est que M. Boxtel et que voilà la première fois que j'entends prononcer ce nom.

— Vous ne savez pas ce que c'est que M. Boxtel et vous aviez aussi une tulipe noire.

— Mais, il y en a donc une autre? demanda Rosa, toute frissonnante.

— Il y a celle de M. Boxtel, oui.

— Comment est elle?

— Noire, pardieu.

— Sans tache?

— Sans une seule tache, sans le moindre point.

— Et vous avez cette tulipe, elle est déposée ici?

— Non, mais elle y sera déposée, car je dois en faire l'exhibition au comité avant que le prix ne soit décerné.

— Monsieur, s'écria Rosa, ce Boxtel, cet Isaac Boxtel, qui se dit propriétaire de la tulipe noire...

— Et qui l'est en effet.

— Monsieur, n'est-ce point un homme maigre?

— Oui.

— Chauve?

— Oui.

— Ayant l'œil hagard?

— Je crois que oui.

— Inquiet, voûté, jambes torses?

— En vérité, vous faites le portrait, trait pour trait, M. Boxtel.

— Monsieur, la tulipe est-elle dans un pot de faïence bleue et blanche à fleurs jaunâtres qui représentent une corbeille sur trois faces du pot.

— Ah! quant à cela, j'en suis moins sûr, j'ai plus regardé l'homme que le pot.

— Monsieur, c'est ma tulipe, c'est celle qui m'a été volée; monsieur, c'est mon bien; monsieur, je viens le réclamer ici devant vous, à vous.

— Oh! oh! fit M. van Systens en regardant Rosa. Quoi! vous venez réclamer ici la tulipe de M. Boxtel. Tudieu! vous êtes une hardie commère.

— Monsieur, dit Rosa, un peu troublée de cette apostrophe, je ne dis pas que je vienne réclamer la tulipe de M. Boxtel, je dis que je viens réclamer la mienne.

— La vôtre?

— Oui; celle que j'ai plantée, élevée moi-même.

— Eh bien, allez trouver M. Boxtel à l'hôtellerie du Cygne-Blanc, vous vous arrangerez avec lui; quant à moi, comme le procès me paraît aussi difficile à juger que celui qui fut porté devant le feu roi Salomon, et que je n'ai pas la prétention d'avoir sa sagesse, je me contenterai de faire mon rapport, de constater l'existence de la tulipe noire et d'ordonnancer les cent mille florins à son inventeur. Adieu, mon enfant.

— Oh! monsieur! monsieur! insista Rosa.

— Seulement, mon enfant, continua van Systens, comme vous êtes jolie, comme vous êtes jeune, comme vous n'êtes pas encore tout à fait pervertie, recevez mon conseil: Soyez prudente en cette affaire, car nous avons un tribunal et une prison à Harlem; de plus, nous sommes extrêmement chatouilleux sur l'honneur des tulipes. Allez, mon enfant, allez. M. Isaac Boxtel, hôtel du Cygne-Blanc.

Et M. van Systens, reprenant sa belle plume, continua son rapport interrompu.

XXVI.

UN MEMBRE DE LA SOCIÉTÉ HORTICOLE.

Rosa, éperdue, presque folle de joie et de crainte, à l'idée que la tulipe noire était retrouvée, prit le chemin de l'hôtellerie du Cygne-Blanc, suivie toujours de son batelier, robuste enfant de la Frise, capable de dévorer à lui seul dix Boxtel.

Pendant la route, le batelier avait été mis au courant, il ne reculait pas devant la lutte, au cas où une lutte s'engagerait; seulement, ce cas échéant, il avait ordre de ménager la tulipe.

Mais arrivée dans le Groet-Markt, Rosa s'arrêta tout à coup, une pensée subite venait de la saisir, semblable à cette Minerve d'Homère, qui saisit Achille par les cheveux, au moment où la colère va l'emporter.

— Mon Dieu! murmura-t-elle, j'ai fait une faute énorme, j'ai perdu peut-être et Cornélius, et la tulipe et moi! J'ai donné l'éveil, j'ai donné des soupçons. Je ne suis qu'une femme, ces hommes peuvent se liguer contre moi, et alors je suis perdue.

— Oh! moi perdue, ce ne serait rien, mais Cornélius, mais la tulipe!

Elle se recueillit un moment.

— Si je vais chez ce Boxtel et que je ne le connaisse pas, si ce Boxtel n'est pas mon Jacob, si c'est un autre amateur qui, lui aussi, a découvert la tulipe noire, ou bien si ma tulipe a été volée par un autre que celui que je soupçonne, ou a déjà passé dans d'autres mains, si je ne reconnais pas l'homme, mais seulement ma tulipe, comment prouver que la tulipe est à moi?

D'un autre côté, si je reconnais ce Boxtel pour le faux Jacob, qui sait ce qu'il adviendra tandis que nous contesterons ensemble, la tulipe mourra. Oh! inspirez-moi, sainte Vierge! il s'agit du sort de ma vie, il s'agit du pauvre prisonnier qui expire peut-être en ce moment.

Cette prière faite, Rosa attendit pieusement l'inspiration qu'elle demandait au ciel.

Cependant un grand bruit bourdonnait à l'extrémité du Groet-Markt. Les gens couraient, les portes s'ouvraient; Rosa, seule, était insensible à tout ce mouvement de la population.

— Il faut, murmura-t-elle, retourner chez le président.

— Retournons, dit le batelier.

Ils prirent la petite rue de la Paille qui les mena droit au logis de M. van Systens, lequel, de sa plus belle écriture et avec sa meilleure plume, continuait de travailler à son rapport.

Partout, sur son passage, Rosa n'entendait parler que de la tulipe noire et du prix de cent mille florins; la nouvelle courait déjà la ville.

Rosa n'eut pas peu de peine à pénétrer de nouveau chez M. van Systens, qui cependant se sentit ému, comme la première fois, au mot magique de la tulipe noire.

Mais quand il reconnut Rosa, dont il avait, dans son esprit, fait une folle, ou pis que cela, la colère le prit et il voulut la renvoyer.

Mais Rosa joignit les mains, et avec cet accent d'honnête vérité qui pénètre les cœurs :

— Monsieur, dit-elle, au nom du ciel! ne me repoussez pas; écoutez, au contraire, ce que je vais vous dire, et si vous ne pouvez me faire rendre justice, du moins vous n'aurez pas à vous reprocher un jour, en face de Dieu, d'avoir été complice d'une mauvaise action.

Van Systens trépignait d'impatience; c'était la seconde fois que Rosa le dérangeait au milieu d'une rédaction à laquelle il mettait son double amour-propre de bourguemestre et de président de la société horticole.

— Mais mon rapport! s'écria-t-il, mon rapport sur la tulipe noire!

— Monsieur, continua Rosa avec la fermeté de l'innocence et de la vérité, monsieur, votre rapport sur la tulipe noire reposera, si vous ne m'écoutez, sur des faits criminels ou sur des faits faux. Je vous en supplie, monsieur, faites venir ici, devant vous et devant moi, ce monsieur Boxtel, que je soutiens, moi, être M. Jacob, et je jure Dieu de lui laisser la propriété de sa tulipe si je ne reconnais pas et la tulipe et son propriétaire.

— Pardieu! la belle avance, dit van Systens.

— Que voulez-vous dire?

— Je vous demande ce que cela prouvera quand vous les aurez reconnus?

— Mais enfin, dit Rosa désespérée, vous êtes honnête homme, monsieur. Eh bien, si non seulement vous alliez donner le prix à un homme pour une œuvre qu'il n'a pas faite, mais encore pour une œuvre volée.

Peut-être l'accent de Rosa avait-il amené une certaine conviction dans le cœur de van Systens et allait-il répondre plus doucement à la pauvre fille, quand un grand bruit se fit entendre dans la rue, qui paraissait purement et simplement être une augmentation du bruit que Rosa avait déjà entendu, mais sans y attacher d'importance, au Groet-Markt, et qui n'avait pas eu le pouvoir de la réveiller de sa fervente prière.

Des acclamations bruyantes ébranlèrent la maison.

M. van Systens prêta l'oreille à ces acclamations, qui pour Rosa n'avaient point été un bruit d'abord, et maintenant n'étaient qu'un bruit ordinaire.

— Qu'est-ce que cela? s'écria le bourguemestre, qu'est-ce cela? serait-il possible et ai-je bien entendu?

Et il se précipita vers son antichambre, sans plus se préoccuper de Rosa qu'il laissa dans son cabinet.

A peine arrivé dans son antichambre, M. Van Systens poussa un grand cri en apercevant le spectacle de son escalier envahi jusqu'au vestibule.

Accompagné, ou plutôt suivi de la multitude, un jeune homme vêtu simplement d'un habit de petit velours violet brodé d'argent, montait avec une noble lenteur les degrés de pierre, éclatans de blancheur et de propreté.

Derrière lui marchaient deux officiers, l'un de la marine, l'autre de la cavalerie.

Van Systens, se faisant faire place au milieu des domestiques effarés, vint s'incliner, se prosterner presque devant le nouvel arrivant qui causait toute cette rumeur.

— Monseigneur, s'écria-t-il, monseigneur, Votre Altesse chez moi; honneur éclatant à jamais pour mon humble maison.

— Cher monsieur van Systens, dit Guillaume d'Orange avec une sérénité qui, chez lui, remplaçait le sourire, je suis un vrai Hollandais, moi, j'aime l'eau, la bière et les fleurs, quelquefois même ce fromage dont les Français estiment le goût; parmi les fleurs, celles que je préfère sont naturellement les tulipes. J'ai ouï dire à Leyde que la ville de Harlem possédait enfin la tulipe noire, et, après m'être assuré que la chose était vraie, quoique incroyable, je viens en demander des nouvelles au président de la Société d'horticulture.

— Oh! monseigneur, monseigneur, dit van Systens ravi, quelle gloire pour la société si ses travaux agréent à Votre Altesse.

— Vous avez la fleur ici? dit le prince qui sans doute se repentait déjà d'avoir trop parlé.

— Hélas, non, monseigneur, je ne l'ai pas ici.

— Et où est-elle?

— Chez son propriétaire.

— Quel est ce propriétaire?

— Un brave tulipier de Dordrecht.

— De Dordrecht.

— Oui.

— Et qui s'appelle?

— Boxtel.

— Il loge?

— Au Cygne-Blanc; je vais le mander, et si, en attendant, Votre Altesse veut me faire l'honneur d'entrer au salon, il s'empressera, sachant que monseigneur est ici, d'apporter sa tulipe à Monseigneur.

— C'est bien, mandez-le.

— Oui, Votre Altesse. Seulement...

— Quoi?

— Oh! rien d'important, monseigneur.

— Tout est important dans ce monde, monsieur van Systens.

— Eh bien, monseigneur, une difficulté s'élevait.

— Quelle?

— Cette tulipe est déjà revendiquée par des usurpateurs. Il est vrai qu'elle vaut cent mille florins.

— En vérité.

— Oui, monseigneur, par des usurpateurs, par des faussaires.

— C'est un crime cela, monsieur van Systens.

— Oui, Votre Altesse.

— Et, avez-vous les preuves de ce crime?

— Non, monseigneur, la coupable...

— La coupable, monsieur.

— Je veux dire, celle qui réclame la tulipe, monseigneur, est là, dans la chambre à côté.

— Là! Qu'en pensez-vous, monsieur van Systens?

— Je pense, monseigneur, que l'appât des cent mille florins l'aura tentée.

— Et elle réclame la tulipe?

— Oui, monseigneur.

— Et que dit-elle de son côté, comme preuve?

— J'allais l'interroger, quand Votre Altesse est entrée.

— Ecoutons-la, monsieur van Systens, écoutons-la; je suis le premier magistrat du pays, j'entendrai la cause et ferai justice.

— Voilà mon roi Salomon trouvé, dit van Systens en inclinant et en montrant le chemin au prince.

Celui-ci allait prendre le pas sur son introducteur quand, arrêtant soudain :

— Passez devant, dit-il, et appelez-moi Monsieur.

Ils entrèrent dans le cabinet.

Rosa était toujours à la même place, appuyée à la fenêtre et regardant par les vitres dans le jardin.

— Ah! ah! une Frisonne, dit le prince en apercevant le casque d'or et les jupes rouges de Rosa.

Celle-ci se retourna au bruit, mais à peine vit-elle le prince, qui s'asseyait dans l'angle le plus obscur de l'appartement.

Toute son attention, on le comprend, était pour cet important personnage que l'on appelait van Systens, et non pour cet humble étranger qui suivait le maître de la maison, et qui probablement ne s'appelait pas.

L'humble étranger prit un livre dans la bibliothèque et fit signe à van Systens de commencer l'interrogatoire.

Van Systens, toujours à l'invitation du jeune homme à l'habit violet, s'assit à son tour, et tout heureux et tout fier de l'importance qui lui était accordée :

— Ma fille, dit-il, vous me promettez la vérité, toute la vérité sur cette tulipe?

— Je vous la promets.

— Eh bien, parlez donc devant monsieur; monsieur est un des membres de la Société horticole.

— Monsieur, dit Rosa, que vous dirai-je que je ne vous aie point dit déjà.

— Eh bien alors?

— Alors, j'en reviendrai à la prière que je vous ai adressée.

— Laquelle?

— De faire venir ici M. Boxtel avec sa tulipe; si je ne la reconnais pas pour la mienne, je le dirai franchement; mais si je la reconnais, je la réclamerai. Dussé-je aller devant Son Altesse le stathouder lui-même, mes preuves à la main.

— Vous avez donc des preuves, la belle enfant?

— Dieu, qui sait mon bon droit, m'en fournira.

Van Systens échangea un regard avec le prince, qui, depuis les premiers mots de Rosa, semblait essayer de rappeler ses souvenirs, comme si ce n'était point la première fois que cette douce voix frappât ses oreilles.

Un officier partit pour aller chercher Boxtel.

Van Systens continua l'interrogatoire.

— Et sur quoi, dit-il, basez-vous cette assertion, que vous êtes propriétaire de la tulipe noire?

— Mais, sur une chose bien simple, c'est que c'est moi qui l'ai plantée et cultivée dans ma propre chambre.

— Dans votre chambre, et où était votre chambre?

— A Lœvestein.

— Vous êtes de Lœvestein?

— Je suis la fille du geôlier de la forteresse.

Le prince fit un petit mouvement qui voulait dire :

— Ah! c'est cela, je me rappelle maintenant.

Et tout en faisant semblant de lire, il regarda Rosa avec plus d'attention encore qu'auparavant.

— Et vous aimez les fleurs? continua van Systens.

— Oui, monsieur.

— Alors, vous êtes, une savante fleuriste?

Rosa hésita un instant, puis avec un accent tiré du plus profond de son cœur :

— Messieurs, je parle à des gens d'honneur, dit-elle.

L'accent était si vrai, que van Systens et le prince répondirent tous deux en même temps par un mouvement de tête affirmatif.

— Eh bien, non! ce n'est pas moi qui suis une savante fleuriste, non! moi je ne suis qu'une pauvre fille du peuple, une pauvre paysanne de la Frise, qui, il y a trois mois encore, ne savait ni lire ni écrire. Non! la tulipe noire n'a pas été trouvée par moi-même.

— Et par qui a-t-elle été trouvée?

— Par un pauvre prisonnier de Lœvestein.

— Par un prisonnier de Lœvestein? dit le prince.

Au son de cette voix, ce fut Rosa qui tressaillit à son tour.

— Par un prisonnier d'Etat alors, continua le prince, car à Lœvestein, il n'y a que des prisonniers d'Etat.

Et il se remit à lire, ou du moins fit semblant de se remettre à lire.

— Oui, murmura Rosa tremblante, oui par un prisonnier d'Etat.

Van Systens pâlit en entendant prononcer un pareil aveu devant un pareil témoin.

— Continuez, dit froidement Guillaume au président de la Société horticole.

— Oh! monsieur, dit Rosa en s'adressant à celui qu'elle croyait son véritable juge, c'est que je vais m'accuser bien gravement.

— En effet, dit van Systens, les prisonniers d'Etat doivent être au secret à Lœvestein.

— Hélas! monsieur.

— Et, d'après ce que vous dites, il semblerait que vous auriez profité de votre position comme fille du geôlier et que vous auriez communiqué avec lui pour cultiver des fleurs.

— Oui, monsieur, murmura Rosa éperdue; oui, je suis forcée de l'avouer, je le voyais tous les jours.

— Malheureuse! s'écria M. van Systens.

Le prince leva la tête en observant l'effroi de Rosa et la pâleur du président.

— Cela, dit-il de sa voix nette et fermement accentuée, cela ne regarde pas les membres de la Société horticole; ils ont à juger la tulipe noire et ne connaissent pas des délits politiques. Continuez, jeune fille, continuez.

Van Systens, par un éloquent regard, remercia au nom des tulipes le nouveau membre de la Société horticole.

Rosa, rassurée par cette espèce d'encouragement que lui avait donné l'inconnu, raconta tout ce qui s'était passé depuis trois mois, tout ce qu'elle avait fait, tout ce qu'elle avait souffert. Elle parla des duretés de Gryphus, de la destruction du premier caïeu, de la douleur du prisonnier, des précautions prises pour que le second caïeu arrivât à bien, de la patience du prisonnier, de ses angoisses pendant leur séparation; comment il avait voulu mourir de faim parce qu'il n'avait plus de nouvelles de sa tulipe; de la joie qu'il avait éprouvée à leur réunion, enfin de leur désespoir à tous deux lorsqu'ils avaient vu que la tulipe qui venait de fleurir leur avait été volée une heure après sa floraison.

Tout cela était dit avec un accent de vérité qui laissait le prince impassible, en apparence du moins, mais qui ne laissait pas de faire son effet sur M. van Systens.

— Mais, dit le prince, il n'y a pas longtemps que vous connaissez ce prisonnier?

Rosa ouvrit ses grands yeux et regarda l'inconnu, qui s'enfonça dans l'ombre, comme s'il eût voulu fuir ce regard.

— Pourquoi cela, monsieur? demanda-t-elle.

— Parce qu'il n'y a que quatre mois que le geôlier Gryphus et sa fille sont à Lœvestein.

— C'est vrai, monsieur.

— Et à moins que vous n'ayez sollicité le changement de votre père pour suivre quelque prisonnier qui aurait été transporté de La Haye à Lœvestein.

— Monsieur ! fit Rosa en rougissant.

— Achevez, dit Guillaume.

— Je l'avoue, j'avais connu le prisonnier à La Haye.

— Heureux prisonnier ! dit en souriant Guillaume.

En ce moment l'officier qui avait été envoyé près de Boxtel rentra et annonça au prince que celui qu'il était allé quérir le suivait avec sa tulipe.

XXVII.

LE TROISIÈME CAÏEU.

L'annonce du retour de Boxtel était à peine faite, que Boxtel entra en personne dans le salon de M. van Systens, suivi de deux hommes portant dans une caisse le précieux fardeau, qui fut déposé sur une table.

Le prince, prévenu, quitta le cabinet, passa dans le salon, admira et se tut, et revint silencieusement prendre sa place dans l'angle obscur où lui-même avait placé son fauteuil.

Rosa, palpitante, pâle, pleine de terreur, attendait qu'on l'invitât à aller voir à son tour.

Elle entendit la voix de Boxtel.

— C'est lui ! s'écria-t-elle.

Le prince lui fit signe d'aller regarder dans le salon par la porte entr'ouverte.

— C'est ma tulipe, s'écria Rosa, c'est elle, je la reconnais O mon pauvre Cornélius!

Et elle fondit en larmes.

Le prince se leva, alla jusqu'à la porte, où il demeura un instant dans la lumière.

Les yeux de Rosa s'arrêtèrent sur lui. Plus que jamais elle était certaine que ce n'était pas la première fois qu'elle voyait cet étranger.

— Monsieur Boxtel, dit le prince, entrez donc ici.

Boxtel accourut avec empressement et se trouva face à face avec Guillaume d'Orange.

— Son Altesse ! s'écria-t-il en reculant.

— Son Altesse ! répéta Rosa tout étourdie.

A cette exclamation partie à sa gauche Boxtel se retourna et aperçut Rosa.

A cette vue, tout le corps de l'envieux frissonna comme au contact d'une pile de Volta.

— Ah ! murmura le prince se parlant à lui-même, il est troublé.

Mais Boxtel, par un puissant effort sur lui-même, s'était déjà remis.

— Monsieur Boxtel, dit Guillaume, il paraît que vous avez trouvé le secret de la tulipe noire ?

— Oui monseigneur, répondit Boxtel d'une voix où perçait un peu de trouble.

Il est vrai que ce trouble pouvait venir de l'émotion que le tulipier avait éprouvée en reconnaissant Guillaume.

— Mais, reprit le prince, voici une jeune fille qui prétend l'avoir trouvée aussi.

Boxtel sourit de dédain et haussa les épaules.

Guillaume suivait tous ses mouvemens avec un intérêt de curiosité remarquable.

— Ainsi, vous ne connaissez pas cette jeune fille ? dit le prince.

— Non, monseigneur.

— Et vous, jeune fille, connaissez-vous M. Boxtel ?

— Non, je ne connais pas M. Boxtel, mais je connais M. Jacob.

— Que voulez-vous dire ?

— Je veux dire qu'à Lœvestein, celui qui se fait appeler Isaac Boxtel se faisait appeler M. Jacob.

— Que dites-vous à cela, monsieur Boxtel ?

— Je dis que cette jeune fille ment, monseigneur.

— Vous niez avoir jamais été à Lœvestein ?

Boxtel hésita ; l'œil fixe et impérieusement scrutateur du prince l'empêchait de mentir.

— Je ne puis nier avoir été à Lœvestein, monseigneur, mais je nie avoir volé la tulipe.

— Vous me l'avez volée, et dans ma chambre ! s'écria Rosa indignée.

— Je le nie.

— Ecoutez, niez-vous m'avoir suivie dans le jardin, le jour où je préparai la plate-bande où je devais l'enfouir? Niez-vous m'avoir suivie dans le jardin le jour où j'ai fait semblant de la planter ? Niez-vous ce soir-là vous être précipité, après ma sortie, sur l'endroit où vous espériez trouver le caïeu? Niez-vous avoir fouillé la terre avec vos mains, mais inutilement, Dieu merci! car ce n'était qu'une ruse pour reconnaître vos intentions? Dites, niez-vous tout cela ?

Boxtel ne jugea point à propos de répondre à ces diverses interrogations. Mais laissant la polémique entamée avec Rosa et se retournant vers le prince :

— Il y a vingt ans, monseigneur, dit-il, que je cultive des tulipes à Dordrecht, j'ai même acquis dans cet art une certaine réputation: une de mes hybrides porte au catalogue un nom illustre. Je l'ai dédiée au roi de Portugal. Maintenant voilà la vérité. Cette jeune fille savait que j'avais trouvé la tulipe noire, et de concert avec un certain amant qu'elle a dans la forteresse de Lœvestein, cette jeune fille a formé le projet de me ruiner en s'appropriant le prix de cent mille florins que je gagnerai, j'espère, grâce à votre justice.

— Oh ! s'écria Rosa outrée de colère.

— Silence ! dit le prince.

— Puis, se retournant vers Boxtel :

— Et quel est, dit-il, ce prisonnier que vous dites être l'amant de cette jeune fille ?

Rosa faillit s'évanouir, car le prisonnier était recommandé par le prince comme un grand coupable.

Rien ne pouvait être plus agréable à Boxtel que cette question.

— Quel est ce prisonnier ? répéta-t-il.

— Oui.

— Ce prisonnier, monseigneur, est un homme dont le nom seul prouvera à Votre Altesse combien elle peut avoir de foi en sa probité. Ce prisonnier est un criminel d'Etat, condamné une fois à mort.

— Et qui s'appelle ?

Rosa cacha sa tête dans ses deux mains avec un mouvement désespéré.

— Qui s'appelle Cornélius van Baërle, dit Boxtel, et qui est le propre filleul de ce scélérat de Corneille de Witt.

Le prince tressaillit. Son œil calme jeta une flamme, et le froid de la mort s'étendit de nouveau sur son visage immobile.

Il alla à Rosa et lui fit du doigt signe d'écarter ses mains de son visage.

Rosa obéit, comme eût fait sans voir une femme soumise à un pouvoir magnétique.

— C'est donc pour suivre cet homme que vous êtes venue me demander à Leyde le changement de votre père.

Rosa baissa la tête et s'affaissa écrasée en murmurant :

— Oui monseigneur.

— Poursuivez, dit le prince à Boxtel.

— Je n'ai plus rien à dire, continua celui-ci, Votre Altesse sait tout. Maintenant, voici ce que je ne voulais pas dire, pour ne pas faire rougir cette fille de son ingratitude. Je suis venu à Lœvestein parce que mes affaires m'y appelaient; j'y ai fait connaissance avec le vieux Gryphus, je suis devenu amoureux de sa fille, je l'ai demandée en mariage, et comme je n'étais pas riche, imprudent que j'étais, je lui ai confié mon espérance de toucher cent mille florins; et pour justifier cette espérance, je lui ai montré la tulipe noire. Alors, comme son amant, à Dordrecht, pour faire prendre le change sur les complots qu'il tramait, affectait de cultiver des tulipes, tous deux ont comploté ma perte.

La veille de la floraison de la fleur, la tulipe a été enlevée de chez moi par cette jeune fille, portée dans sa chambre, où j'ai eu le bonheur de la reprendre au moment où elle avait l'audace d'expédier un messager pour annoncer à MM. les membres de la Société d'horticulture qu'elle venait de trouver la grande tulipe noire; mais elle ne s'est pas démontée pour cela. Sans doute pendant les quelques heures qu'elle l'a gardée dans sa chambre, l'aura-t-elle montrée à quelques personnes qu'elle appellera en témoignage? Mais heureusement, monseigneur, vous voilà prévenu contre cette intrigante et ses témoins.

— Oh! mon Dieu! mon Dieu! l'infâme! gémit Rosa en larmes, en se jetant aux pieds du stathouder, qui, tout en la croyant coupable, prenait en pitié son horrible angoisse.

— Vous avez mal agi, jeune fille, dit-il, et votre amant sera puni pour vous avoir ainsi conseillée. Car vous êtes si jeune et vous avez l'air si honnête, que je veux croire que le mal vient de lui et non de vous.

— Monseigneur! monseigneur! s'écria Rosa, Cornélius n'est pas coupable.

Guillaume fit un mouvement.

— Pas coupable de vous avoir conseillée. C'est cela que vous voulez dire, n'est-ce pas ?

— Je veux dire, monseigneur, que Cornélius n'est pas plus coupable du second crime qu'on lui impute, qu'il ne l'est du premier.

— Du premier, et savez-vous quel a été ce premier crime? Savez-vous de quoi il a été accusé et convaincu? D'avoir, comme complice de Corneille de Witt, caché la correspondance du grand pensionnaire et du marquis de Louvois.

— Eh bien! monseigneur, il ignorait qu'il fût détenteur de cette correspondance; il l'ignorait entièrement. Eh mon Dieu! il me l'eût dit. Est-ce que ce cœur de diamant aurait pu avoir un secret qu'il m'eût caché? Non, non, monseigneur, je le répète, dussé-je encourir votre colère, Cornélius n'est pas plus coupable du premier crime que du second, et du second que du premier. Oh! si vous connaissiez mon Cornélius, monseigneur!

— Un de Witt! s'écria Boxtel. Eh! monseigneur ne le connaît que trop, puisqu'il lui a déjà fait une fois grâce de la vie.

— Silence, dit le prince. Toutes ces choses d'Etat, je l'ai déjà dit, ne sont point du ressort de la Société horticole de Harlem.

Puis, fronçant le sourcil :

— Quant à la tulipe, soyez tranquille, monsieur Boxtel, ajouta-t-il, justice sera faite.

Boxtel salua, le cœur plein de joie, et reçut les félicitations du président.

— Vous, jeune fille, continua Guillaume d'Orange, vous avez failli commettre un crime, je ne vous en punirai pas, mais le vrai coupable paiera pour vous deux. Un homme de son nom peut conspirer, trahir même... mais il ne doit pas voler.

— Voler! s'écria Rosa, voler! lui, Cornélius, oh! monseigneur, prenez garde; mais il mourrait s'il entendait vos paroles, mais vos paroles le tueraient plus sûrement que n'eût fait la hache du bourreau sur le Buytenhoff. S'il y a eu un vol, monseigneur, je le jure, c'est cet homme qui l'a commis.

— Prouvez-le, dit froidement Boxtel.

— Eh bien, oui. Avec l'aide de Dieu je le prouverai, dit la Frisonne avec énergie.

Puis se retournant vers Boxtel :

— La tulipe était à vous?

— Oui.

— Combien avait-elle de caïeux?

Boxtel hésita un instant, mais il comprit que la jeune fille ne ferait pas cette question si les deux caïeux connus existaient seuls.

— Trois, dit-il.

— Que sont devenus ces caïeux? demanda Rosa.

— Ce qu'ils sont devenus?... l'un a avorté, l'autre a donné la tulipe noire...

— Et le troisième?

— Le troisième?

— Le troisième, où est-il?

— Le troisième est chez moi, dit Boxtel tout troublé.

— Chez vous, où cela, à Lœvestein ou à Dordrecht?

— A Dordrecht, dit Boxtel.

— Vous mentez! s'écria Rosa. Monseigneur, ajouta-t-elle en se tournant vers le prince, la véritable histoire de ces trois caïeux, je vais vous la dire, moi. Le premier a été écrasé par mon père dans la chambre du prisonnier, et cet homme le sait bien, car il espérait s'en emparer, et quand il vit cet espoir déçu, il faillit se brouiller avec mon père qui le lui enlevait. Le second, soigné par moi, a donné la tulipe noire, et le troisième, le dernier, — la jeune fille le tira de sa poitrine, — le troisième le voici dans le même papier qui l'enveloppait avec les deux autres quand, au moment de monter sur l'échafaud, Cornélius van Baërle me les donna tous trois. Tenez, monseigneur, tenez.

Et Rosa démaillottant le caïeu du papier qui l'enveloppait, le tendit au prince, qui le prit de ses mains et l'examina.

— Mais, monseigneur, cette jeune fille ne peut-elle pas l'avoir volé comme la tulipe, balbutia Boxtel effrayé de l'attention avec laquelle le prince examinait le caïeu et surtout de celle avec laquelle Rosa lisait quelques lignes tracées sur le papier resté entre ses mains.

Tout à coup, les yeux de la jeune fille s'enflammèrent, elle relut haletante ce papier mystérieux, et poussant un cri en tendant le papier au prince :

— Oh! lisez, monseigneur, dit-elle, au nom du ciel, lisez!

Guillaume passa le troisième caïeu au président, prit le papier et lut.

A peine Guillaume eut-il jeté les yeux sur cette feuille qu'il chancela, sa main trembla comme si elle était prête à laisser échapper le papier, ses yeux prirent une effrayante expression de douleur et de pitié.

Cette feuille, que venait de lui remettre Rosa, était la page de la bible que Corneille de Witt avait envoyée à Dordrecht, par Craecke, le messager de son frère Jean, pour prier Cornélius de brûler la correspondance du grand pensionnaire avec Louvois.

Cette prière, on se le rappelle, était conçue en ces termes

« Cher filleul,

» Brûle le dépôt que je t'ai confié, brûle-le sans le regarder, sans l'ouvrir, afin qu'il demeure inconnu à toi-même : les secrets du genre de celui qu'il contient tuent les dépositaires. Brûle-le, et tu auras sauvé Jean et Corneille.

» Adieu, et aime-moi.

» Corneille DE WITT.

» 20 août 1672. »

Cette feuille était à la fois la preuve de l'innocence de van Baërle et son titre de propriété aux caïeux de la tulipe.

Rosa et le stathouder échangèrent un seul regard.

Celui de Rosa voulait dire : Vous voyez bien!

Celui du stathouder signifiait : Silence et attends!

Le prince essuya une goutte de sueur froide qui venait de couler de son front sur sa joue. Il plia lentement le papier, laissant son regard plonger avec sa pensée dans cet abîme sans fond et sans ressource qu'on appelle le repentir et la honte du passé.

Bientôt relevant la tête avec effort:

— Allez, monsieur Boxtel, dit il, justice sera faite, je l'ai promis.

Puis au président :

— Vous, mon cher monsieur van Systens, ajouta-t-il, gardez ici cette jeune fille et la tulipe. Adieu.

Tout le monde s'inclina, et le prince sortit courbé sous l'immense bruit des acclamations populaires.

Boxtel s'en retourna au Cygne-Blanc assez tourmenté. Ce papier, que Guillaume avait reçu des mains de Rosa, avait lu, plié et mis dans sa poche avec tant de soin, cè papier l'inquiétait.

Rosa s'approcha de la tulipe, en baisa religieusement a feuille, et se confia tout entière à Dieu en murmurant :

— Mon Dieu! saviez-vous vous-même dans quel but mon bon Cornélius m'apprenait à lire.

Oui, Dieu le savait, puisque c'est lui qui punit et qui récompense les hommes selon leurs mérites.

XXVIII.

LA CHANSON DES FLEURS.

Pendant que s'accomplissaient les événemens que nous venons de raconter, le malheureux van Baërle, oublié dans la chambre de la forteresse de Lœvestein, souffrait de la part de Gryphus tout ce qu'un prisonnier peut souffrir quand son geôlier a pris le parti bien arrêté de se transformer en bourreau.

Gryphus ne recevant aucune nouvelle de Rosa, aucune nouvelle de Jacob, Gryphus se persuada que tout ce qui lui arrivait était l'œuvre du démon, et que le docteur Cornélius van Baërle était l'envoyé de ce démon sur la terre.

Il en résulta qu'un beau matin, c'était le troisième jour depuis la disparition de Jacob et de Rosa, il en résulta qu'un beau matin il monta à la chambre de Cornélius plus furieux encore que de coutume.

Celui-ci, les deux coudes appuyés sur la fenêtre, la tête appuyée sur ses deux mains, les regards perdus dans l'horizon brumeux que les moulins de Dordrecht battaient de leurs ailes, aspirait l'air pour refouler ses larmes et empêcher sa philosophie de s'évaporer.

Les pigeons y étaient toujours, mais l'espoir n'y était plus; mais l'avenir manquait.

Hélas! Rosa surveillée ne pourrait plus venir. Pourrait-elle seulement écrire; et si elle écrivait, pourrait-elle lui faire parvenir ses lettres?

Non. Il avait vu la veille et la surveille trop de fureur et de malignité dans les yeux du vieux Gryphus pour que sa vigilance se ralentît un moment, et puis outre la réclusion, outre l'absence, n'avait-elle pas à souffrir des tourmens pires encore. Ce brutal, ce sacripant, cet ivrogne, ne se vengeait-il pas à la façon des pères du théâtre grec? quand le genièvre lui montait au cerveau ne donnait-il à son bras, trop bien racommodé par Cornélius, la vigueur de deux bras et d'un bâton?

Cette idée, que Rosa était peut-être maltraitée, exaspérait Cornélius.

Il sentait alors son inutilité, son impuissance, son néant. Il se demandait si Dieu était bien juste d'envoyer tant de maux à deux créatures innocentes. Et certainement dans ces momens-là il doutait. Le malheur ne rend pas crédule.

Van Baërle avait bien formé le projet d'écrire à Rosa. Mais où était Rosa ?

Il avait bien eu l'idée d'écrire à La Haye pour prévenir ce que Gryphus voulait sans doute amasser, par une dénonciation, de nouveaux orages sur sa tête.

Mais avec quoi écrire? Gryphus lui avait enlevé crayons et papier. D'ailleurs, eût-il l'un et l'autre, ce ne serait certainement pas Gryphus qui se chargerait de sa lettre.

Alors Cornélius passait et repassait dans sa tête toutes ces pauvres ruses employées par les prisonniers.

Il avait bien songé encore à une évasion, chose à laquelle il ne songeait pas quand il pouvait voir Rosa tous les jours. Mais plus il y pensait, plus une évasion lui paraissait impossible. Il était de ces natures choisies qui ont horreur du commun et qui manquent souvent toutes les bonnes occasions de la vie, faute d'avoir pris la route du vulgaire, ce grand chemin des gens médiocres et qui les mène à tout.

Comment serait-il possible, se disait Cornélius, que je susse m'enfuir de Lœvestein, d'où s'enfuit jadis M. de Grotius? Depuis cette évasion, n'a-t on pas tout prévu? Les fenêtres ne sont-elles pas gardées? les portes ne sont-elles pas doubles ou triples? Les postes ne sont-ils pas dix fois plus vigilans?

Puis outre les fenêtres gardées, les portes doubles, les postes plus vigilans que jamais, n'ai-je pas un argus infaillible? Un argus d'autant plus dangereux qu'il a les yeux de la haine, Gryphus?

Enfin n'est-il pas une circonstance qui me paralyse? L'absence de Rosa. Quand j'userais dix ans de ma vie à fabriquer une lime pour scier mes barreaux, à tresser des cordes pour descendre par la fenêtre, ou me coller des ailes aux épaules pour m'envoler comme Dédale.... Mais je suis dans une période de mauvaise chance? La lime s'émoussera, la corde se rompra, mes ailes fondront au soleil. Je me tuerai mal. On me ramassera boiteux, manchot, cul-de-jatte. On me classera dans le musée de la Haye, entre le pourpoint taché de sang de Guillaume-le-Taciturne, et la femme marine recueillie à Stavesen, et mon entreprise n'aura eu pour résultat que de me procurer l'honneur de faire partie des curiosités de la Hollande.

Mais non, et cela vaut mieux, un beau jour Gryphus me fera quelque noirceur. Je perds la patience depuis que j'ai perdu la joie et la société de Rosa, et surtout depuis que j'ai perdu mes tulipes. Il n'y a pas à en douter, un jour ou l'autre Gryphus m'attaquera d'une façon sensible à mon amour-propre, à mon amour ou à ma sûreté personnelle. Je me sens, depuis ma réclusion, une vigueur étrange, hargneuse, insupportable. J'ai des prurits de lutte, des appétits de bataille, des soifs incompréhensibles de horions. Je sauterai à la gorge de mon vieux scélérat, et je l'étranglerai !

Cornélius, à ces derniers mots, s'arrêta un instant, la bouche contractée, l'œil fixe.

Il retournait avidement dans son esprit une pensée qui lui souriait.

— Eh mais! continua Cornélius, une fois Gryphus étranglé, pourquoi ne pas lui prendre les clefs? pourquoi ne pas descendre l'escalier comme si je venais de commettre l'action la plus vertueuse? pourquoi ne pas aller trouver Rosa dans sa chambre? pourquoi ne pas lui expliquer le fait et sauter avec elle de sa fenêtre dans le Wahal?

Je sais certes assez bien nager pour deux.

Rosa! mais mon Dieu, ce Gryphus est son père; elle ne m'approuvera jamais, — quelque affection qu'elle ait pour moi, — de lui avoir étranglé ce père, si brutal qu'il fût, si méchant qu'il ait été. Besoin alors sera d'une discussion, d'un discours pendant la péroraison duquel arrivera quelque sous-chef ou quelque porte-clef qui aura trouvé Gryphus râlant encore ou étranglé tout à fait, et qui me remettra la main sur l'épaule. Je reverrai alors la Buytenhoff et l'éclair de cette vilaine épée, qui cette fois ne s'arrêtera pas en route et fera connaissance avec ma nuque. Point de cela, Cornélius, mon ami; c'est un mauvais moyen!

Mais alors que devenir et comment retrouver Rosa?

Telles étaient les réflexions de Cornélius trois jours après la scène funeste de séparation entre Rosa et son père, juste au moment où nous avons montré au lecteur Cornélius accoudé sur sa fenêtre.

C'est dans ce moment même que Gryphus entra.

Il tenait à la main un énorme bâton, ses yeux étincelaient de mauvaises pensées, un mauvais sourire crispait ses lèvres, un mauvais balancement agitait son corps, et dans sa tacite personne tout respirait les mauvaises dispositions.

Cornélius, rompu comme nous venons de le voir par la nécessité de la patience, nécessité que le raisonnement avait menée jusqu'à la conviction, Cornélius l'entendit entrer, devina que c'était lui, mais ne se détourna même pas. Il savait que cette fois Rosa ne viendrait pas derrière lui.

Rien n'est plus désagréable aux gens qui sont en veine de colère que l'indifférence de ceux à qui cette colère doit s'adresser.

On a fait des frais, on ne veut pas les perdre.

On s'est monté la tête, on a mis son sang en ébullition. Ce n'est pas la peine si cette ébullition ne donne pas la satisfaction d'un petit éclat.

Tout honnête coquin qui a aiguisé son mauvais génie désire au moins en faire une bonne blessure à quelqu'un.

Aussi Gryphus, voyant que Cornélius ne bougeait point, se mit à l'interpeller par un vigoureux :

— Hum! hum!

Cornélius chantonna entre ses dents la chanson des fleurs, triste mais charmante chanson.

Nous sommes les filles du feu secret,
Du feu qui circule dans les veines de la terre;
Nous sommes les filles de l'aurore et de la rosée,
Nous sommes les filles de l'air,
Nous sommes les filles de l'eau;
Mais nous sommes avant tout les filles du ciel.

Cette chanson, dont l'air calme et doux augmentait la placide mélancolie, exaspéra Gryphus.

Il frappa la dalle de son bâton en criant :

— Eh! monsieur le chanteur, ne m'entendez-vous pas?

Cornélius se retourna.

— Bonjour, dit-il.

Et il reprit sa chanson.

Les hommes nous souillent et nous tuent en nous aimant.
Nous tenons à la terre par un fil.
Ce fil c'est notre racine, c'est-à-dire notre vie.
Mais nous levons le plus haut que nous pouvons nos bras
vers le ciel.

— Ah! sorcier maudit, tu te moques de moi, je pense! cria Gryphus.

Cornélius continua :

C'est que le ciel est notre patrie,
Notre véritable patrie, puisque de lui vient notre âme,
Puisqu'à lui retourne notre âme:
Notre âme, c'est-à-dire notre parfum.

Gryphus s'approcha du prisonnier :

— Mais tu ne vois donc pas que j'ai pris le bon moyen pour te réduire et pour te forcer à m'avouer tes crimes.

— Est-ce que vous êtes fou, mon cher monsieur Gryphus? demanda Cornélius en se retournant.

Et, comme en disant cela, il vit le visage altéré, les yeux brillans, la bouche écumante du vieux geôlier,

— Diable! dit-il, nous sommes plus que fou, à ce qu'il paraît; nous sommes furieux!

Gryphus fit le moulinet avec son bâton.

Mais, sans se mouvoir :

— Çà, maître Gryphus, dit van Baërle en se croisant les bras, vous paraissez me menacer.

— Oh! oui, je te menace! cria le geôlier.

— Et de quoi?

— D'abord, regarde ce que je tiens à la main.

— Je crois que c'est un bâton, dit Cornélius avec calme, et même un gros bâton; mais je ne suppose point que ce soit là ce dont vous me menacez.

— Ah! tu ne supposes pas cela! et pourquoi?

— Parce que tout geôlier qui frappe un prisonnier s'expose à deux punitions; la première, art. IX du règlement de Lœvestein :

« Sera chassé tout geôlier, inspecteur ou porte-clefs qui portera la main sur un prisonnier d'Etat. »

— La main, fit Gryphus ivre de colère; mais le bâton; ah! le bâton, le règlement n'en parle pas.

— La deuxième, continua Cornélius, la deuxième, qui n'est pas inscrite au règlement mais que l'on trouve dans l'Evangile, la deuxième, la voici :

« Quiconque frappe de l'épée périra par l'épée.
» Quiconque touche avec le bâton sera rossé par le bâton. »

Gryphus, de plus en plus exaspéré par le ton calme et sentencieux de Cornélius, brandit son gourdin; mais au moment où il le levait, Cornélius s'élança vers lui, le lui arracha des mains et le mit sous son propre bras.

Gryphus hurlait de colère.

— Là, là, bonhomme, dit Cornélius, ne vous exposez point à perdre votre place.

— Ah! sorcier, je te pincerai autrement va, rugit Gryphus.

— A la bonne heure.

— Tu vois que ma main est vide.

— Oui, je le vois, et même avec satisfaction.

— Tu sais qu'elle ne l'est pas habituellement lorsque le matin je monte l'escalier.

— Ah! c'est vrai, vous m'apportez d'habitude la plus mauvaise soupe ou le plus piteux ordinaire que l'on puisse imaginer. Mais ce n'est point un châtiment pour moi; je ne me nourris que de pain; et le pain plus il est mauvais à ton goût, Gryphus, meilleur il est au mien.

— Plus il est meilleur au tien.

— Oui.

— Et la raison.

— Oh! elle est bien simple.

— Dis-la donc, alors.

— Volontiers, je sais qu'en me donnant du mauvais pain tu crois me faire souffrir.

— Le fait est que je ne te le donne pas pour t'être agréable, brigand!

— Eh bien! moi qui suis sorcier, comme tu sais, je change ton mauvais pain en un pain excellent, qui me réjouit plus que des gâteaux, et alors j'ai un double plaisir, celui de manger à mon goût d'abord, et ensuite de te faire infiniment enrager.

Gryphus hurla de colère.

— Ah! tu avoues donc que tu es sorcier, dit-il.

— Parbleu! si je le suis. Je ne le dis pas devant le monde, parce que cela pourrait me conduire au bûcher comme Gaufredy ou Urbain Grandier, mais quand nous ne sommes que nous deux, je n'y vois pas d'inconvénient.

— Bon, bon, bon, répondit Gryphus, mais si un sorcier fait du pain blanc avec du pain noir, le sorcier ne meurt-il pas de faim s'il n'a pas de pain du tout.

— Hein! fit Cornélius.

— Donc, je ne t'apporterai plus de pain du tout, et nous verrons au bout de huit jours.

Cornélius pâlit.

— Et cela continua Gryphus, à partir d'aujourd'hui. Puisque tu es si bon sorcier, voyons, change en pain les meubles de ta chambre; quant à moi, je gagnerai tous les jours les dix-huit sous que l'on me donne pour ta nourriture.

— Mais c'est un assassinat! s'écria Cornélius, emporté par un premier mouvement de terreur bien compréhensible, et qui lui était inspiré par cet horrible genre de mort.

— Bon! continua Gryphus le raillant, bon! puisque tu es sorcier, tu vivras malgré tout.

Cornélius reprit son air riant, et haussant les épaules :

— Est-ce que tu ne m'as pas vu faire venir ici les pigeons de Dordrecht.

— Eh bien! dit Gryphus.

— Eh bien! c'est un joli rôti que le pigeon; un homme qui mangerait un pigeon tous les jours ne mourrait pas de faim, ce me semble?

— Et du feu? dit Gryphus.

— Du feu! mais tu sais bien que j'ai fait un pacte avec le diable. Penses-tu que le diable me laissera manquer de feu quand le feu est son élément?

— Un homme si robuste qu'il soit ne saurait manger un pigeon tous les jours. Il y a eu des parisde faits, et les parieurs ont renoncé.

— Eh bien! mais, dit Cornélius, quand je serai fatigué de pigeons, je ferai monter les poissons du Wahal et de la Meuse.

Gryphus ouvrit de larges yeux effarés.

— J'aime assez le poisson, continua Cornélius; tu ne m'en sers jamais. Eh bien! je profiterai de ce que tu veux me faire mourir de faim pour me régaler de poisson.

Gryphus faillit s'évanouir de colère et même de peur.

Mais se ravisant.

— Eh bien, dit-il, en mettant la main dans sa poche. Puisque tu m'y forces.

Et il en tira un couteau qu'il ouvrit.

— Ah! un couteau! fit Cornélius se mettant en défense avec son bâton.

XXIX.

OU VAN BAERLE, AVANT DE QUITTER LOEVESTEIN, RÈGLE SES COMPTES AVEC GRYPHUS.

Tous deux demeurèrent un instant, Gryphus sur l'offensive, van Baërle sur la défensive.

Puis, comme la situation pouvait se prolonger indéfiniment, Cornélius s'enquérant des causes de cette recrudescence de colère chez son antagoniste:

— Eh bien, lui demanda-t-il, que voulez-vous encore?

— Ce que je veux, je vais te le dire, répondit Gryphus. Je veux que tu me rendes ma fille Rosa.

— Votre fille! s'écria Cornélius.

— Oui Rosa! Rosa que tu m'as enlevée par ton art du démon. Voyons, veux-tu me dire où elle est?

Et l'attitude de Gryphus devint de plus en plus menaçante.

— Rosa n'est point à Loevestein? s'écria Cornélius.

— Tu le sais bien. Veux-tu me rendre Rosa, encore une fois?

— Bon, dit Cornélius, c'est un piége que tu me tends.

— Une dernière fois, veux-tu me dire où est ma fille?

— Eh! devine-le, coquin, si tu ne le sais pas.

— Attends, attends, gronda Gryphus, pâle et les lèvres agitées par la folie qui commençait à envahir son cerveau. Ah! tu ne veux rien dire. Eh bien! je vais te desserrer les dents.

Il fit un pas vers Cornélius, et lui montrant l'arme qui brillait dans sa main:

— Vois-tu ce couteau, dit-il; eh bien! j'ai tué avec plus de cinquante coqs noirs. Je tuerai bien leur maître, le diable, comme je les ai tués eux, attends, attends!

— Mais, gredin, dit Cornélius, tu veux donc décidément m'assassiner!

— Je veux t'ouvrir le cœur, pour voir dedans l'endroit où tu caches ma fille.

Et en disant ces mots avec l'égarement de la fièvre, Gryphus se précipita sur Cornélius, qui n'eut que le temps de se jeter derrière sa table pour éviter le premier coup.

Gryphus brandissait son grand couteau en proférant d'horribles menaces.

Cornélius prévit que s'il était hors de la portée de la main, il n'était pas hors de la portée de l'arme, l'arme lancée à distance pouvait traverser l'espace, et venir s'enfoncer dans sa poitrine; il ne perdit donc pas de temps, et du bâton qu'il avait précieusement conservé, il asséna un vigoureux coup sur le poignet qui tenait le couteau.

Le couteau tomba par terre, et Cornélius appuya son pied par dessus.

Puis, comme Gryphus paraissait vouloir s'acharner à une lutte que la douleur du coup de bâton et la honte d'avoir été désarmé deux fois auraient rendue impitoyable, Cornélius prit un grand parti.

Il roua de coups son geôlier avec un sang-froid des plus héroïques, choisissant l'endroit où tombait chaque fois le terrible gourdin.

Gryphus ne tarda point à demander grâce.

Mais avant de demander grâce, il avait crié, et beaucoup; ses cris avaient été entendus et avaient mis en émoi tous les employés de la maison. Deux porte-clefs, un inspecteur et trois ou quatre gardes, parurent donc tout à coup et surprirent Cornélius opérant le bâton à la main, le couteau sous le pied.

A l'aspect de tous ces témoins du méfait qu'il venait de commettre, et dont les circonstances atténuantes comme on dit aujourd'hui étaient inconnues, Cornélius se sentit perdu sans ressources.

En effet, toutes les apparences étaient contre lui.

En un tour de main, Cornélius fut désarmé, et Gryphus entouré, relevé, soutenu, put compter, en rugissant de colère, les meurtrissures qui enflaient ses épaules et son échine, comme autant de collines diaprant le piton d'une montagne.

Procès-verbal fut dressé, séance tenante, des violences exercées par le prisonnier sur son gardien, et le procès-verbal soufflé par Gryphus ne pouvait pas être accusé de tiédeur; il ne s'agissait de rien moins que d'une tentative d'assassinat, préparée depuis longtemps et accomplie sur le geôlier, avec préméditation par conséquent, et rébellion ouverte.

Tandis qu'on instrumentait contre Cornélius, les renseignemens donnés par Gryphus rendant, sa présence inutile, les deux porte-clefs l'avaient descendu dans sa geôle, moulu de coups et gémissant.

Pendant ce temps, les gardes qui s'étaient emparés de Cornélius s'occupaient à l'instruire charitablement des us et coutumes de Loevestein, qu'il connaissait, du reste, aussi bien qu'eux, lecture lui ayant été faite du règlement au moment de son entrée en prison, et certains articles du réglement lui était parfaitement entrés dans la mémoire.

Ils lui racontaient en outre comment l'application de ce réglement avait été faite à l'endroit d'un prisonnier nommé Mathias, qui, en 1668, c'est-à-dire cinq ans auparavant, avait commis un acte de rébellion bien autrement anodin que celui que venait de se permettre Cornélius.

Il avait trouvé sa soupe trop chaude et l'avait jetée à la tête du chef des gardiens, qui, à la suite de cette ablution, avait eu le désagrément en s'essuyant le visage de s'enlever une partie de la peau.

Mathias, dans les douze heures, avait été extrait de sa chambre;

Puis conduit à la geôle, où il avait été inscrit comme sortant de Loevestein;

Puis mené à l'esplanade, dont la vue est fort belle et embrasse onze lieues d'étendue.

Là on lui avait lié les mains;

Puis bandé les yeux, récité trois prières;

Puis on l'avait invité à faire une génuflexion; et les gardes de Lœvestein, au nombre de douze, lui avaient, sur un signe fait par un sergent, logé fort habilement chacun une balle de mousquet dans le corps.

Ce dont Mathias était mort incontinent.

Cornélius écouta avec la plus grande attention ce récit désagréable.

Puis, l'ayant écouté:

— Ah! ah! dit-il, dans les do [illegible] heures, dites-vous?

— Oui, la douzième heure n'était pas même encore sonnée, à ce que je crois, dit le narrateur.

— Merci, dit Cornélius.

Le garde n'avait pas terminé le sourire gracieux qui servait de ponctuation à son récit qu'un pas sonore retentit dans l'escalier.

Des éperons sonnaient aux arêtes usées des marches.

Les gardes s'écartèrent pour laisser passer un officier.

Celui-ci entra dans la chambre de Cornélius au moment où le scribe de Loevestein verbalisait encore.

— C'est ici le nº 11 ? demanda t-il.

— Oui, capitaine, répondit un sous-officier.

— Alors c'est ici la chambre du prisonnier Cornélius van Baërle ?

— Précisément, capitaine.

— Où est le prisonnier ?

— Me voici, monsieur, répondit Cornélius en pâlissant un peu malgré tout son courage.

— Vous êtes M. Cornélius van Baërle ? demanda-t-il, s'adressant cette fois au prisonnier lui-même.

— Oui, monsieur.

— Alors suivez-moi.

— Oh ! oh ! dit Cornélius, dont le cœur se soulevait, pressé par les premières angoisses de la mort, comme on va vite en besogne à la forteresse de Loevestein, et le drôle qui m'avait parlé de douze heures !

— Hein ! qu'est-ce que je vous ai dit ? fit le garde historien à l'oreille du patient.

— Un mensonge.

— Comment cela ?

— Vous m'aviez promis douze heures.

— Ah ! oui. Mais l'on vous envoie un aide de camp de Son Altesse, un de ses plus intimes même, M. van Deken. Peste ! on n'a pas fait un pareil honneur au pauvre Mathias.

— Allons, allons, fit Cornélius, en renflant sa poitrine avec la plus grande quantité d'air possible ; allons, montrons à ces gens-là qu'un bourgeois, filleul de Corneille de Witt, peut, sans faire la grimace, contenir autant de balles de mousquet qu'un nommé Mathias.

Et il passa fièrement devant le greffier qui, interrompu dans ses fonctions, se hasarda de dire à l'officier :

— Mais, capitaine van Deken, le procès-verbal n'est pas encore terminé.

— Ce n'est point la peine de le finir, répondit l'officier.

— Bon ! répliqua le scribe en serrant philosophiquement ses papiers et sa plume dans un portefeuille usé et crasseux.

Il était écrit, pensa le pauvre Cornélius, que je ne donnerais mon nom en ce monde ni à un enfant, ni à une fleur, ni à un livre, ces trois nécessités dont Dieu impose une au moins, à ce que l'on assure, à tout homme un peu organisé qu'il daigne laisser jouir sur terre de la propriété d'une âme et de l'usufruit d'un corps.

Et il suivit l'officier le cœur résolu et la tête haute.

Cornélius compta les degrés qui conduisaient à l'esplanade, regrettant de ne pas avoir demandé au garde combien il y en avait ; ce que, dans son officieuse complaisance, celui-ci n'eût certes pas manqué de lui dire.

Tout ce que redoutait le patient dans ce trajet, qu'il regardait comme celui qui devait définitivement le conduire au but du grand voyage, c'était de voir Gryphus et de ne pas voir Rosa. Quelle satisfaction, en effet, devait briller sur le visage du père ! Quelle douleur sur le visage de la fille.

Comme Gryphus allait applaudir à ce supplice, à ce supplice, vengeance féroce d'un acte éminemment juste, que Cornélius avait la conscience d'avoir accompli comme un devoir !

Mais Rosa, la pauvre fille, s'il ne la voyait pas, s'il allait mourir sans lui avoir donné le dernier baiser ou tout au moins le dernier adieu !

S'il allait mourir enfin, sans avoir aucune nouvelle de la grande tulipe noire, et se réveiller là haut, sans savoir de quel côté il fallait tourner les yeux pour la retrouver !

En vérité, pour ne pas fondre en larmes dans un pareil moment, le pauvre tulipier avait plus d'*æs triplex* autour du cœur qu'Horace n'en attribue au navigateur qui le premier visita les infâmes écueils acrocérauniens.

Cornélius eut beau regarder à droite, Cornélius eut beau regarder à gauche, il arriva sur l'esplanade sans avoir aperçu Rosa, sans avoir aperçu Gryphus.

Il y avait presque compensation.

Cornélius, arrivé sur l'esplanade, chercha bravement des yeux les gardes ses exécuteurs, et vit en effet une douzaine de soldats rassemblés et causant.

Mais rassemblés et causant sans mousquets, rassemblés et causant sans être alignés ;

Chuchotant même entre eux plutôt qu'ils ne causaient, conduite qui parut à Cornélius indigne de la gravité qui préside d'ordinaire à de pareils événemens.

Tout à coup Gryphus clopinant, chancelant, s'appuyant sur une béquille, apparut hors de sa geôle. Il avait allumé pour un dernier regard de haine tout le feu de ses vieux yeux gris de chat. Alors il se mit à vomir contre Cornélius un tel torrent d'abominables imprécations que Cornélius, s'adressant à l'officier :

— Monsieur, dit-il, je ne crois pas qu'il soit bien séant de me laisser ainsi insulter par cet homme, et cela surtout dans un pareil moment.

— Ecoutez donc, dit l'officier en riant, il est bien naturel que ce brave homme vous en veuille, il paraît que vous l'avez roué de coups.

— Mais monsieur, c'était à mon corps défendant.

— Bah ! dit le capitaine en imprimant à ses épaules un geste éminemment philosophique ; bah ! laissez-le dire. Que vous importe, à présent ?

Une sueur froide passa sur le front de Cornélius à cette réponse, qu'il regardait comme une ironie un peu brutale, de la part surtout d'un officier qu'on lui avait dit être attaché à la personne du prince.

Le malheureux comprit qu'il n'avait plus de ressources, qu'il n'avait plus d'amis, et se résigna.

— Soit, murmura t-il en baissant la tête ; on en a fait bien d'autres au Christ, et si innocent que je sois, je ne puis me comparer à lui. Le Christ se fût laissé battre par son geôlier et ne l'eût point battu.

Puis, se retournant vers l'officier, qui paraissait complaisamment attendre qu'il eût fini ses réflexions,

— Allons, monsieur, demanda-t-il, où vais-je ?

L'officier lui montra un carrosse attelé de quatre chevaux, qui lui rappela fort le carrosse qui dans une circonstance pareille avait déjà frappé ses regards au Buytenhoff.

— Montez là dedans, dit-il.

— Ah ! murmura Cornélius, il paraît qu'on ne me fera pas les honneurs de l'esplanade, à moi !

Il prononça ces mots assez haut pour que l'historien qui semblait être attaché à sa personne l'entendît.

Sans doute crut-il que c'était un devoir pour lui de donner de nouveaux renseignemens à Cornélius, car il s'approcha de la portière, et tandis que l'officier, le pied sur le marchepied, donnait quelques ordres, il lui dit tout bas :

— On a vu des condamnés conduits dans leur propre ville, et pour que l'exemple fût plus grand, y subir leur supplice devant la porte de leur propre maison. Cela dépend.

Cornélius fit un signe de remercîment.

Puis à lui-même :

— Eh bien ! dit-il, à la bonne heure, voici un garçon qui ne manque jamais de placer une consolation quand l'occasion s'en présente. Ma foi, mon ami, je vous suis bien obligé. Adieu.

La voiture roula.

— Ah ! scélérat ! ah ! brigand ! hurla Gryphus en montrant

le poing à sa victime qui lui échappait. Et dire qu'il s'en va sans me rendre ma fille.

— Si l'on me conduit à Dordrecht, dit Cornélius, je verrai en passant devant ma maison si mes pauvres plates-bandes ont été bien ravagées.

XXX.

OÙ L'ON COMMENCE DE SE DOUTER A QUEL SUPPLICE ÉTAIT RÉSERVÉ CORNÉLIUS VAN BAERLE.

La voiture roula tout le jour. Elle laissa Dordrecht à gauche, traversa Rotterdam, atteignit Delft. A cinq heures du soir, on avait fait au moins vingt lieues.

Cornélius adressa quelques questions à l'officier qui lui servait à la fois de garde et de compagnon; mais, si circonspectes que fussent ses demandes, il eut le chagrin de les voir rester sans réponse.

Cornélius regretta de n'avoir plus à côté de lui ce garde si complaisant qui parlait, lui, sans se faire prier.

Il lui eût sans doute offert sur cette étrangeté, qui survenait dans sa troisième aventure, des détails aussi gracieux et des explications aussi précises que sur les deux premières.

On passa la nuit en voiture. Le lendemain, au point du jour, Cornélius se trouva au delà de Leyde, ayant la mer du Nord à sa gauche et la mer de Harlem à sa droite.

Trois heures après, il entrait à Harlem.

Cornélius ne savait point ce qui s'était passé à Harlem, et nous le laisserons dans cette ignorance jusqu'à ce qu'il en soit tiré par les événemens.

Mais il ne peut pas en être de même du lecteur, qui a le droit d'être mis au courant des choses, même avant notre héros.

Nous avons vu que Rosa et la tulipe, comme deux sœurs et comme deux orphelines, avaient été laissées, par le prince Guillaume d'Orange, chez le président van Systens.

Rosa ne reçut aucune nouvelle du stathouder avant le soir du jour où elle l'avait vu en face.

Vers le soir, un officier entra chez van Systens; il venait de la part de Son Altesse inviter Rosa à se rendre à la maison de ville.

Là, dans le grand cabinet des délibérations où elle fut introduite, elle trouva le prince qui écrivait.

Il était seul et avait à ses pieds un grand levrier de Frise qui le regardait fixément, comme si le fidèle animal eût voulu essayer de faire, — ce que nul homme ne pouvait faire — lire dans la pensée du maître.

Guillaume continua d'écrire un instant encore; puis, levant les yeux et voyant Rosa debout près de la porte :

— Venez, mademoiselle, dit-il sans quitter ce qu'il écrivait.

Rosa fit quelques pas vers la table.

— Monseigneur, dit-elle en s'arrêtant.

— C'est bien, fit le prince. Asseyez-vous.

Rosa obéit, car le prince la regardait. Mais à peine le prince eut-il reporté les yeux sur son papier qu'elle se retira toute honteuse.

Le prince achevait sa lettre.

Pendant ce temps, le levrier était allé au-devant de Rosa et l'avait examinée et caressée.

— Ah! ah! fit Guillaume à son chien. On voit bien que c'est une compatriote; tu la reconnais.

Puis, se retournant vers Rosa et fixant sur elle son regard scrutateur et voilé en même temps :

— Voyons, ma fille, dit-il.

Le prince avait vingt trois ans à peine, Rosa en avait dix-huit ou vingt; il eût mieux dit en disant ma sœur.

— Ma fille, dit-il avec cet accent étrangement imposant qui glaçait tous ceux qui l'approchaient, nous ne sommes que nous deux, causons.

Rosa commença de trembler de tous ses membres, et cependant il n'y avait rien que de bienveillant dans la physionomie du prince.

— Monseigneur, balbutia-t-elle.

— Vous avez un père à Loevestein?

— Oui, monseigneur.

— Vous ne l'aimez pas?

— Je ne l'aime pas, du moins, monseigneur, comme une fille devrait aimer.

— C'est mal de ne pas aimer son père, mon enfant, mais c'est bien de ne pas mentir à son prince.

Rosa baissa les yeux.

— Et pour quelle raison n'aimez-vous point votre père?

— Mon père est méchant.

— De quelle façon se manifeste sa méchanceté?

— Mon père maltraite les prisonniers.

— Tous?

— Tous.

— Mais ne lui reprochez-vous pas de maltraiter particulièrement quelqu'un?

— Mon père maltraite particulièrement M. van Baërle, qui...

— Qui est votre amant.

Rosa fit un pas en arrière.

— Que j'aime, monseigneur, répondit-elle avec fierté.

— Depuis longtemps? demanda le prince.

— Depuis le jour où je l'ai vu.

— Et vous l'avez vu?

— Le lendemain où furent si terriblement mis à mort M. le grand pensionnaire Jean et son frère Corneille.

Les lèvres du prince se serrèrent, son front se plissa, ses paupières se baissèrent de manière à cacher un instant ses yeux. Au bout d'un instant de silence, il reprit :

— Mais que vous sert-il d'aimer un homme destiné à vivre et à mourir en prison?

— Cela me servira, monseigneur, s'il vit et meurt en prison, à l'aider à vivre et à mourir.

— Et vous accepteriez cette position d'être la femme d'un prisonnier?

— Je serais la plus fière et la plus heureuse des créatures humaines étant la femme de M. van Baërle; mais...

— Mais quoi?

— Je n'ose dire, monseigneur.

— Il y a un sentiment d'espérance dans votre accent; qu'espérez-vous?

Elle leva ses beaux yeux sur Guillaume, ses yeux limpides et d'une intelligence si pénétrante qu'ils allèrent chercher la clémence endormie au fond de ce cœur sombre d'un sommeil qui ressemblait à la mort.

— Ah! je comprends.

Rosa sourit en joignant les mains.

— Vous espérez en moi, dit le prince.

— Oui, monseigneur.

— Hum!

Le prince cacheta la lettre qu'il venait d'écrire et appela un de ses officiers.

— Monsieur van Deken, dit-il, portez à Loevestein le message que voici; vous prendrez lecture des ordres que je donne au gouverneur, et en ce qui vous regarde vous les exécuterez.

L'officier salua, et l'on entendit retentir sous la voûte sonore de la maison le galop d'un cheval.

— Ma fille, poursuivit le prince, c'est dimanche la fête de la tulipe, et dimanche c'est après-demain. Faites-vous belle avec les cinq cents florins que voici; car je veux que ce jour-là soit une grande fête pour vous.

— Comment Votre Altesse veut-elle que je sois vêtue? murmura Rosa.

— Prenez le costume des épousées frisonnes, dit Guillaume, il vous siéra fort bien.

XXXI.

HARLEM.

Harlem, où nous sommes entrés il y a trois jours avec Rosa et où nous venons de rentrer à la suite du prisonnier, est une jolie ville, qui s'enorgueillit à bon droit d'être une des plus ombragées de la Hollande.

Tandis que d'autres mettaient leur amour-propre à briller par les arsenaux et par les chantiers, par les magasins et par les bazars, Harlem mettait toute sa gloire à primer toutes les villes des États par ses beaux ormes touffus, par ses peupliers élancés, et surtout par ses promenades ombreuses, audessus desquelles s'arrondissaient en voûte, le chêne, le tilleul et le marronnier.

Harlem, voyant que Leyde sa voisine, et Amsterdam sa reine, prenaient, l'une, le chemin de devenir une ville de science, et l'autre celui de devenir une ville de commerce, Harlem avait voulu être une ville agricole ou plutôt horticole.

En effet, bien close, bien aérée, bien chauffée au soleil, elle donnait aux jardiniers des garanties que toute autre ville, avec ses vents de mer ou ses soleils de plaine, n'eût point su leur offrir.

Aussi avait-on vu s'établir à Harlem tous ces esprits tranquilles qui possédaient l'amour de la terre et de ses biens, comme on avait vu s'établir à Rotterdam et à Amsterdam tous les esprits inquiets et remuans, qui possèdent l'amour des voyages et du commerce, comme on avait vu s'établir à la Haye tous les politiques et les mondains.

Nous avons dit que Leyde avait été la conquête des savans.

Harlem prit donc le goût des choses douces, de la musique, de la peinture, des vergers, des promenades, des bois et des parterres.

Harlem devint folle des fleurs, et, entre autres fleurs, des tulipes.

Harlem proposa des prix en l'honneur des tulipes, et nous arrivons ainsi, fort naturellement comme on voit, à parler de celui que la ville proposait, le 15 mai 1673, en l'honneur de la grande tulipe noire, sans tache et sans défaut, qui devait rapporter cent mille florins à son inventeur.

Harlem ayant mis en lumière sa spécialité, Harlem ayant affiché son goût pour les fleurs en général et les tulipes en particulier, dans un temps où tout était à la guerre ou aux séditions, Harlem ayant eu l'insigne joie de voir florir l'idéal de ses prétentions et l'insigne honneur de voir fleurir l'idéal des tulipes, Harlem, la jolie ville pleine de bois et de soleil, d'ombre et de lumière, Harlem avait voulu faire de cette cérémonie de l'inauguration du prix une fête qui durât éternellement dans le souvenir des hommes.

Et elle en avait d'autant plus le droit que la Hollande est le pays des fêtes ; jamais nature plus paresseuse ne déploya plus d'ardeur criante, chantante et dansante que celle des bons républicains des Sept-Provinces à l'occasion des divertissemens.

Voyez plutôt les tableaux des deux Teniers.

Il est certain que les paresseux sont de tous les hommes les plus ardens à se fatiguer, non pas lorsqu'ils se mettent au travail, mais lorsqu'ils se mettent au plaisir.

Harlem s'était donc mise triplement en joie, car elle avait à fêter une triple solennité : la tulipe noire avait été découverte, puis le prince Guillaume d'Orange assistait à la cérémonie, en vrai Hollandais qu'il était. Enfin il était de l'honneur des Etats de montrer aux Français, à la suite d'une guerre aussi désastreuse que l'avait été celle de 1672, que le plancher de la république batave était solide à ce point qu'on y pût danser avec accompagnement du canon des flottes.

La société horticole de Harlem s'était montrée digne d'elle en donnant cent mille florins d'un oignon de tulipe. La ville n'avait pas voulu rester en arrière, et elle avait voté une somme pareille, qui avait été remise aux mains de ses notables pour fêter ce prix national.

Aussi était-ce, au dimanche fixé pour cette cérémonie, un tel empressement de la foule, un tel enthousiasme des citadins, que l'on n'eût pu s'empêcher, même avec ce sourire narquois des Français, qui rient de tout et partout, d'admirer le caractère de ces bons Hollandais, prêts à dépenser leur argent aussi bien pour construire un vaisseau destiné à combattre l'ennemi, c'est-à-dire à soutenir l'honneur de la nation, que pour récompenser l'invention d'une fleur nouvelle destinée à briller un jour, et destinée à distraire pendant ce jour les femmes, les savans et les curieux.

En tête des notables et du comité horticole, brillait M. van Systens, paré de ses plus riches habits.

Le digne homme avait fait tous ses efforts pour ressembler à sa fleur favorite par l'élégance sombre et sévère de ses vêtemens, et hâtons-nous de dire à sa gloire qu'il y avait parfaitement réussi.

Noir de jais, velours scabieuse, soie pensée, tel était, avec du linge d'une blancheur éblouissante, la tenue cérémoniale du président, lequel marchait en tête de son comité, avec un énorme bouquet pareil à celui que portait, deux cent vingt et un ans plus tard, M. de Robespierre, à la fête de l'Être-Suprême.

Seulement, le brave président, à la place de ce cœur gonflé de haine et de ressentimens ambitieux du tribun français, avait dans la poitrine une fleur non moins innocente que la plus innocente de celles qu'il tenait à la main.

On voyait derrière ce comité, diapré comme une pelouse, parfumé comme un printemps, les corps savans de la ville, les magistrats, les militaires, les nobles et les rustres.

Le peuple, même chez MM. les républicains des Sept-Provinces, n'avait point son rang dans cet ordre de marche ; il faisait la haie.

C'est au reste, la meilleure de toutes les places pour voir... et pour avoir.

C'est la place des multitudes, qui attendent, philosophie des états, que les triomphes aient défilé, pour savoir ce qu'il en faut dire, et quelquefois ce qu'il en faut faire.

Mais cette fois, il n'était question, ni du triomphe de Pompée, ni du triomphe de César. Cette fois, on ne célébrait ni la défaite de Mithridate, ni la conquête des Gaules. La procession était douce comme le passage d'un troupeau de moutons sur terre, inoffensive comme le vol d'une troupe d'oiseaux dans l'air.

Harlem n'avait d'autres triomphateurs que ses jardiniers. Adorant les fleurs, Harlem divinisait le fleuriste.

On voyait, au centre du cortége pacifique et parfumé, la tulipe noire, portée sur une civière couverte de velours blanc frangé d'or. Quatre hommes portaient les brancards et se voyaient relayés par d'autres, ainsi qu'à Rome étaient relayés ceux qui portaient la mère Cybèle, lorsqu'elle entra dans la ville éternelle, apportée d'Etrurie au son des fanfares et aux adorations de tout un peuple.

Cette exhibition de la tulipe, c'était un hommage rendu par tout un peuple sans culture et sans goût au goût et à la culture des chefs célèbres et pieux dont il savait jeter le sang aux pavés fangeux du Buytenhoff, sauf plus tard à inscrire les noms de ses victimes sur la plus belle pierre du panthéon hollandais.

Il était convenu que le prince stathouder distribuerait certainement lui-même le prix de cent mille florins, ce qui intéressait tout le monde en général, et qu'il prononcerait peut-être un discours, ce qui intéressait en particulier ses amis et ses ennemis.

En effet, dans les discours les plus indifférens des hommes politiques, les amis ou les ennemis de ces hommes veulent toujours y voir reluire et croient toujours pouvoir interpréter par conséquent un rayon de leur pensée.

Comme si le chapeau de l'homme politique n'était pas un boisseau destiné à intercepter toute lumière.

Enfin, ce grand jour tant attendu du 15 mai 1673 était donc arrivé, et Harlem tout entière, renforcée de ses environs, s'était rangée le long des beaux arbres du bois, avec la résolution bien arrêtée de n'applaudir cette fois ni les conquérans de la guerre, ni ceux de la science, mais tout simplement ceux de la nature, qui venaient de forcer cette inépuisable mère à l'enfantement, jusqu'alors cru impossible, de la tulipe noire.

Mais rien ne tient moins chez les peuples que cette résolution prise de n'applaudir que telle ou telle chose. Quand une ville est en train d'applaudir, c'est comme lorsqu'elle est en train de siffler, elle ne sait jamais où elle s'arrêtera.

Elle applaudit donc d'abord van Systens et son bouquet, elle applaudit ses corporations, elle s'applaudit elle-même; et enfin, avec toute justice cette fois, avouons-le, elle applaudit d'excellente musique que les messieurs de la ville prodiguaient généreusement à chaque halte.

Tous les yeux cherchaient, après l'héroïne de la fête, qui était la tulipe noire, le héros de la fête qui, tout naturellement, était l'auteur de cette tulipe.

Ce héros paraissant à la suite du discours que nous avons vu le bon van Systens élaborer avec tant de conscience; ce héros eût produit certes plus d'effet que le stathouder lui-même.

Mais, pour nous, l'intérêt de la journée n'est ni dans ce vénérable discours de notre ami van Systens, si éloquent qu'il fût, ni dans les jeunes aristocrates endimanchés croquant leurs lourds gâteaux, ni dans les pauvres petits plébéiens, à demi-nus, grignotant des anguilles fumées, pareilles à des bâtons de vanille. L'intérêt n'est pas même dans ces belles Hollandaises, au teint rose et au sein blanc, ni dans les mynher gras et trapus qui n'avaient jamais quitté leurs maisons, ni dans les maigres et jaunes voyageurs arrivant de Ceylan ou de Java, ni dans la populace altérée qui avale, en guise de rafraîchissemens, le concombre confit dans la saumure. Non, pour nous, l'intérêt de la situation, l'intérêt puissant, l'intérêt dramatique n'est pas là.

L'intérêt est dans une figure rayonnante et animée qui marche au milieu des membres du comité d'horticulture, l'intérêt est dans ce personnage fleuri à la ceinture, peigné, lissé, tout d'écarlate vêtu, couleur qui fait ressortir son poil noir et son teint jaune.

Ce triomphateur rayonnant, enivré, ce héros du jour destiné à l'insigne honneur de faire oublier le discours de van Systens et la présence du stathouder, c'est Isaac Boxtel, qui voit marcher en avant de lui, à sa droite, sur un coussin de velours, la tulipe noire, sa prétendue fille, à sa gauche, dans une vaste bourse, les cent mille florins en belle monnaie d'or reluisante, étincelante, et qui a pris le parti de loucher en dehors pour ne pas les perdre un instant de vue.

De temps en temps Boxtel hâte le pas pour aller frotter son coude au coude de van Systens. Boxtel prend à chacun un peu de sa valeur, pour en composer une valeur à lui, comme il a volé à Rosa sa tulipe, pour en faire sa gloire et sa fortune.

Encore un quart d'heure au reste et le prince arrivera: le cortége fera halte au dernier reposoir, la tulipe étant placée sur son trône, le prince, qui cède le pas à cette rivale dans l'adoration publique, prendra un vélin magnifiquement enluminé, sur lequel est écrit le nom de l'auteur, et il proclamera à haute et intelligible voix qu'il a été découvert une merveille; que la Hollande, par l'intermédiaire de lui Boxtel, a forcé la nature à produire une fleur noire, et que cette fleur s'appellera désormais *Tulipa nigra Boxtellea.*

De temps en temps cependant Boxtel quitte pour un moment des yeux la tulipe et la bourse et regarde timidement dans la foule, car dans cette foule il redoute par-dessus tout d'apercevoir la pâle figure de la belle Frisonne.

Ce serait un spectre, on le comprend, qui troublerait sa fête, ni plus ni moins que le spectre de Banco troubla le festin de Macbeth.

Et, hâtons-nous de le dire, ce misérable, qui a franchi un mur qui n'était pas son mur, qui a escaladé une fenêtre pour entrer dans la maison de son voisin, qui, avec une fausse clef, a violé la chambre de Rosa, cet homme, qui a volé enfin la gloire d'un homme et la dot d'une femme, cet homme ne se regarde pas comme un voleur.

Il a tellement veillé sur cette tulipe, il l'a suivie si ardemment du tiroir du séchoir de Cornélius jusqu'à l'échafaud du Buytenhoff, de l'échafaud du Buytenhoff à la prison de la forteresse de Lœvestein, il l'a si bien vue naître et grandir sur la fenêtre de Rosa, il a tant de fois réchauffé l'air autour d'elle avec son souffle, que nul n'en est plus l'auteur que lui même; quiconque à cette heure lui prendrait la tulipe noire la lui volerait.

Mais il n'aperçut point Rosa.

Il en résulta que la joie de Boxtel ne fut pas troublée.

Le cortége s'arrêta au centre d'un rond point dont les arbres magnifiques étaient décorés de guirlandes et d'inscriptions; le cortége s'arrêta au son d'une musique bruyante, et les jeunes filles de Harlem parurent pour escorter la tulipe jusqu'au siége élevé qu'elle devait occuper sur l'estrade, à côté du fauteuil d'or de Son Altesse le stathouder.

Et la tulipe orgueilleuse, hissée sur son piédestal, domina bientôt l'assemblée, qui battit des mains et fit retentir les échos de Harlem d'un immense applaudissement.

XXXII.

UNE DERNIÈRE PRIÈRE.

En ce moment solennel et comme ces applaudissemens se faisaient entendre, un carrosse passait sur la route qui borde le bois, et suivait lentement son chemin à cause des enfans refoulés hors de l'avenue d'arbres par l'empressement des hommes et des femmes.

Ce carrosse, poudreux, fatigué, criant sur ses essieux, renfermait le malheureux van Baërle, à qui, par la portière ouverte, commençait de s'offrir le spectacle que nous avons essayé, bien imparfaitement sans doute, de mettre sous les yeux de nos lecteurs.

Cette foule, ce bruit, ce miroitement de toutes les splendeurs humaines et naturelles, éblouirent le prisonnier comme un éclair qui serait entré dans son cachot.

Malgré le peu d'empressement qu'avait mis son compagnon à lui répondre lorsqu'il l'avait interrogé sur son propre sort, il se hasarda à l'interroger une dernière fois sur tout ce remue-ménage, qu'au premier abord il devait et pouvait croire lui être totalement étranger.

— Qu'est-ce cela, je vous prie, monsieur le lieutenant? demanda-t-il à l'officier chargé de l'escorter.

— Comme vous pouvez le voir, monsieur, répliqua celui-ci, c'est une fête.

— Ah! une fête! dit Cornélius, de ce ton lugubrement indifférent d'un homme à qui nulle joie de ce monde n'appartient plus depuis longtemps.

Puis, après un instant de silence et comme la voiture avait roulé quelques pas,

— La fête patronale de Harlem? demanda-t-il, car je vois bien des fleurs.

— C'est en effet une fête où les fleurs jouent le principal rôle, monsieur.

— Oh ! les doux parfums ! oh ! les belles couleurs ! s'écria Cornélius.

— Arrêtez, que monsieur voie, dit, avec un de ces mouvemens de douce pitié qu'on ne trouve que chez les militaires, l'officier au soldat chargé du rôle de postillon.

— Oh ! merci, monsieur, de votre obligeance, repartit mélancoliquement van Baërle ; mais ce m'est une bien douloureuse joie que celle des autres : épargnez-la moi donc, je vous prie.

— A votre aise ; marchons, alors. J'avais commandé qu'on arrêtât, parce que vous me l'aviez demandé, et ensuite parce que vous passiez pour aimer les fleurs, celles surtout dont on célèbre la fête aujourd'hui.

— Et de quelles fleurs célèbre-t-on la fête aujourd'hui, monsieur ?

— Celle des tulipes.

— Celle des tulipes ! s'écria van Baërle ; c'est la fête des tulipes, aujourd'hui ?

— Oui, monsieur ; mais puisque ce spectacle vous est désagréable, marchons.

Et l'officier s'apprêta à donner l'ordre de continuer la route.

Mais Cornélius l'arrêta, un doute douloureux venait de traverser sa pensée.

— Monsieur, demanda-t-il d'une voix tremblante, serait-ce donc aujourd'hui que l'on donne le prix ?

— Le prix de la tulipe noire, oui.

Les joues de Cornélius s'empourprèrent, un frisson courut par tout son corps, la sueur perla son front.

Puis, réfléchissant que lui et sa tulipe absens la fête avorterait sans doute faute d'un homme et d'une fleur à couronner :

— Hélas ! dit-il, tous ces braves gens seront aussi malheureux que moi, car ils ne verront pas cette grande solennité à laquelle ils sont conviés, ou du moins ils la verront incomplète.

— Que voulez-vous dire ? monsieur.

— Je veux dire que jamais, dit Cornélius en se rejetant au fond de la voiture, excepté par quelqu'un que je connais, la tulipe noire ne sera trouvée.

— Alors, monsieur, dit l'officier, ce quelqu'un que vous connaissez l'a trouvée ; car ce que tout Harlem contemple en ce moment, c'est la fleur que vous regardez comme introuvable.

— La tulipe noire ! s'écria van Baërle en jetant la moitié de son corps par la portière. Où cela ? où cela ?

— Là-bas, sur le trône, voyez-vous ?

— Je vois !

— Allons, monsieur, dit l'officier, maintenant il faut partir.

— Oh ! par pitié, par grâce, monsieur, dit van Baële, oh ! ne m'emmenez pas ! laissez-moi regarder encore ! Comment, ce que je vois là-bas est la tulipe noire, bien noire... est-ce possible ? oh ! monsieur l'avez-vous vue ? elle doit avoir des taches, elle doit être imparfaite, elle est peut-être teinte en noir seulement ; oh ! si j'étais là, je saurais bien le dire, moi, monsieur ; laissez-moi descendre, laissez-moi la voir de près, je vous prie.

— Etes-vous fou, monsieur, le puis-je ?

— Je vous en supplie.

— Mais vous oubliez que vous êtes prisonnier ?

— Je suis prisonnier, il est vrai, mais je suis un homme d'honneur ; et sur mon honneur, monsieur, je ne me sauverai pas ; je ne tenterai pas de fuir ; laissez-moi seulement regarder la fleur !

— Mais mes ordres, monsieur ?

Et l'officier fit un nouveau mouvement pour ordonner au soldat de se remettre en route.

Cornélius l'arrêta encore.

— Oh ! soyez patient, soyez généreux, toute ma vie repose sur un mouvement de votre pitié. Hélas ! ma vie, monsieur, elle ne sera probablement pas longue maintenant. Ah ! vous ne savez pas, monsieur, ce que je souffre ; vous ne savez pas, monsieur, tout ce qui se combat dans ma tête et dans mon cœur ; car enfin, continua Cornélius avec désespoir, si c'était ma tulipe à moi, si c'était celle que l'on a volée à Rosa. Oh ! monsieur, comprenez-vous bien ce que c'est que d'avoir trouvé la tulipe noire, de l'avoir vue un instant, d'avoir reconnu qu'elle était parfaite, que c'était à la fois un chef-d'œuvre de l'art et de la nature, et de la perdre, de la perdre à tout jamais. Oh ! il faut que je sorte, monsieur, il faut que j'aille la voir, vous me tuerez après si vous voulez, mais je la verrai, je la verrai.

— Taisez-vous, malheureux, et rentrez vite dans votre carrosse, car voici l'escorte de Son Altesse le stathouder qui croise la vôtre, et si le prince remarquait un scandale, entendait un bruit, ce serait fait de vous et de moi.

Van Baërle, encore plus effrayé pour son compagnon que pour lui-même, se rejeta dans le carrosse, mais il ne put y tenir une demi-minute, et les vingt premiers cavaliers étaient à peine passés qu'il se remit à la portière, en gesticulant et en suppliant le stathouder juste au moment où celui-ci passait.

Guillaume, impassible et simple comme d'ordinaire, se rendait à la place pour accomplir son devoir de président. Il avait à la main son rouleau de vélin, qui était, dans cette journée de fête, devenu son bâton de commandement.

Voyant cet homme qui gesticulait et qui suppliait, reconnaissant aussi peut-être l'officier qui accompagnait cet homme, le prince stathouder donna l'ordre d'arrêter.

A l'instant même, ses chevaux frémissant sur leurs jarrets d'acier firent halte à six pas de van Baërle encagé dans son carrosse.

— Qu'est-ce cela ? demanda le prince à l'officier, qui, au premier ordre du stathouder, avait sauté en bas de la voiture, et qui s'approchait respectueusement de lui.

— Monseigneur, dit-il, c'est le prisonnier d'Etat que, par votre ordre, j'ai été chercher à Lœvestein, et que je vous amène à Harlem, comme Votre Altesse l'a désiré.

— Que veut-il ?

— Il demande avec instance qu'on lui permette d'arrêter un instant ici.

— Pour voir la tulipe noire, monseigneur, cria van Baërle, en joignant les mains, et après quand je l'aurai vue, quand j'aurai su ce que je dois savoir, je mourrai, s'il le faut, mais en mourant je bénirai Votre Altesse miséricordieuse, intermédiaire entre la divinité et moi ; Votre Altesse, qui permettra que mon œuvre ait eu sa fin et sa glorification.

C'était, en effet, un curieux spectacle que celui de ces deux hommes, chacun à la portière de son carrosse, entouré de leurs gardes ; l'un tout-puissant, l'autre misérable ; l'un près de monter sur son trône, l'autre se croyant près de monter sur son échafaud.

Guillaume avait regardé froidement Cornélius et entendu sa véhémente prière.

Alors, s'adressant à l'officier,

— Cet homme, dit-il, est le prisonnier rebelle qui a voulu tuer son geôlier à Lœvestein.

Cornélius poussa un soupir et baissa la tête. Sa douce et honnête figure rougit et pâlit à la fois. Ces mots du prince omnipotent, omniscient, cette infaillibilité divine qui, par quelque messager secret et invisible au reste des hommes, savait déjà son crime, lui présageaient non seulement une punition plus certaine, mais encore un refus.

Il n'essaya point de lutter, il n'essaya point de se défendre : il offrit au prince ce spectacle touchant d'un désespoir naïf, bien intelligible et bien émouvant pour un si grand cœur et un si grand esprit que celui qui le contemplait.

— Permettez au prisonnier de descendre, dit le stathouder, et qu'il aille voir la tulipe noire, bien digne d'être vue au moins une fois.

— Oh ! fit Cornélius près de s'évanouir de joie et chancelant sur le marche-pied du carrosse, oh! monseigneur!

Et il suffoqua; et sans le bras de l'officier qui lui prêta son appui, c'est à genoux et le front dans la poussière que le pauvre Cornélius eût remercié Son Altesse.

Cette permission donnée, le prince continua sa route dans le bois au milieu des acclamations les plus enthousiastes.

Il parvint bientôt à son estrade, et le canon tonna dans les profondeurs de l'horizon.

CONCLUSION.

Van Baërle, conduit par quatre gardes qui se frayaient un chemin dans la foule, perça obliquement vers la tulipe noire, que dévoraient ses regards de plus en plus rapprochés.

Il la vit enfin, la fleur unique qui devait, sous des combinaisons inconnues de chaud, de froid, d'ombre et de lumière, apparaître un jour pour disparaître à jamais. Il la vit à six pas; il en savoura les perfections et les grâces; il la vit derrière les jeunes filles qui formaient une garde d'honneur à cette reine de noblesse et de pureté. Et cependant, plus il s'assurait par ses propres yeux de la perfection de la fleur, plus son cœur était déchiré. Il cherchait tout autour de lui pour adresser une question, une seule. Mais partout des visages inconnus; partout l'attention s'adressant au trône sur lequel venait de s'asseoir le stathouder.

Guillaume, qui attirait l'attention générale, se leva, promena un tranquille regard sur la foule enivrée, et son œil perçant s'arrêta tour à tour sur les trois extrémités d'un triangle formé en face de lui par trois intérêts et par trois drames bien différens.

A l'un des angles, Boxtel, frémissant d'impatience et dévorant de toute son attention le prince, les florins, la tulipe noire et l'assemblée;

A l'autre, Cornélius haletant, muet, n'ayant de regard, de vie, de cœur, d'amour, que pour la tulipe noire, sa fille;

Enfin, au troisième, debout sur un gradin parmi les vierges de Harlem, une belle Frisonne vêtue de fine laine rouge brodée d'argent et couverte de dentelles tombant à flots de son casque d'or;

Rosa enfin, qui s'appuyait, défaillante et l'œil noyé, au bras d'un des officiers de Guillaume.

Le prince alors, voyant tous ses auditeurs disposés, déroula lentement le vélin, et, d'une voix calme, nette, bien que faible, mais dont pas une note ne se perdait grâce au silence religieux qui s'abattit tout à coup sur les cinquante mille spectateurs et enchaîna leur souffle à ses lèvres.

— Vous savez, dit-il, dans quel but vous avez été réunis ici.

Un prix de cent mille florins a été promis à celui qui trouverait la tulipe noire.

La tulipe noire! et cette merveille de la Hollande est là exposée à vos yeux; la tulipe noire a été trouvée, et cela dans toutes les conditions exigées par le programme de la Société horticole de Harlem.

L'histoire de sa naissance et le nom de son auteur seront inscrits au livre d'honneur de la ville.

Faites approcher la personne qui est propriétaire de la tulipe noire.

Et en prononçant ces paroles, le prince, pour juger de l'effet qu'elles produiraient, promena son clair regard sur les trois extrémités du triangle.

Il vit Boxtel s'élancer de son gradin.

Il vit Cornélius faire un mouvement involontaire.

Il vit enfin l'officier chargé de veiller sur Rosa, la conduire, ou plutôt la pousser devant son trône.

Un double cri partit à la fois à la droite et à la gauche du prince.

Boxtel foudroyé, Cornélius éperdu, avaient tous deux crié : Rosa! Rosa!

—Cette tulipe est bien à vous, n'est-ce pas, jeune fille? dit le prince.

— Oui, monseigneur! balbutia Rosa, qu'un murmure universel venait de saluer en sa touchante beauté.

— Oh! murmura Cornélius, elle mentait donc, lorsqu'elle disait qu'on lui avait volé cette fleur. Oh! voilà donc pourquoi elle avait quitté Lœvestein! oh! oublié, trahi, par elle, par elle que je croyais ma meilleure amie.

— Oh! gémit Boxtel de son côté, je suis perdu.

— Cette tulipe, poursuivit le prince, portera donc le nom de son inventeur, et sera inscrite au Catalogue des fleurs sous le titre de *Tulipia nigra Rosa Barlænsis*, à cause du nom de van Baërle, qui sera désormais le nom de femme de cette jeune fille.

Et en même temps, Guillaume prit la main de Rosa et la mit dans la main d'un homme qui venait de s'élancer, pâle, étourdi, écrasé de joie au pied du trône, en saluant tour à tour son prince, sa fiancée et Dieu qui, du fond du ciel azuré, regardait en souriant le spectacle de deux cœurs heureux.

En même temps aussi tombait aux pieds du président van Systens un autre homme frappé d'une émotion bien différente.

Boxtel, anéanti sous la ruine de ses espérances, venait de s'évanouir.

On le releva, on interrogea son pouls et son cœur; il était mort.

Cet incident ne troubla point autrement la fête, attendu que ni le président ni le prince ne parurent s'en préoccuper beaucoup.

Cornélius recula épouvanté: dans son voleur, dans son faux Jacob, il venait de reconnaître le vrai Isaac Boxtel, son voisin, que, dans la pureté de son âme, il n'avait jamais soupçonné un seul instant d'une si méchante action.

Ce fut, au reste, un grand bonheur pour Boxtel que Dieu lui eût envoyé si à propos cette attaque d'apoplexie foudroyante, qu'elle l'empêcha de voir plus longtemps des choses si douloureuses pour son orgueil et son avarice.

Puis, au son des trompettes, la procession reprit sa marche sans qu'il y eût rien de changé dans son cérémonial, sinon que Boxtel était mort et que Cornélius et Rosa, triomphans, marchaient côte à côte et la main de l'un dans la main de l'autre.

Quand on fut rentré à l'hôtel de ville, le prince montrant du doigt à Cornélius la bourse aux cent mille florins d'or :

— On ne sait trop, dit-il, par qui est gagné cet argent, si c'est par vous ou si c'est par Rosa? car si vous avez trouvé la tulipe noire, elle l'a élevée et fait fleurir; aussi ne l'offrira-t-elle pas comme dot, ce serait injuste.

D'ailleurs, c'est le don de la ville de Harlem à la tulipe.

Cornélius attendait pour savoir où voulait en venir le prince. Celui-ci continua :

— Je donne à Rosa cent mille florins, qu'elle aura bien gagnés et qu'elle pourra vous offrir; ils sont le prix de son amour, de son courage et de son honnêteté.

Quant à vous, monsieur, grâce à Rosa encore, qui a apporté la preuve de votre innocence, et en disant ces mots, le prince tendit à Cornélius le fameux feuillet de la Bible sur lequel était écrite la lettre de Corneille de Witt, et qui avait servi à envelopper le troisième caïeu; quant à vous, l'on s'est aperçu que vous aviez été emprisonné pour un crime que vous n'aviez pas commis.

C'est vous dire, non-seulement que vous êtes libre, mais encore que les biens d'un homme innocent ne peuvent être confisqués.

Vos biens vous sont donc rendus.

Monsieur van Baërle, vous êtes le filleul de de M. Corneille de Witt et l'ami de M. Jean. Restez digne du nom que vous a confié l'un sur les fonts de baptême, et de l'amitié que l'autre vous avait vouée. Conservez la tradition de leurs mérites à tous deux, car ces MM. de Witt, mal jugés, mal punis, dans un moment d'erreur populaire, étaient deux grands citoyens dont la Hollande est fière aujourd'hui.

Le prince, après ces deux mots qu'il prononça d'une voix émue, contre son habitude, donna ses deux mains à baiser aux deux époux, qui s'agenouillèrent à ses côtés.

Puis, poussant un soupir :

— Hélas ! dit-il, vous êtes bien heureux, vous, qui peut-être rêvant la vraie gloire de la Hollande et surtout son vrai bonheur, ne cherchez à lui conquérir que de nouvelles couleurs de tulipes.

Et jetant un regard du côté de la France, comme s'il eût vu de nouveaux nuages s'amonceler de ce côté là, il remonta dans son carrosse et partit.

De son côté, Cornélius, le même jour, partit pour Dordrecht avec Rosa, qui, par la vieille Zug, qu'on lui expédia en qualité d'ambassadeur, fit prévenir son père de tout ce qui s'était passé.

Ceux qui, grâce à l'exposé que nous avons fait, connaissent le caractère du vieux Gryphus, comprendront qu'il se réconcilia difficilement avec son gendre. Il avait sur le cœur les coups de bâton reçus, il les avait comptés par les meurtrissures; ils montaient, disait-il, à quarante-un; mais il finit par se rendre, pour n'être pas moins généreux, disait-il, que Son Altesse le stathouder.

Devenu gardien de tulipes, après avoir été geôlier d'hommes, il fut le plus rude geôlier de fleurs qu'on eût encore rencontré dans les Flandres. Aussi fallait-il le voir, surveillant les papillons dangereux, tuant les mulots et chassant les abeilles trop affamées.

Comme il avait appris l'histoire de Boxtel et qu'il était furieux d'avoir été la dupe du faux Jacob, ce fut lui qui démolit l'observatoire élevé jadis par l'envieux derrière le sycomore ; car l'enclos de Boxtel, vendu à l'encan, s'enclava dans les plates-bandes de Cornélius, qui l'arrondit de façon à défier tous les télescopes de Dordrecht.

Rosa, de plus en plus belle, devint de plus en plus savante, et au bout de deux ans de mariage, elle savait si bien lire et écrire, qu'elle put se charger seule de l'éducation de deux beaux enfans, qui lui étaient poussés au mois de mai 1674 et 1675, comme des tulipes, et qui lui avaient donné bien moins de mal que la fameuse fleur à laquelle elle devait de les avoir.

Il va sans dire que l'un étant un garcon et l'autre une fille, le premier reçut le nom de Cornélius, et la seconde, celui de Rosa.

Van Baërle resta fidèle à Rosa, comme à ses tulipes; toute sa vie, il s'occupa du bonheur de sa femme et de la culture des fleurs, culture grâce à laquelle il trouva un grand nombre de variétés qui sont inscrites au catalogue hollandais.

Les deux principaux ornemens de son salon étaient dans deux grands cadres d'or, ces deux feuillets de la Bible de Corneille de Witt; sur l'un, on se le rappelle, son parrain lui avait écrit de brûler la correspondance du marquis de Louvois.

Sur l'autre, il avait légué à Rosa le caïeu de la tulipe noire, la condition qu'avec sa dot de cent mille florins elle épouserait un beau garçon de vingt-six à vingt-huit ans, qui l'aimerait et qu'elle aimerait.

Condition qui avait été scrupuleusement remplie, quoique Cornélius ne fût point mort, et justement parce qu'il n'était point mort.

Enfin, pour combattre les envieux à venir, dont la Providence n'aurait peut-être pas eu le loisir de le débarrasser comme elle avait fait de mynheer Isaac Boxtel, il écrivit au-dessus de sa porte ce vers, que Grotius avait gravé, le jour de sa fuite, sur le mur de sa prison :

« On a quelquefois assez souffert pour avoir le droit de ne jamais dire: *Je suis trop heureux.* »

FIN DE LA TULIPE NOIRE.

TABLE DES CHAPITRES CONTENUS DANS LA TULIPE NOIRE.

FIN DE LA TABLE DE LA TULIPE NOIRE.

Paris.—Typ. de Mme Ve Dondey-Dupré, r. St-Louis.

www.ingramcontent.com/pod-product-compliance
Lightning Source LLC
LaVergne TN
LVHW010622110826
845149LV00003B/1009

9782011858627